rowohlts monographien

HERAUSGEGEBEN

VON

KURT KUSENBERG

BARUCH DE SPINOZA

IN SELBSTZEUGNISSEN UND BILDDOKUMENTEN

DARGESTELLT VON THEUN DE VRIES

ROWOHLT

Dieser Band wurde eigens für «rowohlts monographien» geschrieben
Aus dem Niederländischen übertragen von Elisabeth Meter-Plaut
Den dokumentarischen und bibliographischen Anhang
sowie die Bildzusammenstellung besorgte der Autor
Herausgeber: Kurt Kusenberg · Redaktion: Beate Möhring
Umschlagentwurf: Werner Rebhuhn
Vorderseite: Baruch (Bento) de Spinoza. Anonymes Gemälde.
Wolfenbüttel, Bibliothek
Rückseite: Spinozas Siegel. Neue Kirche, Den Haag

Veröffentlicht im Rowohlt Taschenbuch Verlag GmbH,
Reinbek bei Hamburg, September 1970

Gesetzt aus der Linotype-Aldus-Buchschrift
und der Palatino (D. Stempel AG)
Gesamtherstellung Clausen & Bosse, Leck/Schleswig
Printed in Germany
ISBN 3 499 50171 6

INHALT

Spinoza. Gemälde von Wallerant Vaillant, um 1673

DER UNTERGANG DES AMSTERDAMER JUDENVIERTELS

Während des Schreibens dieser Seiten werden die kläglichen Überreste des alten Amsterdamer Judenviertels dem Erdboden gleichgemacht. Dies ist das letzte Kapitel einer Tragödie, die mit den bestialischen Razzien in den ersten Monaten des Jahres 1941 begann, Razzien und Verschleppungen, denen als Protest der zweitägige mutige Februarstreik der gesamten Amsterdamer Bevölkerung – Hafenarbeiter, Verkäuferin, Börsenmakler – folgte. Nach diesen denkwürdigen Tagen haben die deutschen Okkupanten das einzigartige Stadtviertel systematisch entvölkert. Nur einem Zehntel der jüdischen Einwohner gelang es, unterzutauchen und sich versteckt zu halten. Die meisten wurden in die Gaskammern getrieben. Deutsche und holländische Faschisten plünderten die leerstehenden Gebäude, und während des letzten Kriegswinters verheizten die in der «Festung Holland» vor Kälte zitternden Amsterdamer das Holz der Häuser. Heute müssen die trostlosen Ruinen des einstmals sehr lebendigen Stadtviertels einem modernen Verkehrsplan weichen. In dieser Wüstenei, inmitten von Erde, Beton und zertrümmerten Häuserresten, ragen noch einige Monumente aus der Vergangenheit empor: das schöne Renaissancehaus des Malers Rembrandt van Rijn, der vor seiner Verarmung ein Vierteljahrhundert hier, am Rande des Ghettos, gelebt hat, zwei stattliche Synagogen (eine «portugiesische» und eine «hochdeutsche»), ein Schützenarsenal aus dem Jahrhundert Spinozas und schließlich die katholische «Mozes en Aaronkerk», 1841 erbaut, um die Verbreitung des christlichen Glaubens unter den Juden zu fördern – ein Plan, der völlig mißlang.

Die ärmlichen Häuser des Judenviertels sind verschwunden. Der «rasende Reporter» Egon Erwin Kisch hat ihnen in seinen «Geschichten aus sieben Ghettos» noch ein Denkmal gesetzt – eines der vielen literarischen Zeugnisse, die diesem kleinen Teil der Stadt Amsterdam ausgestellt wurden. Verschwunden sind die schmalen dunklen Gassen um den Waterlooplein, hinfällig ist inmitten des tosenden Verkehrs der Markt auf dem Platz, tot die Jodenbreestraat, die Max Liebermann noch gemalt hat, die Weesperstraat – eine in Kuben gefaßte Sachlichkeit dort, wo einst der lebendigste und auch ärmste Teil der Amsterdamer Bevölkerung gelebt und gearbeitet hat, wo er liebte, lachte, kaufte und verkaufte, bei einem gebratenen Huhn den Sabbatanfang feierte, am Samstag die Gebete sang und sonntags die Läden und Buden den kauflustigen Amsterdamern öffnete.

Hier war das Viertel, wo der sprichwörtliche «gijn» (das Reißen von Witzen) entstand, der den Sprachgebrauch der ganzen Stadt durchsalzte. Hier pflegte man ehrwürdige und einander verbindende Traditionen. Und hier erblühten hoffnungsvolle, manchmal ehrgeizige Träume junger begabter Menschen, die sich aus den engen Verhältnissen zu Künstlern, Rabbinern und Gelehrten emporarbeiteten. Häuser, Treppen, Straßen und Sackgassen, in denen tätiges menschliches Leben sich regte und ans Licht wollte, sind vernichtet, tot und vergessen die Menschen, Schicksale, Illusionen, Erwartungen, weggeweht im Rauch von Auschwitz und Treblinka, unter dem mitleidlos-schwermütigen Himmel Polens! Und nicht im finstersten Mittelalter vollzog sich diese Tragödie, sondern in allerjüngster Zeit, unter unseren Augen; wir sind dafür verantwortlich.[1*]

FLUCHT UND AUFERSTEHUNG

Mehr als dreihundert Jahre hat das Amsterdamer Judenviertel den hier gelandeten «Kindern Abrahams», wie unsere alten Dichter gerne sagten, Zuflucht und Schutz gewährt. Ein Ghetto im eigentlichen Sinn des Wortes hat es in Amsterdam nie gegeben: Juden konnten fast überall wohnen, wo sie wollten. Es war nicht mehr als natürlich, daß sie sich zu Beginn ihrer Niederlassung in den Niederlanden an einer Stelle konzentrierten. Als Wohnort wies man den ersten Ankömmlingen eine durch die große Erweiterung des mittelalterlichen Amsterdams entstandene, von gerade ausgehobenen Kanälen eingefaßte Siedlung an: «Vloeden[= Fluten]burg» genannt, was im kontaminierenden und sprachbildenden Amsterdamer Volksmund schnell zu «Vloonburg» wurde und – nach weiterer etymologischer Entwicklung – in «Vlooienburg» [Flohburg] entartete.

Die ersten Flüchtlinge kamen um 1600 aus Portugal, wohin sie schon 1492 – ein Entdeckungs- und Krisenjahr! – aus Spanien entwichen waren. Es war das Ende einer 1500 Jahre lang betriebsamen Siedlung: die Glanzzeit spielte sich im arabischen Süden ab, in Córdoba, Sevilla, dazu Barcelona, dann auch im katholischen Norden. Man kennt die historische Tragödie der Austreibung. Die großartige Vermittlerrolle zwischen Morgen- und Abendland, von jüdischen Wissenschaftlern und Philosophen, Talmudisten und Kaufleuten vollzogen, zerbrach in Zwangstaufen, Konfiskationen und Flucht.[2] Wohin sollten sie flüchten, zuerst vor der spanischen, bald auch vor der portugiesischen Inquisition?

Norditalienische Städte, Venedig und Genua, mit denen sie geschäftliche Beziehungen verbanden, empfingen die Emigranten kühl und mürrisch. In Nordafrika wurden sie wie Strandgut behandelt. Als besseren Zufluchtsort betrachtete man – nach Zwischenlandungen in den französischen Seehäfen Bordeaux, Nantes und Rouen – die Niederlande, die ja seit den sechziger Jahren auf Leben und Tod einen Freiheitskrieg gegen Philipp II., den Herrn des burgundischen Erblandes, führten. Antwerpen nahm die ersten Marranen[3] auf, die jedoch nach Alexander von Parmas Wiedereroberung der belgischen Niederlande aus der Scheldestadt flohen und in die Amstelstadt entwichen. Das vollzog sich in den Jahren 1585 bis 1590. Und

---

* Die hochgestellten Ziffern verweisen auf die Anmerkungen S. 163 f.

obgleich man nicht über zuviel holländische Herzlichkeit jubeln konnte: die Verträglichkeit – ein kleines Muster praktischer Staatsklugheit junger, protestantischer und aufsässiger Landesregierungen – übte ihre Wirkung aus.

Manchmal war ursprüngliche Romantik mit der nordniederländischen Kolonisierung der Marranen verbunden, zumal in den balladesken Überlieferungen von der schönen Maria Nunez, die Ende des 16. Jahrhunderts auf dem Weg über England nach Amsterdam gelangte und dort unter den Schicksalsgenossen ihren Bräutigam vorgefunden haben soll. Historisch glaubwürdiger ist der Bericht, daß nach 1597 der erste portugiesische Jude, Manuel Rodrigues Vega, das Amsterdamer Bürgerrecht erhielt. Gleichzeitig erteilte der Magistrat ihm die Warnung, den katholischen Glauben nicht allzu offensichtlich zu bekennen, was ihn und andere Emigranten übrigens kaum interessiert haben dürfte.

Seit dem Jahr 1602 ergab sich jedoch eine völlig andere Situation: ein orthodoxer levantinischer Jude, Uri Ha-Levi, kam nach Amsterdam und begann sofort mit der Verkündigung des mosaischen

Das alte Vloonburg in Amsterdam, wo Spinoza an der Verwers Graft (heute Zwanenburgwal) in der Nähe der Brücke (E) geboren wurde. Ausschnitt aus einem Plan von Balthazar Florisz, 1625

Gesetzes unter den Portugiesen; er versuchte, sie dem Judentum zurückzugewinnen. In den engen Gassen, an den düsteren Kanälen Vloonburgs geschah eine Auferstehung ganz eigener Art, die – anfänglich unter den argwöhnischen Blicken des Schultheißen, später geduldet und rasch bewundert – innerhalb der niederländischen Gemeinschaft eine jüdische geistliche Enklave mit eigenen Bindungen und Gesetzen zustande brachte.[4] Zwei, später sogar drei Synagogen hielten, zum Teil mit strengen, wieder eingeführten Traditionen die in der Diaspora lebenden, hierher verschlagenen iberischen Juden zusammen, bis – nach allerlei Konflikten – die große união oder Vereinigung des Jahres 1638 in der neuen Synagoge Talmud

Amsterdam: die Synagoge Talmud Tora, unweit des Hauses der Familie Spinoza. Stich von I. Veenhuysen, um 1662

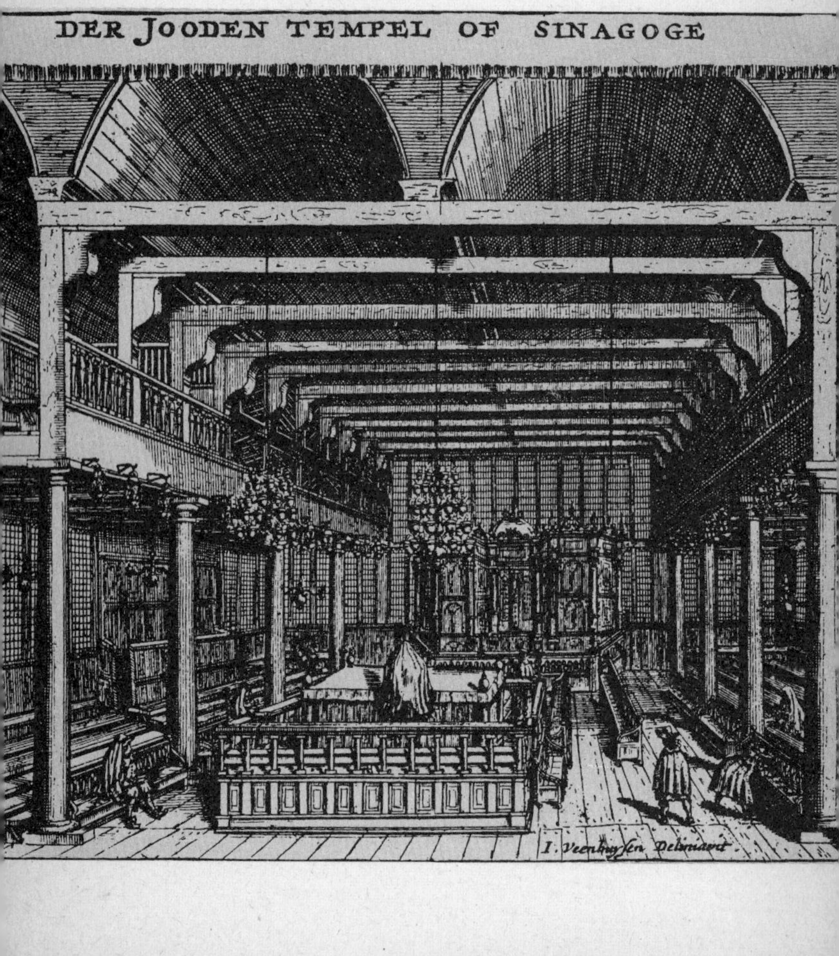

Tora [Studium des Gesetzes] gelang, die zuerst den Vogel Phönix, später und bis heute den Pelikan im Wappen führte.

Die Eingemeindung der Portugiesen vollzog sich nicht immer ohne einengende Beschränkungen. Sie durften natürlich in Wort und Schrift nichts gegen die christliche Religion unternehmen; sie durften keine Proselyten machen oder einen Christen beschneiden; Geschlechtsverkehr mit christlichen Mädchen und Frauen – sogar mit Prostituierten – war ihnen verboten. Doch – um einen Ausspruch Calvins zu variieren –: ebensowenig wie die göttliche Gnade konnte dieses Verbot die Macht der Natur aufheben. Als die portugiesischen Juden in größerem Wohlstand lebten, kamen christliche Dienstmädchen in ihre Häuser, deren blonden Reizen die Patriarchen und Hidalgos aus dem Süden nicht widerstehen konnten. Auf dem «portugiesischen» Friedhof, den die Zuwanderer schon 1641 in Ouderkerk an der Amstel, unweit Amsterdams, anlegen durften, wo man heute noch ihre schönen, liegenden Marmorgrabsteine bewundern kann, wurde zum Beispiel ein der Familie Spinoza entstammendes, 1621 gestorbenes unbenanntes Kind begraben, aller Wahrscheinlichkeit nach ein kleiner Bastard, Sproß einer Liebesbeziehung zwischen Herr und Magd.[5]

SEPHARDIM

Als die Niederlande die vertriebenen spanisch-portugiesischen Juden aufnahmen, waren sie ein Land voller Widersprüche. Dieses Land gewährte bereits Menschen Asyl, als es sich selbst im schwierigen Freiheitskampf gegen die spanische Monarchie befand. Mit unerhörter Energie gründeten diese Rebellen auf kleinstem Territorium, mit ihren kaum zwei Millionen Seelen, innerhalb einiger Dezennien eine europäische Großmacht. Während jede Provinz sich als unabhängiger Staat verstand, traten sie alle gegenüber der Außenwelt als eine feste Union auf – als erster moderner bürgerlich-kapitalistischer Freistaat. Die Oranierfürsten erwiesen sich dabei drei Generationen hindurch als ein Geschlecht von außerordentlich begabten Strategen. Ihre Stellung in der Verenigten Republik als Statthalter (nämlich die eines nach Philipp II. nie wieder gewählten Monarchen) blieb immer zwiespältig. Diese Generalkapitäne, Diener der «Hochmögenden Herren», standen nach wie vor in Opposition zu ihren patrizischen Auftraggebern, sie wurden gerügt, ihrer Macht enthoben, zurückgerufen, bejubelt, sie beherrschten mit fast diktatorischer Vollmacht den Staat der «Regenten», verschwanden während der Französischen Revolution und kamen 1813, nun als Könige, zurück.

Die ersten Oranier haben zur Befreiung der Niederlande vom spanischen Joch wertvolle Beiträge geleistet. Doch der vom Calvinismus stürmisch vorwärts getragene Aufstand löste auch zähe ökonomische Energien beim niederländischen Volk aus. «Krieg, Handel und Piraterie, Dreieinig sind sie, nicht zu trennen», sagt Goethe in einer

Jüdisches Leichenbegängnis über den Amstelfluß zum «portugiesischen» Friedhof in Ouderkerk. Radierung von Romeyn de Hooghe

berühmten «Faust»-Szene; Karl Marx formulierte es im ersten Band des «Kapital» mit grimmigeren Worten, als er zustimmend den Briten Raffles zitierte, der die niederländische Eroberung des früheren portugiesischen und spanischen Kolonialreichs im Fernosten «ein unübertreffliches Gemälde von Verrat, Bestechung, Meuchelmord und Niedertracht» nannte. Die Gold- und Gewürzparadiese des Ostens wurden rasch niederländischer Besitz. Die Gründung Batavias (jetzt Djakarta) auf Java, 1619, war der erste Schritt zur Beherrschung des heutigen Indonesien. Zwischen 1638 und 1658, in eben den Jahren, als Spinoza aufwuchs und sich vom Judentum emanzipierte, setzten die Niederländer festen Fuß auf Ceylon, Malakka und Siam. In Japan bemächtigten sie sich des gesamten Handelsmonopols. Die stolzen Initialen der V. O. C. (= Verenigde Oostindische Compagnie) bezeichnen ein Imperium mit Häfen, Flotten, Söldnern, eigenem Münzrecht und grausamer Gerichtsbarkeit. Dann gibt es noch eine Westkompagnie: ihr gehören bald Manhattan, wo Nieuw-Amsterdam entsteht, das einmal New York heißen wird, und das portugiesische Brasilien. Enormes Kapital strömt aus den Eroberungen in das «Mutter»-Land. Banken und Börsen in den Niederlanden erschließen sich dem internationalen Geldhandel. Die niederländische Bourgeoisie züchtet ihre frühen Millionäre und wirft die alte Reserve ab, um sich eines neuen Luxus zu erfreuen: Kristall, Teppiche, Spitzen und Porzellan kommen aus einheimischen Fabriken, Goldschmiede und Diamantschleifer wetteifern mit Baumeistern und Malern um die hohe Gunst eines kauflustigen Publikums. Es folgen die Wissenschaft, der Humanismus, die Buchdruckerkunst, es folgt eine ziemlich freie Presse, mit Journalen und Pamphleten.

Als Frachtfahrer bleiben die Niederländer in Europa. Die Nordsee wird ihr «Born des Handels», aus der Ostsee holt man Holz und Pelzwerke, aus England Halbfabrikate für die Textilwerkstätten, wo sie von unterernährten Proletariern fertiggestellt werden. Die Fischerei bis zu den Küsten Irlands und Spitzbergens liefert Heringe für einen Weltteil. Die Schiffswerften, wo man – wenn nötig – die abgerackerten Arbeiter auch am Tag des Herrn schuften läßt, kommen ausländischen Besuchern wie wogende Mastenwälder vor. Um 1650 schätzt der Franzose Colbert die Zahl der niederländischen Schiffe auf 16 000: mehr als die Gesamtzahl aller europäischen Flotten. Die Ordnung, Zuverlässigkeit und Pünktlichkeit der niederländischen Reeder läßt sie keine Konkurrenz fürchten, und wenn Rivalen auftauchen, werden sie schnell und mit allen Mitteln zur Strecke gebracht.

Batavia (Djakarta), das Zentrum der niederländischen Kolonialmacht in Indonesien. Stich, 1682

Nieuw-Amsterdam (später New York). Stich, 1671

Niederländische Kauffahrteischiffe in der Straße von Messina. Stich von Cl. Jz. Visscher, 1608

1648, im Jahre des Westfälischen Friedens, waren die spanischen Hilfsquellen leergeblutet. Die niederländischen Geldkoffer dagegen strotzten vor ungeheuerlichen Reichtümern. Der Regentenstaat riß sich von Spanien und dem Kaiser los. Die Vereinigte Republik, gegründet auf unbegrenzter Ausbeutung weißer und farbiger Sklaven nebst einer Schiffsladung latenter innerer und politischer Widersprüche, war zur souveränen Großmacht emporgestiegen.

Auf dem Gebiet dieser Großmacht, auf fremder Erde, trieb nun der Lebensbaum der eingewanderten Juden neue Sprosse; Baum und Erde wurden rasch miteinander vertraut. Der Handel blieb, da den eingetroffenen Sephardim[6] selten das Bürgerrecht verliehen wurde und ihnen nur dann der Beruf des Maklers, Apothekers, Wundarztes oder Buchhändlers gestattet war, der Nährboden ihres kulturellen Aufschwungs. In der ersten Zeit ihrer Ansiedlung bedienten viele von ihnen sich nach außen hin ihrer portugiesischen Namen, während sie im jüdischen Kreis ihre jüdischen, oft halbvergesse-

nen Namen wieder annahmen oder neue wählten. Spinozas Vater Michael war zum Beispiel auch als Gabriel Alvares bekannt, Baruchs Stiefmutter Ester d'Espinosa hieß alias Giomar de Soliz. Die Priesterfamilien nannten sich, jedoch meistens in Verbindung mit einem portugiesischen Namen, wieder Levi und Cohen, da bei den Aschkenasim[7] oder deutschen Juden dieselben Namen vorkamen. Die spanisch-portugiesischen Namen haben bis auf den heutigen Tag ihren vornehmen Klang behalten, und der Ausländer, der im Amsterdamer Telefonbuch blättert, wird erstaunt sein über die Colaço Belmontes, Lopes Suasso, Vaz Dias, Montezinos, Teixeira de Mattos,

Fest der Amsterdamer Schützengilde zum Abschluß des Westfälischen Friedens. Gemälde von Govert Flinck, 1648

Jessuruns d'Oliveira und wie sie sonst heißen. Alle lebten und dachten traditionell jüdisch; auch ihr interner Sprachgebrauch verband sie miteinander: portugiesisch im Alltag, spanisch bei offiziellen Anlässen und literarischer Tätigkeit – dies im Gegensatz zu dem verachteten Jiddisch der immer zahlreicher ins Land kommenden Ostjuden. Durch die Einwanderung dieser Aschkenasim tauchte vor den Sephardim in den Niederlanden ein neues Problem auf. Als der große Bogdan Chmelnizki, Kosakenhetman und eine Art prähistorischer Held der Sowjetunion, der natürlich im heutigen Kiew ein riesiges Denkmal hat, die ukrainischen und polnischen Juden auf seinen

Der Rabbiner Samuel Menasse ben Israel.
Radierung von Rembrandt, 1636

Siegeszügen bei der Einverleibung der Ukraine in das Zarenreich (1648/49) als Dankopfer umbringen ließ und die deutschen Juden im Dreißigjährigen Krieg bei der Zerstörung und Verwilderung Deutschlands in größte Bedrängnis gerieten, flohen viele von ihnen in den Westen, am liebsten in die Niederlande. Dort begrüßten ihre sephardischen Brüder sie ohne besondere Begeisterung und wahrten noch sehr lange aristokratischen Abstand im Umgang mit den osteuropäischen Schicksalsgenossen. Aber sie kümmerten sich in mancher Weise um die Opfer der Pogrome und schickten sie dann wenn möglich weiter – nach Griechenland, Tunis, in die Levante oder dahin, wo sich ein anderer Zufluchtsort bot.

Brasilien, das als portugiesische Kolonie 1624 in niederländische Hände fiel (bis 1654), wurde von den Sephardim als Emigrationsland und Handelsgebiet gern monopolisiert. Juden hatten praktisch den Alleinhandel mit Tabak und die Tabakschneidefabriken in Händen. Die Niederländer haben ein paarmal versucht – wenn auch ohne Erfolg –, den Juden dieses Alleinrecht zu entreißen. Das gelang ihnen allerdings bei zwei anderen, von den Portugiesen eingeführten Industrien: der von dem bereits genannten Manuel Rodrigues Vega angefangenen seidenverarbeitenden Industrie und der Zuckerraffinerie.

Schließlich importierten die Amsterdamer Sephardim Diamanten aus Brasilien und legten damit die Basis für eine blühende Diamantindustrie, die fast bis zum heutigen Tag ein jüdisches Monopol geblieben ist, das Amsterdam übrigens mit Antwerpen teilen muß. Was wir heute als unerlaubten Handel betrachten, die portugiesischen Juden aber in Nachahmung ihrer gottesfürchtigen holländischen Gastgeber betrieben, war der Waffen- und Munitionshandel nicht nur mit den vielen marokkanischen und berberischen Piratennestern, sondern auch mit ihrem ehemaligen Vaterland Spanien. Dem Feind Kriegsbedarf liefern – das taten die eifrigen Calvinisten mit der Begründung, daß die unermeßlichen Gewinne, die dieser Handel abwarf, es ihnen ermöglichten, ihren eigenen Freiheitskampf intensiver und erfolgreicher fortzusetzen. Reichtümer, wie die Handelspatrizier sie in jenen Tagen anhäuften, wurden den jüdischen Einwanderern nie zuteil, obgleich sie eifrige Aktionäre der Kolonialgesellschaften waren. Die reichsten Portugiesen werden im Verlauf des Jahrhunderts auf ein Kapitalvermögen von 50 000 bis 200 000 Gulden geschätzt. Erst im letzten Viertel des Jahrhunderts erscheint auch in den Niederlanden der «Hofjude», wie Antonio Alvares Machado, Großproviantmeister der Armee seit 1672, der Haager Francisco Lopes Suasso [8], Geldleiher des Statthalters Wilhelm III. von Oranien oder ähnliche schon ganz moderne Finanzmagnaten, deren Sterne aufgingen, als die kleine Sonne Spinozas sich neigte. Den Mitgliedern der Amsterdamer jüdischen Gemeinde war ja schon früh nichts Menschliches fremd: ebensowenig die Liebe zu holländischen Frauen wie die zum Glücksspiel oder, bei gehobenem Wohlstand, zum Tragen von Waffen und dem Spielen mit kostbaren Schnupftabakdosen – sogar in der Synagoge, in der außerdem – das Gotteshaus war nun einmal das Zentrum des Lebens – auch Rätsel- und Intelligenzspiele veranstaltet wurden.

Der Krieg gegen Spanien und der gemeinsame Haß von Holländern und Juden auf die spanische Inquisition begünstigten das Zusammenleben. Die Siege der Generalstaaten [9] wurden von den Juden als eigene Siege gefeiert. Synagogenbesuche der Oranienfürsten wurden nicht nur mit Festreden bejubelt, sondern auch mit kostbaren Geschenken honoriert. Das beweist das silberne Tafelgeschirr, das die Sephardim im September 1642 dem Statthalter Friedrich Heinrich verehrten. Die Synagoge wurde bereits eine Sehenswürdigkeit für in- und ausländische Besucher. Die união vom Jahre 1638 hatte übrigens nicht vermocht, innere Gegensätze aus der Welt zu schaffen. Gegenüber orthodoxen Rabbinern wie Saul Levi Morteira oder dem Kabbalisten Isaac Aboab de Fonseca standen kosmopolitisch gesinnte Lehrer wie Menasse ben Israel, der erste sephardische Liberale; und jeder Rabbiner hatte seine Anhänger. Zu den geglücktesten kulturellen Schöpfungen der Amsterdamer Sephardim gehört eine hochentwickelte Buchdruckerkunst, die in Amsterdam zwischen 1650 und 1750 eine verdiente Vormachtstellung einnahm. Neben Menasse ben Israel (alias Manuel Dias Suiro) und Emanuel Benveniste, aus Italien in die Niederlande gekommen, nennen wir Joseph Athias und Salomo Proops, die in der Lage sind, ihre im Geist der spanischen Vergangenheit, aber auch im Sinn der niederländischen Tradition Plantijns und der Elzeviers gehaltenen textkritischen Bibel- und Talmud-Ausgaben selbst wissenschaftlich zu überwachen. Außer lyrischen Dichtern, Theologen und Sprachgelehrten entstammten der sephardischen Gemeinschaft gute Ärzte. Einer von ihnen war der vielgerühmte Joseph Bueno, der noch im Jahre 1625 an das Krankenlager von Prinz Moritz gerufen wurde. Er gehörte zu einer Familie von Ärzten, deren damalig jüngster Sproß, Ephraim Hisquia Bueno, ein Freund Rembrandts war.

Unter den Rabbinern ist Menasse ben Israel wahrscheinlich die bedeutendste Figur. Sein Name ist nicht nur mit einer berühmten Druckerei verbunden, deren Lettern, wie die Legende heißt, aus Gold gewesen sein sollen; nicht nur mit seiner kritischen Ausgabe der fünf Bücher Mosis, dem «Conciliador». Ihre Bedeutung kommt der unzensurierten Talmud-Ausgabe Benvenistas gleich. Menasse unterhielt auch viele Beziehungen zu Gelehrten seiner Zeit. Zu ihnen gehörten Freigeister wie Vossius und Salmasius, was Menasse von jüdisch-orthodoxer Seite ziemlich übelgenommen wurde. Er trat schließlich als Diplomat auf, erfüllt vom festen Glauben an eine baldige, glückliche Lösung des zerstreuten Judentums, was er in seiner «Esperança de Israel» niederlegte. 1655 zog er nach London, um den puritanischen Lordprotektor Oliver Cromwell zu bewegen, die 1290 aus England vertriebenen Juden wieder zuzulassen. Das von ihm zu diesem Zweck eingereichte Gesuch führte wirklich – nach anfänglichem Widerstand der Konkurrenz befürchtenden Parlamentsmitglieder – zu der gewünschten Wiederaufnahme. Menasse starb auf dem Rückweg nach Amsterdam im Jahre 1657, nachdem er in England schon einen Sohn verloren hatte. In seiner Figur begegnen wir, wenn auch noch in verschwommenen Linien, einem neuen kulturellen und wissenschaftlichen Bewußtsein des Amsterdamer sephardischen Judentums, das bald noch ganz andere Sprossen hervorbringen sollte.

Die Familie De Spinoza (auch Despinosa, d'Espinosa) stammt aus einem alten marranischen Milieu. Ihre Mitglieder hielten sich nach der Vertreibung aus Spanien zum Teil in Portugal auf (Villa Lobos, Vidigera); zum Teil fanden sie in Frankreich Asyl und lebten vom Handel. Die Tatsache, daß irgendwo in einem kleinen Land an der Nordsee ein junger Rebellenstaat bemerkenswerte militärische und ökonomische Siege über die Stammväter der Inquisition errungen hatte, trieb sehr viele Spinozas in die toleranten Niederlande – so viele, daß ihre Familienzugehörigkeit nicht immer entwirrt werden kann. Die meisten Familienmitglieder des Philosophen sind bekannt und befanden sich um 1600 schon in Amsterdam.[10] Möglicherweise hat sich ein Einzelner auch in Rotterdam niedergelassen – und zwar der Kaufmann Isaac Espinosa, der 1627 dort starb und auf Grund jüngster Ermittlungen Baruchs Großvater väterlicherseits gewesen sein soll. Den Großvater mütterlicherseits kennen wir nicht, aber den ersten Schwiegervater von Baruchs Vater Michael, der ein Onkel des letzteren und folglich ein Großonkel des ersteren war: Abraham Jessurun de Spinoza aus Nantes, alias Manuel Rodrigues de Spinoza. Die Inzucht in der Familie, bei ihrer Einwanderung in die Niederlande offenbar eine Folge der kleinen Auswahl von Heiratskandidaten, vielleicht auch ihrer bedrängten finanziellen Lage, ist unverkennbar. Baruchs Vater Michael (alias Gabriel Alvares), 1598 noch in Portugal geboren, heiratete nicht weniger als dreimal Frauen aus seiner eigenen Familie. Zuerst Rachel de Spinoza, Tochter des schon genannten Abraham aus Nantes, die ihm 1627 durch den Tod entrissen wurde. Danach Hanna Debora, die 1638 starb; schließlich Ester d'Espinosa, die 1653 kinderlos verschied. Von Rachel hatte Michael zwei Kinder, Isaac und Rebecca; letztere spielt in Baruchs Leben keine schöne Rolle. Hanna Debora war die Mutter des Philosophen. Er hatte auch noch eine leibliche Schwester Mirjam, die 1651 starb, und, wie wir aus Nachforschungen in den Archiven der portugiesisch-israelitischen Gemeinde in Amsterdam wissen, einen jüngeren Bruder Gabriel, der um 1635 geboren wurde.[11] Hanna Debora hatte eine zarte Gesundheit; sie soll an der Schwindsucht gestorben sein, ein Leiden, das sie Baruch vererbte.

Baruch de Spinoza wurde am 24. November 1632 in Vloonburg geboren. Sein Geburtshaus stand an der Stelle, an der heute der Zwanenburgwal in die Amstel mündet und das neue Amsterdamer Rathaus gebaut werden soll. Zweifellos wird seine besorgte Mutter das eine oder andere Amulett gegen den Nachtgeist Lilith, Feindin kleiner Kinder, über sein Bett gehängt haben. Bestimmt legte man ihm kurz nach der Geburt auch eine Kette um den Hals, an der eine kleine Münze mit dem Anfangsbuchstaben des Wortes Adonai [Herr] hing: als doppelten Schutz. Im Gegensatz zur aschkenasischen Sitte vollzog sich bei den Sephardim die Geburt eines Kindes in Ruhe und Stille; erst nach vierzehn Tagen durfte die junge Mutter Besuch emp-

Zwei Druckerzeichen des Menasse ben Israel. Links: die portugiesische Randschrift lautet: «Gerüstet wie ein Pilger». Rechts: der hebräische Text lautet: «Wahrheit sprießt aus der Erde hervor» (Psalm 85,12)

fangen. Die Beschneidung erfolgte gesetzmäßig am achten Tag, wobei man dem Kind außerdem einen Namen gab. Bei der vorschriftsmäßigen Eintragung in das Buch des Mohle [Beschneiders] erhielt es den Namen Bento (später oft zu Benedictus latinisiert) und als hebräischen Namen Baruch, der – wie die portugiesische Form – «der Gesegnete» bedeutet.

Die früheste Jugend Spinozas spielt sich zum Teil auf der Straße ab. Mit geradezu orientalischer Überschwenglichkeit werden hier im Herbst die hohen Festtage gefeiert, Laubhüttenfest und Gesetzesfreude – natürlich zum Entzücken der Jugend. Hanna Debora wird die erste gewesen sein, aus deren Mund Baruch die biblischen Geschichten vernahm, die Legenden Mosis und Josephs des Träumers, die Wunder des Propheten Elia; aber auch die des nichtbiblischen Rabbi Akiba. Das häusliche und kindliche Leben wurde vom alten Aberglauben beherrscht, aber auch das Leben gebildeter Erwachsener war nicht frei von mystischen und okkulten Vorstellungen. Rabbi Aboab war ein überzeugter Mystiker, auch Menasse ben Israel spielte gern mit Zahlen- und Buchstabengeheimnissen und achtete vor allem auf messianische Vorzeichen.

Spinoza ist in der zweiten Wohnung aufgewachsen, in die Michael 1633 eingezogen war, an der Houtgracht. Nicht im «Opregte Tappeyt Huys», wie die Spinoza-Legende lautet – übrigens ein Haus, das bis zum Zweiten Weltkrieg noch existierte –, sondern in einem der acht Gebäude mit Lagerhaus und Nebengasse, die schon 1840 der bereits genannten Mozes en Aaronkerk, der «Missionskirche», weichen mußten. Baruch war beim Tod seiner Mutter erst sechs Jahre alt. Ihr Sterben bedeutete einen tiefen Einschnitt in seinem Leben, vielleicht den Anfang einer wachsenden Gefühlseinsamkeit. Vom Leben oder der Sinnesart Hannas wissen wir nichts. Wir kennen nur die Worte, mit denen sie 1638, wahrscheinlich nicht lange vor ihrem Tode, einen Notariatsschreiber von ihrer Schwelle verjagte, der einen Wechsel präsentierte, als sie und Michael krank waren: «Wegen der meinen Mann befallenen Krankheit wird der Wechselbrief nicht akzeptiert werden!» Der Notar protestierte, mußte aber anscheinend die Genesung des Hausherrn abwarten. Vorläufig blieb Baruch ein Kind der Straße, den Stimmungen unterworfen, die Berichte der Ereignisse aus der ganzen Welt auslösten: welche ruhmreichen Kriegstaten der Statthalter wieder vollbracht hatte (oder welche Rückschläge er ab und zu einstecken mußte); welche neuen Kolonien die Niederländer in Ost und West erobert hatten; wie die großen Spekulationen mit seltenen Tulpenarten, durch die manche in 24 Stunden reich zu werden gehofft hatten, in völligem Fiasko endeten; daß Portugal sich wieder von Spanien losgerissen und König Karl I. von England seine Provokation des Parlaments mit dem Kopf hatte bezahlen müssen. Der junge Baruch hatte aus nächster Nähe das Drama des jüdischen Zweiflers Uriel da Costa [12] miterlebt, der sich gerade erst in Vloonburg ansässig gemacht hatte, zweimal mit dem Bann belegt wurde und sich zweimal wieder der Autorität der Synagoge unterwarf, bis die letzte Glaubenskrise und die Erniedrigungen ihn so unglücklich machten, daß er sich mit einem Pistolenschuß das Leben nahm. Das spielte sich im Jahre 1640 ab. Die Autobiographie des unglückseligen Zweiflers, «Exemplar humanae vitae», blieb Spinoza unbekannt; sie wurde erst 1687 veröffentlicht. Aber über da Costas inneres Ringen und seinen Glaubenszweifel hat man in der sephardischen Gemeinde natürlich gesprochen – auch in Baruchs Gegenwart. Heftige Reaktionen haben zweifellos die Berichte der unverminderten Judenverfolgungen in Spanien und Portugal ausgelöst; und auch die Nachricht, daß sich unter den Inquisitoren getaufte Juden befanden – eine schreckenerregende Einzelheit, unter der Baruchs Vater, laut Bericht, mehr als andere gelitten hat.[13]

Einen freundlicheren Eindruck machte auf die jüdisch-portugiesische Gemeinde bestimmt der Tag, an dem der Lehrer und Publizist Jacob Juda de Leon im Jahre 1641 sein Modell des Salomonischen Tempels vollendete. De Leon wurde durch diese sehenswerte Rekonstruktion auch in nichtjüdischen Kreisen bekannt und erhielt den Beinamen Templo. Die jüdische Gemeinde stürzte sich in ein neues Abenteuer, als Isaac Aboab sich mit einer sephardischen Elitetruppe nach Brasilien einschiffte, wo sie nach Amsterdamer Vorbild einige Gemeinden und Schulen gründete, bis die Kolonie 1653 von den Portugiesen zurückerobert und wieder ein Jagdgebiet der Inquisition wurde. Aboab, der die Expedition in einem längeren Gedicht besang, kehrte in die Niederlande zurück; aber ein Teil seiner Anhänger zog weiter auf die Halbinsel Manhattan, die die Holländer damals für einen Betrag von 80 Gulden den Indianern abgekauft

Der Rabbiner Isaac Aboab de Fonseca, Kabbalist und Lehrer des jungen Spinoza. Stich nach einer Zeichnung von Aerendt Nachtegael, 1686

Jacob Juda de Leon, gen. Templo. Radierung, 1641

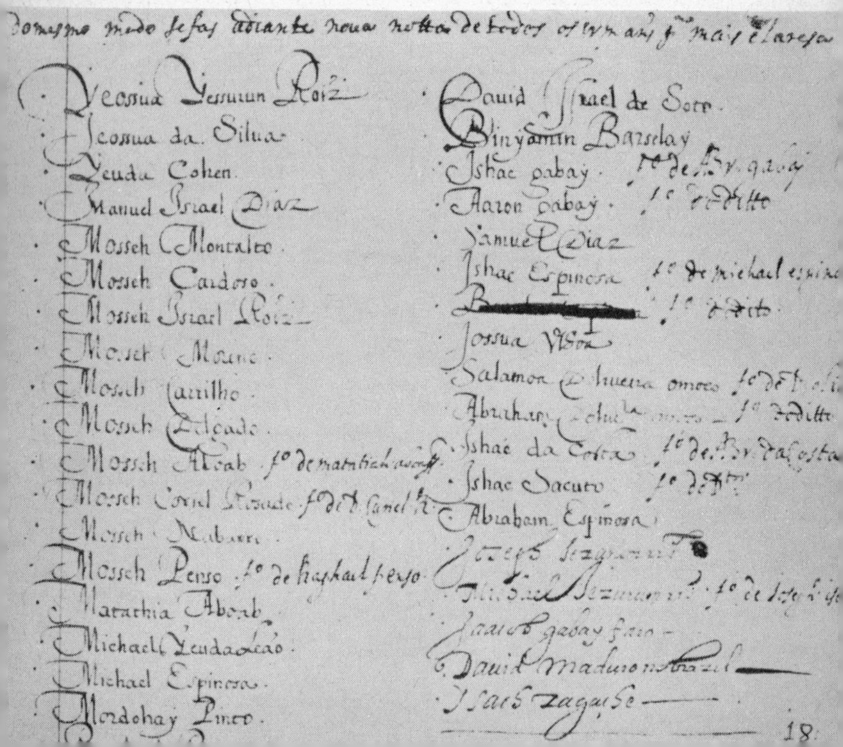

Yeosua Yessurun Roiz
Yeosua da Silva
Yeuda Cohen
Manuel Israel Diaz
Mosseh Montalto
Mosseh Cardoso
Mosseh Israel Roiz
Moseh Moreno
Mosseh Carrilho
Mosseh Delgado
Mosseh Aboab
Mosseh Curiel
Mosseh Naharro
Mosseh Penso f° de Raphael penso
Matathia Aboab
Michael Yeuda Leão
Michael Espinosa
Mordohay Pinto

David Israel de Soto
Binyamin Barzelay
Ishac gabay
Aaron gabay f° de ditto
Samuel Diaz
Ishac Espinosa f° de michael espinosa
[redacted] f° de dito
Ishac da Costa
Ishac Sacuto
Abraham Espinosa
Jacob gabay
David Maduro
18

hatten, wonach sie von ihrer Niederlassung Nieuw-Amsterdam aus dieses Gebiet kolonisierten.[14]

Spinozas Großonkel Abraham aus Nantes, der erste Schwiegervater Michael de Spinozas, war jahrelang einer der Parnassim der Synagoge, erst der Beth Jaakob, nach der Vereinigung der Talmud Tora. Auch Baruchs Vater war viele Jahre Parnas und Kassenwart der «Kadal Kadoch» oder Heiligen Gemeinde und ihrer verschiedenen Einrichtungen für Belehrung und Sozialfürsorge wie der «Dotar», die verwaisten Mädchen eine Aussteuer verschaffte. Als die portugiesischen Gemeinden sich zusammenschlossen, übernahmen sie eine schon lange bestehende, renommierte Schule, «Ets Haim» [Baum des Lebens]. Hier bekam auch Baruch de Spinoza den ersten Schulunterricht. Abraham und Michael de Spinoza waren schon sehr früh Schenker oder «irmaos» [Brüder] dieser Gesetzesschule. 1637 trug Michael seine beiden ältesten Söhne als Mitbrüder ein und zahlte außer den Einschreibegebühren von 18 Gulden noch eine «promesa» von 52 Gulden, also eine Extraschenkung. Dieser Betrag stempelt ihn, laut heutigen Historikern, zu einem begüterten Mann.

Der Elementarunterricht in «Ets Haim» war kostenlos unter der Bedingung, daß in den Medrassim oder höheren Klassen, in die nur die klügsten Köpfe zugelassen wurden, Schulgeld gezahlt oder umgekehrt – wenn es arme begabte Schüler betraf – dem Zögling ein Stipendium gegeben wurde. Im Namenregister der Schüler dieser höheren Medrassim kommt Baruchs Name nicht vor, was eine der ersten Spinoza-Legenden zerstört hat, nämlich daß er zum Rabbiner ausgebildet worden sei. Bei einigen seiner Altersgenossen war das der Fall; Mose Zacuto, Isaac Naar und der etwas ältere Samuel de Casseres sind mehr oder weniger bekannte Rabbiner geworden. Außer «Ets Haim» gab es zur Stillung dieses religiösen und intellektuellen Hungers der sephardischen Laien noch andere Schulen. Wir nennen die 1639 gegründete «Keter Tora» [Krone des Gesetzes] des Rabbiners Saul Levi Morteira, ein um 1616 nach Amsterdam gekommener deutsch-italienischer, vielwissender, eitler und oft launischer Mann, der durch seine Rednergabe den größten Ruhm erwarb. Man hat angenommen, daß Baruch de Spinoza nach sieben Jahren Elementarunterricht die höheren, auch gefährlicheren Sprossen auf der Leiter der Gottesgelehrsamkeit in Morteiras «Jeschiwa» (Talmud-Schule) erklommen hat.

Der Elementarunterricht war schon ziemlich gründlich und vielumfassend. Morgens und mittags waren die Schüler, nur Knaben, drei Stunden in der Schule. Im Winter wurden sie etwas früher nach Hause geschickt. Arm und reich saß nebeneinander. Entspannung fanden die Schüler auf Spaziergängen und kleinen Schulfe-

Mitgliederliste des Studienvereins «Ets Heim», 1637. In der linken Spalte der Name Michael Espinosa (Baruchs Vater), in der rechten (nach dem Bannfluch im Jahre 1656 gestrichen) der Name Baruchs

sten. Das Studium der hebräischen Sprache, unerläßliches Werkzeug zum Verständnis des Gottesdienstes, ritueller und geweihter Schriften, beherrschte den Unterricht. Wenn die Schüler buchstabieren und schreiben konnten, begann sogleich die Unterweisung der Bibelkenntnis (Pentateuch und Propheten); dabei mußten große Teile des Textes ohne Stocken ins Spanische übersetzt werden. Rhetorik und Stilistik sollten die Knaben zu gewandten Rednern machen mit gutem Gefühl für eine blumenreiche, der weltlichen Literatur entlehnte Sprache. Nach ihrem dreizehnten Lebensjahr, das heißt nach ihrer religiösen Mündigkeit oder «Bar Mitzwa», folgte die Einführung in den Talmud, eine Pflicht, die Menasse ben Israel erfüllen mußte. Damit war die Grundausbildung der männlichen sephardischen Jugend, auch die Baruch de Spinozas, abgeschlossen. In und um die Jeschiwa begann dann die eigentliche Bildung – nicht nur die Eroberung neuer Wissensgebiete, sondern die bewußte Entwicklung der Persönlichkeit, die eigentliche Selbstgestaltung.

IN UND UM DIE JESCHIWA

Hier erhebt sich sogleich die Frage: was hat Spinoza nach den ersten sieben Schuljahren gelernt? Der gelehrte Jesuitenpater Stanislaus von Dunin-Borkowski hat in seiner reichlich dokumentierten Studie «Der junge Spinoza» (1910, Neuauflage 1933) versucht, die Frage ein für allemal zu klären. In einer vorzüglichen Übersicht von Personen und Systemen nennt er eine Reihe arabisch-jüdischer, rabbinischer, kabbalistischer und auch spanisch-philosophischer Autoren, deren Werke und Begriffe Spinoza in (und wahrscheinlich auch außerhalb, nämlich in Privatbibliotheken) der sephardischen Gesetzesschule gelesen haben soll. Auf diese Weise versucht von Dunin-Borkowski eine Menge späterer spinozistischer Begriffe und Auffassungen auf die mit ausführlichem Kommentar versehenen pantheistischen und materialistischen Quellen zurückzuführen. Von Dunin-Borkowski hat damit der Spinoza-Forschung neue Gebiete erschlossen, aber außerdem bei jüngeren jüdischen Historikern kritische Reaktionen hervorgerufen. Es ist ganz natürlich, daß man sogleich die sachliche Frage stellt, ob selbst ein genialer junger Mensch in wenigen Jahren einen so immensen Stoff bewältigen kann. Denn dieser junge Mann studierte ohne Zweifel in seiner Freizeit mit großer Begeisterung; gleichzeitig steht jedoch fest, daß er wenigstens nach dem Tode seines Halbbruders Isaac (1649) im Geschäft seines Vaters arbeiten mußte, der ausgedehnten Handel in Südfrüchten und Produkten aus der Levante trieb (s. Anm. 11). Hier ist die Frage angebracht, was Spinoza, der dem väterlichen Beschluß offenbar ohne Widerstreben gehorchte, dabei gedacht haben kann. Bei aller Achtung, die er dem Vater, dem vorbildlichen Juden, frommen Mann und Gemeindevorsteher, und der Stiefmutter als Hausverwalterin entgegenbrachte, kann ihn die väterliche Verfügung kaum beglückt haben. Es kommt hier der Gedanke auf, daß im jungen Spinoza, aus seelischer Entfremdung der häuslichen Umwelt heraus, ein unbewußtes Auflehnen gegen die Vatermacht und damit gegen alle überlieferten Ideen und Machtverhältnisse, als neuer Trieb zur Selbstgestaltung und -erhaltung entstand. Noch bewegt sich der ganz junge Mann in der alten Tradition, als er seinen gottesgelehrten Studien nachgeht. Dazu gehörte vor allem der Talmud, die Kommentare zum Talmud und die Kommentare zu den Kommentaren, die sich im Laufe der Jahrhunderte angesammelt hatten. Diese Anhäufung von Gesetzesvorschriften war zu einer enzyklopädischen Lebensmoral herangewachsen, oft in Dialogform gehalten, scharfsinnig und schlagfertig. Vielleicht hat Spinoza auch in kabbalistischer Literatur herumgestöbert, sich vertieft in ihre auf Symbolen und Zahlenmystik beruhende Auslegung der heiligen Schriften als verborgene Heilsgeschichte, in die Visionen der Welterschaffung, ihre Dämonologie und Erlösungslehre voll magischer Elemente, die östliche und gnostische Herkunft verraten. Die Familie Spinoza gehörte allerdings zum rechtgläubigen, aber auch rationalistischen Flügel der Gemeinde, wodurch es fast unvermeidlich wurde, daß der junge Spinoza eine Zeitlang beeinflußt wurde von der Anschauungsweise des Mose ben Maimon (1135–1204), besser bekannt unter seinem hellenistischen Namen Maimonides, dessen oft gejagtes Leben als Arzt und Philosoph sich zwischen Córdoba und Kairo abgespielt hat. Für die Amsterdamer Sephardim der rational-orthodoxen Richtung war Maimonides' «Führer der Irrenden» (1190 in Kairo in arabischer Sprache erschienen) von schwerwiegender Bedeutung.[15] Dasselbe gilt in geringerem Maße für die Schriften späterer Denker wie Gersonides, Ibn Ezra oder Crescas. Der englische Spinozist Leon Roth vertritt die Meinung, daß man bei Spinoza vor allem eine ziemlich weitgehende Verwandtschaft mit den Doktrinen des Maimonides erkennen kann.[16] Diese käme in Spinozas Vorliebe für die «unumstößlichen» Wahrheiten der Mathematik zum Vorschein, in seinem Konzept einer allmählich an Klarheit und prophetischer Kraft gewinnenden menschlichen Einsicht, seiner Auffassung der Bibeltexte als einer Sprache von Bild und Phantasie, welche die tieferen Wahrheiten über Gott und Welt, insbesondere für die Masse der Gläubigen in einen bunten Schleier einhüllt und dadurch beschirmt, in seiner Erhebung des kritischen Menschenverstandes zur ersten und letzten maßgeblichen Norm jeden Verstehens, auch in Ansehung der Heiligen Schrift.

Obgleich sich in Spinozas Bibliothek ein Exemplar der «Dialogos de amor» («Liebesdialoge») des jüdischen Platonikers Leone Ebreo (Juda Abravanel [1460–1535]) befand, in denen auch der einmal von Maimonides geäußerte Gedanke der Einheit der Natur als ein Vergleich mit Gottes Einheit ausgesprochen wird, war doch der Einfluß dieser mystisch-poetischen Richtung auf Spinoza nur äußerlich. In seiner ersten bekannten Handschrift, *Kurze Abhandlung von Gott, dem Menschen und seinem Glück*, verwendet auch er noch die

Dialogform; dazu klingen am Schluß der *Ethik* wieder neoplatonische Akzente auf. Doch bleibt dieser Einfluß formeller, nicht inhaltlicher Art. Averroes hatte, genau wie die mohammedanische Orthodoxie, versucht, den Neuplatonismus auszuschalten, die Erschaffung der Welt aus dem Nichts geleugnet, die schöpferische Kraft der Materie bis ins menschliche Bewußtsein, aber auch die Sterblichkeit der mit dem Körper untrennbar verbundenen Seele verkündet. Der junge Spinoza hatte jedoch dazu noch neuere Anreize nötig, um den ihn einengenden Bannkreis der jüdischen Verstandesreligion zu durchbrechen.

Es ist vielen Forschern nicht entgangen, daß es in erster Linie ein älterer Zeitgenosse Spinozas gewesen ist, dem er diese Anreize verdankte, und zwar dem Arzt und Physiker Joseph Salomo Delmedigo, der zeitweilig auch in Amsterdam als Rabbiner auftrat, obwohl neuere jüdische Historiker ihn einfach als «Freigeist» bezeichnen.[17] Delmedigo, 1591 in Candia auf Kreta aus altem Rabbiner- und Forschergeschlecht geboren, studierte ab 1606 in Padua, wo er mit der averroistischen Scholastik ein neues Natur- und Weltbild kennenlernte; Galileo Galilei, der Kopernikaner, wurde dort 1592 Professor. Delmedigo, unstet, abenteuerlich, irrte in der damaligen Welt bis Kairo umher und wurde zeitweilig Leibarzt des polnischen Magnaten Radziwill. In Polen lebte damals – v o r den großen Tagen Bogdan Chmelnizkis und seiner Heldentaten gegen die Juden – die merkwürdige, freisinnige sadduzäische Sekte der Karäer oder Karaïten. Einer ihrer Rabbiner bat den gelehrten Glaubensgenossen aus dem Süden um Auskunft über die jüngsten wissenschaftlichen Ergebnisse und Einsichten auf dem Gebiet der Mathematik, Physik und Astronomie. Delmedigo gab eine Antwort, die er den Karaïten teils schriftlich, teils mündlich durch einen Schüler zukommen ließ.

Delmedigo hielt es nicht lange aus in Polen. 1624 finden wir ihn in Hamburg; 1626 kehrte er dieser Stadt den Rücken, als dort eine Pestepidemie ausbrach. Über Glückstadt kam er dann in die Niederlande und nach Amsterdam. Der junge, kosmopolitische und wißbegierige Menasse ben Israel schloß Freundschaft mit ihm und brachte die Parnassim der gerade abgespaltenen Gemeinde «Beth Israel» dazu, Delmedigo als Prediger und Rabbiner anzustellen, obschon Menasse gewußt haben wird, daß es um die Glaubenskraft des vor kurzem eingewanderten Südländers nicht allzugut bestellt war. Welche diplomatischen Winkelzüge auch erforderlich gewesen sein mögen – Menasse ben Israel druckte jedenfalls einige Schriften Delmedigos, unter anderen das Werk «Sefer Elim» («Buch der hohen Palmen»), in dem die Briefe und Fragen des polnisch-karaïtischen Rabbiners und Delmedigos Antworten zusammengefaßt waren. Das Buch erschien nach einem wütenden Kampf mit der Zensur: Menasse konnte die «Approbation» der führenden Gemeindemitglieder 1629 nur unter der Bedingung bekommen, daß das Werk als halbverhülltes Fragment erscheine. In dieser verstümmelten Form befand es sich in Spinozas Bibliothek. Aber auch so war es instruktiv für einen Neuling. Spinoza wird hier zum erstenmal konfrontiert mit den freien und kritischen Auffassungen der Naturwissenschaftler der Renaissance. Delmedigo hat zunächst – entgegen der jüdischen Auffassung, daß die hebräische Sprache sich für wissenschaftliche Zwekke gut eignet – das Studium der lateinischen Sprache empfohlen, als wertvolles Instrument für die Reinheit unserer Begriffsbildung – und natürlich das der humanistischen «lateinischen» Kultur. Gerade an diesem Punkt wird Delmedigo mit seiner Bekämpfung des Teufels- und Zauberglaubens, seiner kopernikanischen Anschauung des Weltalls, der verdeckten Propaganda für eine «doppelte Wahrheit», eine theologische und eine kritisch-philosophische, die noch verschleierte Perspektive einer neuen, lockenden Wissenschaft für den jungen Denker in Vloonburg erschlossen haben. Wenn es wahr ist, daß Spinoza als junger Kaufmann von einem «hochdeutschen Studenten» lateinisch gelernt hat[18], bedeutet das wahrscheinlich auch das Ende der «Übungen» in der Jeschiwa. Und das heißt wiederum, daß sich für den achtzehn- bis neunzehnjährigen Spinoza die Möglichkeit eines freien «europäischen» Studiums eröffnet: die intensive Periode des Selbststudiums fängt jetzt erst richtig an.

Es scheint mir, daß es auch psychologische Argumente für Spinozas Interesse an der Gedankenwelt Delmedigos gibt (der übrigens Amsterdam bald wieder verließ). Beim Aufbau einer eigenen Lebensphilosophie greift ein junger Mensch meistens in eine nicht allzu ferne Vergangenheit zurück: das Nahe, noch unverbraucht Erscheinende, eine Idee, die sich in zeitgenössischer Form präsentiert, wird vorzugsweise als Ausgangspunkt genommen. Die Bücher Delmedigos machten die Runde und mit ihnen seine Anschauungsweise. Daß Menasse ben Israel sowohl als geistiger Mentor wie auch als Buchhändler bei Spinoza eine Vermittlerrolle gespielt hat, scheint hiernach kaum noch zweifelhaft.[19]

Der zweite psychologische Trieb hinter diesen Gefühlen, wenn er auch im dunkeln bleibt, ist ebenso unverkennbar. Die Tradition, symbolisiert in der Gestalt des gesetzestreuen, kaufmännischen und beschränkten Vaters, der aus ihm einen verhinderten Gelehrten gemacht hat, erweist sich immer mehr als etwas Steriles. Dazu ist die häusliche Atmosphäre nach dem Tod der Mutter für den aufwachsenden Spinoza eine *fremde* gewesen. Wir stellen hier also bei Spinoza eine doppelte Entfremdung vom tiefsten Lebenssehnen fest. Einsamkeit und Entfremdung, durchleuchtet von anreifender Genialität, fördern nun *den Widerwillen, die Rebellion, die Abtrünnigkeit* Spinozas als aktive Formen seines Selbstbewußtseins seiner Umwelt gegenüber.

Aristoteles, Averroes, Maimonides und Delmedigo[20] sind die vier fast symbolischen Typen seines inneren Wachstums in diesen Jahren. Besonders Delmedigo beschleunigt für den jungen Mann die Entdeckung der «Außenwelt», das heißt einer Welt, wo die Autorität des Vaters, die Autorität der Väter überhaupt, keine Gültigkeit mehr besitzt.

Die ersten Friedensjahre, die fünfziger Jahre des so oft verherrlichten «Goldenen Jahrhunderts», waren in den Niederlanden in mancher Beziehung unruhiger und widersprüchlicher als die letzten Jahre des Aufstands. Die Regenten wünschten zur Senkung der Kriegssteuern, die sie zahlen mußten, die Entlassung eines Teils der Truppen. Deshalb kam es zwischen den republikanischen Handelsregenten – vor allem den Amsterdamern – und dem jungen, sehr auf sein dynastisches und militärisches Ansehen erpichten Statthalter Wilhelm II. zu schweren Zusammenstößen, die in dem mißglückten Anschlag des gekränkten Generalkapitäns auf das Kaufmannsbollwerk am Y und die Verhaftung einiger führender Köpfe der Gegenseite einen Höhepunkt erreichten. Der frühe Tod Wilhelms II. im Jahre des Anschlags verhalf den Herren der «wahren Freiheit» zu uneingeschränkter Macht. Nach 1650 verblieb nur ein Säugling, der die Hoffnung der Orangisten verkörperte; doch endeten ihre Rebellionen und Krawalle damit nicht.

Auch im kleinen Kreis der Familie Spinoza gab es dramatische Ereignisse. Unter Spinozas Altersgenossen, die – im Gegensatz zu unserem Philosophen – weiterstudieren durften, befand sich der 1628 geborene Samuel de Casseres, der bald um die Hand Mirjams, der Schwester Baruchs, anhielt. De Casseres muß in den Augen des Vaters Michael ein geradezu idealer Schwiegersohn gewesen sein. Er besaß ja im Gegensatz zu Spinoza jene nüchtern-sachliche Wesensart, die den im gesellschaftlichen Leben Erfolgreichen eigen ist. Als de Casseres im Sommer 1650 Mirjam heiratete, hatte er noch nicht alle zur Ausübung des Rabbinerberufs erforderlichen Examen abgelegt, bewarb sich aber doch schon um das Amt des Synagogenschreibers und arbeitete außerdem als Korrektor in der Druckerei des Meisters Emanuel Benveniste. Er war dazu noch an einem ziemlich umfangreichen Importhandel beteiligt, eine Tätigkeit, die er keineswegs aufgab, als er sich Rabbiner nennen durfte. Der zwischen Samuel de Casseres und Mirjam de Spinoza geschlossene Ehevertrag enthüllt übrigens ungewollt einen der merkwürdigen patriarchalischen Aspekte der sephardischen Gemeinschaft, nämlich die einseitige Bevorzugung der männlichen Jugend: die einundzwanzigjährige Braut konnte nicht schreiben und setzte an Stelle ihres Namens einen Strich.[21]

Ein Jahr nach der Hochzeit starb Mirjam im Wochenbett; sie hinterließ einen Sohn, Daniel. Nach einem weiteren Jahr hat Samuel de Casseres sich wieder verheiratet, diesmal mit Baruchs Halbschwester Rebecca. Wenn wir uns auf das Wenige verlassen dürfen, was wir von ihr wissen, müssen wir ihr ein ziemlich aufbrausendes und konservatives Temperament zuschreiben. Vater Michael mußte sich in diesen fünfziger Jahren von schweren geschäftlichen und gesundheitlichen Schlägen erholen, nachdem er lange eine hohe Stellung in der Verwaltung seiner Synagoge bekleidet hatte und noch 1650 zum Ver-

Oliver Cromwell, Lordprotektor von England. Stich von F. Mazot

walter des jüdischen Pfandhauses ernannt worden war. An seinen Sorgen und seinem Tod ist zweifellos auch die internationale Krise schuld, von der die gerade selbständig gewordenen Niederlande nicht verschont blieben. Die einzigartige Position, welche die junge Republik im Bereich des Handels innehatte, war ihre Stärke, machte sie jedoch auch leicht verletzlich. In England war der puritanische Revolutionär Cromwell an die Macht gekommen; er wollte kein Revolutionär sein, mußte es aber trotzdem werden, als er während des Kampfes der englischen Bürgerschaft gegen die absolute Monarchie den König aufs Schafott brachte und in England die Republik ausrief («Commonwealth»). Nun standen die zwei größten bürgerlichen seefahrenden Mächte des 17. Jahrhunderts, die so ungeheuer viel miteinander gemein hatten, nach kurzer vergeblicher Beratung, ob Zusammenschluß einen Sinn habe, als Konkurrenten und Feinde einander gegenüber. Cromwell lancierte 1651 die Navigationsakte, um englischen Schiffen das Frachtmonopol zu garantieren auf ihren Fahrten in die Kolonien. Der Vertrag wurde mit britisch-puritani-

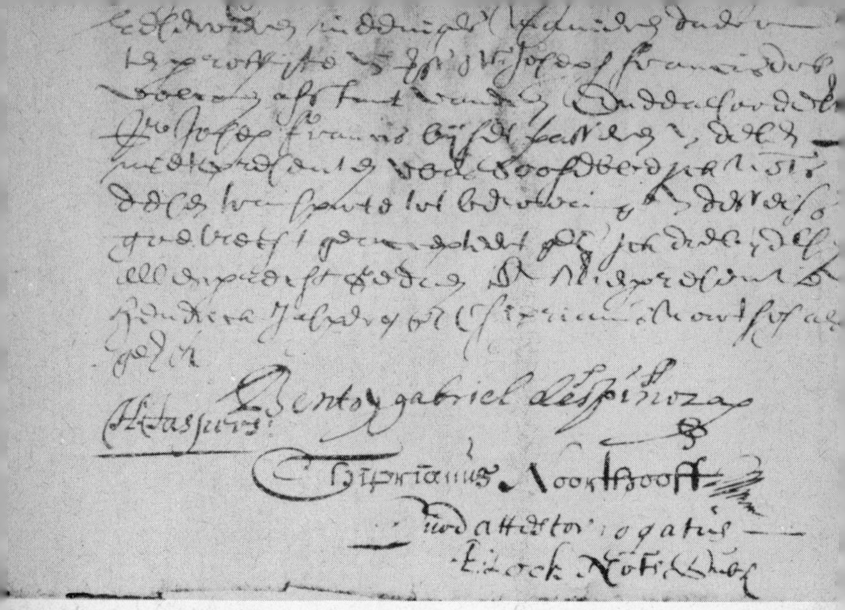

Unterschrift einer notariellen Akte vom 17. November 1655 mit dem Namen Bento y Gabriel de Spinoza

scher Verbissenheit eingehalten und noch von der gegen niederländische Frachtschiffer gerichteten englischen Piraterie intensiviert. Das führte zum ersten englischen Krieg (1652–54), der um die Freiheit und die Macht zur See und fast völlig auf den salzigen Fluten ausgekämpft wurde. Obgleich Admirale wie de Ruyter und Tromp in den für diese Zeit gewaltigen, oft tagelangen Seeschlachten die Wucht ihrer maritimen Strategie bewiesen, mußten sie sich doch den immer mehr an neuer Industrie beteiligten Engländern ergeben.

Für die Amsterdamer Sephardim hatten Cromwells Aufstieg und die puritanische Diktatur ein Doppelgesicht. 1651 hatten sie noch gejubelt, als der britische Gesandte der Republik, Lord Oliver St. John, die portugiesisch-jüdische Synagoge besuchte. Die Navigationsakte desselben Jahres und der darauffolgende Krieg brachte viele von ihnen in eine verzwickte Lage. Der Amsterdamer Hafen war voll mit stilliegenden Schiffen. Teuerung und Hunger verursachten bei den unteren, in die Enge getriebenen Gesellschaftsschichten die üblichen Orangistenaufstände: das Volk schob den republikanischen Regenten die Schuld an dem ganzen Elend in die Schuhe. Michael de Spinoza hatte aus dem Mittelmeer Südfrüchte und Wein, andalusische Wolle und Pernambukholz, Ingwer und Tabak importiert und Getreide, Käse, Leinen und Spitzen, Teer und Tauwerk auf die iberische Halbinsel weiterverkauft. Türkische und berberische Seeräuber hatten in der Vergangenheit den Transithandel beständig gestört – jetzt, in Kriegszeiten, verringerten sich Transit und Import in erschreckendem Maße. Michael de Spinoza dürfte sich früher gegen Risiken verschiedener Art, vor allem gegen Konfiszierung und Raub von Frachtgut versichert haben. Diesmal handelte es sich um ein Unheil, gegen das man sich nicht wappnen konnte. Michael war auf der Hochzeit seiner Tochter Mirjam mit de Casseres im Jahre 1650 nicht anwesend. Das weist vielleicht schon auf seine Kränklichkeit hin. Er starb im März 1654; seine dritte Frau war ihm schon im Tod vorangegangen. Zum wiederholten Mal hatten Tod und Trauer im Hause Spinoza Einzug gehalten.

Für die meisten niederländischen Kaufleute kam, trotz des Aderlasses zweier Kriegsjahre, die Handelsbilanz wieder ins Gleichgewicht. Jedoch sichtlich nicht für die Erben Michael de Spinozas. Hinter der Fassade der neugegründeten Firma Bento y Gabriel de Spinoza verbarg sich, neben dem jungen, noch unerfahrenen Bruder, der werdende Philosoph mit seinen Problemen. Bento und Gabriel führten das väterliche Geschäft weiter, jedoch erst, nachdem Bento-Baruch das Amsterdamer Waisenamt um Zuweisung eines Vormunds ersucht hat. Ein gewisser Louis Craeijer muß die beiden verletzlichen jungen Kaufleute vor Michaels Gläubigern schützen und ihnen helfen, ihre Angelegenheiten bei Gerichtsverhandlungen gegen Schuldner in Ordnung zu bringen, wie zum Beispiel die Sache gegen die Gebrüder Alvarez im Jahre 1655 – zwei nicht sehr solide Diamanthändler, die Bento in Schuldhaft gebracht hatte und die – als Reaktion – Bento zweimal mißhandelten. Dabei rissen sie ihm den Hut vom Kopf und zertraten ihn in der Gosse. Spinoza schlägt nicht zurück: auffallende, frühe Selbstbeherrschung.[22]

Wir dürfen annehmen, daß Bento nicht nur im Hinblick auf Verhinderung eines so unzulässigen Auftretens um einen Kurator gebeten hat. Zu den äußeren Schwierigkeiten und der inzwischen aufgetretenen Verbitterung der Familie ihm gegenüber kamen die Spannungen der geistigen Krise hinzu, in die der Autodidakt hineingeraten war.

DER AUTODIDAKT

Eine der Quellen, die unschätzbaren Wert für die Emanzipation Spinozas hatten, waren die Sprachkenntnisse: außer dem ihm von Jugend an vertrauten Spanisch und Portugiesisch und dem später gelernten Hebräisch war es das Latein – die bevorzugte Sprache der Intellektuellen –, das er nun erlernte; außerdem Italienisch und ein wenig Französisch, möglicherweise Deutsch. Englisch konnte Spinoza nicht; das ergibt sich aus dem späteren Briefwechsel mit Heinrich Oldenburg in London. Was Holländisch betrifft: von Kindesbeinen an war es die Verständigungssprache im Umgang mit der nichtjüdischen Umwelt. Gelesen hat er es sicher, aber Meisterschaft im Schreiben hat er nicht erworben, und für seine Korrespondenz benutzte er einen Briefsteller.[23]

Das Talmud-Studium verlor für Spinoza durch diese neuen Kenntnisse seinen zentralen Lebenswert. Sollte Spinoza jemals als Zuhörer an den öffentlichen Diskussionen teilgenommen haben, die der mennonitische Christologe und Schriftgelehrte Jan Pietersz. Beelthouwer in den vierziger Jahren mit den portugiesischen Rabbinern führte, dann kann sein Zweifel an der vorherrschenden Bedeutung der talmudistischen Haarspaltereien nur größer geworden sein. Die Widersprüche im Alten Testament bildeten ein weiteres Hindernis für sein kritisches Bewußtsein. Es zeigte sich immer deutlicher, daß die Bibel keine Schöpfung göttlicher Eingebung, sondern ungleichwertiges Menschenwerk war. Mit der Entwicklung dieser Bedenken aus der Keimzelle heraus beginnt Spinoza jetzt, als Achtzehnjähriger, Zweifel am Dasein eines auserkorenen Volkes, Zweifel an der bindenden und heiligen Kraft des Dogmas, das er eher als eine Entseelung des Judentums betrachtete, Zweifel am Wunder und der Prophezeiung, folglich am Eingreifen eines persönlichen Gottes in irdisches Geschick – und demzufolge selbstverständlich an den Machtprärogativen einer auserlesenen Priesterschar zu empfinden. Der Talmud verlieh seinem Charakter und seiner Person einige sympathische Akzente wie Schlichtheit und Disziplin, Respekt vor Kenntnis (und manueller Arbeit!), Vornehmheit und Sauberkeit der Kleidung und solide Lebensführung – jedoch die Macht historischer Traditionen, des Gesetzes und des Gebets war gebrochen. An ihre Stelle trat jetzt die italienische Renaissance-Philosophie, trat – als Erbschaft Delmedigos – die nuova scienza, deren empirisches Gerichtetsein eng zusammenhing mit dem neuen Aufschwung praktischer und technischer Wissenschaften, wie Handel, Seeschiffahrt, Landvermessung, Bankwesen und Produktionswirtschaft der großen italienischen Stadtstaaten es erforderten. Was ein zwingender Grund für Florenz, Genua und Venedig war, hatte noch größeres Lebensinteresse für die junge bürgerliche Republik der handeltreibenden Niederlande gewonnen. Was Spinoza bewegte, und was er als innerlichste individuelle Umkehr erlebte, war der Geist der Zeit, dessen Hauch er im republikanischen Kaufmannsmilieu verspürte.

Campanella, der wunderliche Apostel und Utopist, wird Spinoza weniger mit seinen Phantasiegebilden eines irdischen Glücksstaates getroffen haben als durch die Feststellung, die Natur, die alle Geheimnisse in sich birgt, sei ein so dichtes Gewebe von Ursache und Wirkung, daß auch keine übernatürliche Macht dazwischenkommen kann. Schlüssel zur Erkenntnis sind Mathematik und Physik. Cardano, Katholik, Arzt und Lebensphilosoph, war gleichzeitig einer der Meistermathematiker des 16. Jahrhunderts, Verfasser der bahnbrechenden «Ars Magna», einer aus der berühmten Reihe italienischer Mathematiker, zu der auch ein Universalgenie wie Leonardo da Vinci gehört. Sie haben, gewollt oder ungewollt, den Gedanken verschärft, daß alle bis zu der damaligen Zeit geltenden Auffassungen über die Zusammenstellung des Weltalls berichtigt werden mußten. Von den von ihnen propagierten exakten Wissenschaften ist

Galileo Galilei. Stich nach einem Bildnis von Santi di Tito, 1604

die Mathematik bald Spinozas geliebte Disziplin. Es wird ihm nicht schwergefallen sein, im Holland der Seefahrer, Mechaniker, Bankiers, Polderingenieure und Festungsbauer, wo ein Simon Stevin gearbeitet und Schule gemacht hatte, einen Lehrmeister zu finden, der ihm auf diesem Wege weiterhalf.[24] Die Lektüre der Werke Delmedigos hat Spinoza auch einige Kenntnis der revidierten Auffassung vom System des Weltalls verschafft. Er wußte von Kopernikus und Kepler, doch es scheint, daß Galilei, Verfasser der in Leiden bei den Elzeviers erschienenen «Discorsi» (1638), zu dessen Füßen Delmedigo auch gesessen hatte, für ihn mehr der große Mathematiker als der kühne Raum-Entdecker gewesen ist. Vor den Augen des jungen Spinoza erschloß sich ein «neuer» kosmischer Raum in seiner natürlichen Gesetzmäßigkeit, der Erforschung geöffnet.

Die Italiener der Renaissance taten noch mehr für Spinoza. Sie hatten, bei aller wohlberechneten Wissenschaftlichkeit, das Ideal menschlicher Selbstvervollkommnung nicht aufgegeben. Bei Campanella und Telesio fand der junge Spinoza dieses Ideal in seiner ursprünglichen Form: die Philosophie der Selbsterhaltung, das suum esse conservare als ersten, tiefsten Trieb, der das menschliche Streben in all seinen Abstufungen und Äußerungen inspiriert. Als Spinoza sich schließlich, nach umfassendem Wissen verlangend, in diesen fünfziger Jahren mit Francis Bacon befassen konnte, hat er bei diesem begeisterten Verfechter der empirischen Herrschaft des Menschen über die Materie den Rat lesen können, sich von allen Wahnideen oder «Idolen» sowohl der persönlichen wie der sozialen Sphäre, die wirklicher Kenntnis im Wege stehen, zu befreien. Spinoza, jetzt unaufhaltsam auf dem Weg zu einem naturalistischen Weltbild, ist diesem Rat gefolgt. Der Prozeß dieser Befreiung verlief natürlich unter Schwankungen und Zweifeln, Erschütterungen und Schmerz. Die Folgen auf sich zu nehmen, erforderte mehr als alltäglichen Mut. Diese Konsequenzen traten nun im Familienkreis zum Vorschein. Rücksicht auf seine Verwandten, in erster Linie auf seinen Vater Michael, hat den Prozeß der Loslösung Spinozas zweifellos verzögert, aber nicht verborgen. Zusammenstöße konnten kaum vermieden werden. Natürlich wurde Spinoza gewarnt, von seinem Vater, seinem Schwager de Casseres, von wohlmeinenden und beunruhigten Hütern der gläubigen Gemeinde, von den Rabbinern, am schärfsten von Morteira. Man hat in dem jungen Baruch, der über den Glauben an Engel und Wunder, die individuelle Seele und ihre Unsterblichkeit mit immer unverhohlener Skepsis sprach, einen wiederauferstandenen Uriel da Costa gesehen und gefürchtet. Eine der gangbaren Spinoza-Legenden berichtet von «Spionen und Provokateuren», die in diesen Jahren die leitenden Figuren der Synagoge zu ihm geschickt hätten, um ihm gotteslästerliche Reden über die Glaubenswahrheiten zu entlocken. Es handelt sich hier wahrscheinlich weniger um Provokateure, sondern eher um die jungen Rabbiner der Generation Spinozas, de Casseres, Isaac Naar oder Mose Zacuto, die ihn von Jugend an kannten, ehrlich entsetzt waren über die Entwicklung, die sein Leben nahm, und diese aufzuhalten versuchten. Eine andere Legende erscheint ebensowenig glaubhaft: daß man Spinoza Geld (sogar eine Jahresrente) angeboten habe, wenn er der Synagoge – sei es auch nur formell und in den Augen des Publikums – treu bleibe. Die Lösung vom Judentum wird nach Michaels Tod beschleunigt, weil Spinoza dann – denn auch der Starke fühlt sich nicht immer «am mächtigsten allein» – seinen Verkehr mit einer Gruppe von Menschen intensiviert, die Amsterdamer Freigeister genannt werden und es in begrenztem Maß auch gewesen sind.

Wir haben es hier mit einem neuen Zug seiner geistigen Entwicklung zu tun, nämlich seiner Verbindung zum Freidenkertum in den Niederlanden. Diese geistige Libertinage wurde in verhältnismäßig einfacher Form von drei Geschäftsfreunden der Firma Michael, später der Firma Bento y Gabriel de Spinoza vertreten. Es waren die Gewürzkrämer bzw. Handelsagenten mit Kolonialwaren Simon Joosten de Vries, Jarig Jelles (dessen eigentlicher Name Insma war) und Pieter Balling. Sie waren wohlhabend, besuchten regelmäßig die Börse, wo Spinoza sie kennengelernt hatte. Bei ihren Transaktionen nahmen diese Kaufleute oft die Dienste des Notars Benedict Baddel in Anspruch, der auch viele Interessen der Spinozas wahrte. De Vries, Jelles und Balling waren von Haus aus Taufgesinnte oder Mennoniten, friedfertig veranlagt, auch in ihrer Abneigung gegenüber dem Märtyrertum, das vor einem Jahrhundert noch eine hehre Krone des mennonitischen Glaubens gewesen war. Sie besuchten sehr eifrig die freisinnigen religiösen Konventikel und «Kollegien», wo sie im Sinne und manchmal zusammen mit Remonstranten, Quäkern, Sozinianern und anderen antiklerikalen Sekten die Heilige Schrift auf ihre echten, inneren Wahrheiten untersuchten. Ihr rationaler Mystizismus, ihr skeptischer Einschlag hatte sie, Bewunderer des Erasmus und des toleranten Humanisten Dirk Volkertszoon Coornhert (1522–90), bis an die Grenzen dessen gebracht, was noch christliche, religiöse Überzeugung genannt werden kann, obgleich sie durchwegs christliche Termen und Symbole benutzten. Zunächst hatten sie Spinoza wegen seiner Kenntnis des Hebräischen zur Mitarbeit bei ihrer Bibelforschung in ihren Kreis aufgenommen. Aus diesem Umgang wird eine Vertrautheit erwachsen, die es ermöglicht, daß auch ganz andere geistige Fragen auf die Tagesordnung kommen: aus Geschäftsfreunden werden die Amsterdamer Freigeister zu Freunden Spinozas, bald zu Schülern und in vieler Hinsicht zu Stützpfeilern. Durch sie verstärkte sich in Spinoza auch das Gefühl, einen kühnen Schritt wagen zu können, als seine Beziehungen zum Judentum in ein kritisches Stadium gerieten.

Es ist nicht völlig klar, ob diese Taufgesinnten-Kollegianten und Spinoza einander in diesen Jahren schon gefunden haben in ihrem gemeinsamen Interesse für die damals bahnbrechende Richtung in der Philosophie, den heftig umstrittenen Cartesianismus. Es ist möglich, daß der auch in Sprachen – griechisch, lateinisch, spanisch – gut beschlagene Pieter Balling dem «wonder boy» aus dem Ghetto auf Descartes' wichtigste Begriffe hingewiesen hat. Bei dem spirituellen Flügel der Taufgesinnten (in diesen Jahren wurde über die Prinzipien heftig gestritten) stand der Cartesianismus als Lebenshaltung in hohem Ansehen.[25] Aber wahrscheinlich taucht zur gleichen Zeit eine fesselnde Persönlichkeit in Spinozas Lebenskreis auf, die vor allem nach dem Bann eine ungewöhnliche Bedeutung als Präzeptor erworben hat. Das ist der 1602 in Antwerpen geborene Dr. Franciscus van den Enden (der seinen Namen gern zu Affinius latinisierte): ein hochbegabter, grundgelehrter, etwas abenteuerlicher Intellektueller neueren Typs, weggelaufener Jesuit, sehr bewandert auf den Gebieten Medizin und Jura, noch mehr auf dem der klassischen Sprachen und Philosophie. Er muß um 1654/55 in Spinozas Leben eingetreten sein. Die mennonitischen und kollegianten Freigeister hatten ihn kennengelernt, entweder in seinem eigenen Buchladen oder – was plausibler erscheint – in der Verlagsbuchhandlung In't Martelaarswapen von Jan Rieuwertsz im Dirk van Hasseltsteeg: hier war der Treffpunkt aller «Libertins» und «Spötter» der Amstelstadt. Auch Jan Rieuwertsz gehört sehr bald zu den intimen und lebenslangen Freunden Spinozas. Ganz sicher hat er ihm zahlreiche der gefährlichen Schriften verschafft oder ihn in die Dokumente einsehen lassen, die Spinozas Emanzipation beschleunigten.[26]

Die Auflehnung gegen Vaterwelt und Überlieferung stand damit bereits im Jahre 1655 vor ihrem Vollzug – ein ebenso unvermeidlicher wie lebensnotwendiger Wendepunkt, sollte sich der wesentliche Mensch Spinoza, sein existentielles Prinzip, weiter siegreich behaupten.

Formell hat Spinoza bis nach dem Tode seines Vaters Michael den Schein einer gewissen Verbundenheit mit der Synagoge aufrechterhalten. Nach dem Monat Dezember 1655, als er der Synagoge anscheinend noch sechs «placas» schuldig ist, kommt sein Name in den portugiesischen Archiven nicht mehr vor. Die (Halb-)Schwester Rebecca und ihr Mann de Casseres bieten direkt nach Michaels Tod alles auf, um Baruch von der Erbschaft auszuschließen. Denn er stand ja schon im üblen Ruf der Abtrünnigkeit, und die rechtgläubigen Blutsverwandten können es nicht unterlassen, darauf zu spekulieren. Spinoza, Leiter des Familiengeschäftes, reagiert – bestimmt mit Unterstützung des ihm in jeder Beziehung gewogenen Louis Craeijer – sachlich: er führt einen Prozeß vor Gericht, gewinnt ihn auch, aber wählt dann in stoischem Edelmut aus der Erbschaftsmasse nur ein gutes Bett mit dazugehörendem Vorhang ... Eine gelassene, fast verächtliche Distanz gegenüber Kritik und Angriff, auch gegenüber den Nächsten, wird eine seiner Qualitäten bleiben. Alle Gründe sprechen für die Vermutung, daß Gabriel, der jüngste Bruder, bei alldem nicht auf Baruchs Seite gestanden hat.

1655 nahm die Kontroverse zwischen Baruch und der Synagoge auch außerhalb des Familienkreises bedrohliche Formen an. Nachdem viele Warnungen unbeantwortet geblieben waren, sprach das erschütterte und bekümmerte Kollegium der Parnassim den kleinen Bann über Spinoza aus. Dieser Bann bedeutet eine Bedenkzeit von 30 Tagen. Vergebliches Bemühen, Spinoza noch zur Umkehr zu bewegen! Wiederum begannen Warnungen und Kreuzverhöre. Spinozas Plädoyer für den unvermeidlichen Verlauf seines Wahrheitsstrebens wurde verworfen. Das Aussprechen des großen Banns, des CHEREM: Ausstoßung aus der jüdischen Gemeinschaft, bald in größerem Zusammenhang Israel genannt, die härteste Strafe für Ketzer, Rebellen und Abtrünnige, war unvermeidlich geworden. Für die Untersuchung und gerichtliche Behandlung in der Sache Spinoza wurde ein vollständiger Sanhedrin zusammengestellt, der übrigens noch ein Urteil fällen mußte über einen anderen, das Gesetz übertretenden Ketzer, einen gewissen Juan (Daniel) de Prado, der, um das Maß vollzumachen, beschuldigt wurde, junge Leute zu seiner unstatthaften Anschauungsweise verführt zu haben. De Prado ist, obgleich er Anfang 1657 ebenfalls in den Bann getan wurde, zu Kreuze (oder besser zur Bundeslade) gekrochen und hat Besserung gelobt, worauf ihm verziehen wurde unter der Bedingung, mit den Seinen in eine der jüdischen Niederlassungen in Westindien zu emigrieren. Von ihm meldet die Geschichte weiter nichts mehr. Um so mehr von Baruch de Spinoza. Das Gericht der Sechzehn, das ein Urteil über ihn zu fällen hatte (darauf lief schließlich alles hinaus), setzte sich zusammen aus den wohlhabendsten und gebildetsten Mitgliedern der Gemeinde; das Urteil kam tatsächlich «von oben» und sollte niederschmetternd auf den Frevler wirken. Mit dem Ritual des

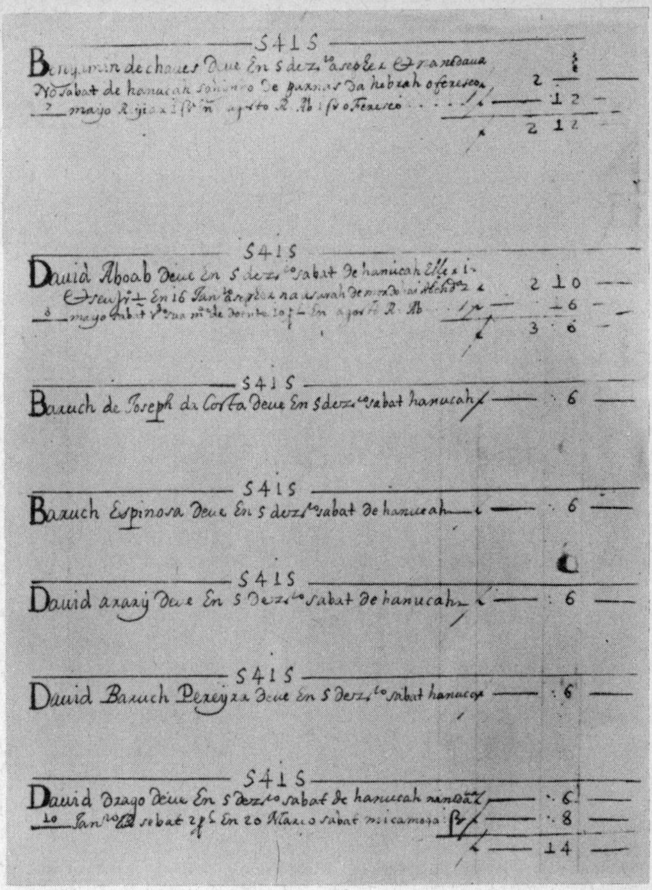
5415
Benjamin de chaves deve En 5 dez.to [illegible] 2
[illegible]
5415
David Aboab deve En 5 dez.to sabat de hanucah [illegible] 2 10
[illegible]
5415
Baruch de Joseph da Costa deve En 5 dez.to sabat hanucah — 6
5415
Baruch Espinosa deve En 5 dez.to sabat de hanucah — 6
5415
David [illegible] deve En 5 dez.to sabat de hanucah — 6
5415
David Baruch Pereyra deve En 5 dez.to sabat hanucah — 6
5415
David [illegible] deve En 5 dez.to sabat de hanucah [illegible] 6
[illegible] 8
14

Aus dem Opfergabenbüchlein der Synagoge in Amsterdam. Baruch Espinosa hat am 6. Dezember 1655 sechs Gulden gespendet

Bannfluchs wurde dasselbe beabsichtigt, als am Donnerstag[27], 27. Juli 1656, die vollzählige portugiesisch-jüdische Gemeinde in das Gotteshaus zog. Die Rabbiner Morteira und Aboab betraten mit unheilverkündender Feierlichkeit die Synagoge. Lampen und Leuchter brannten. Als die Verwünschung ausgesprochen wurde, erstarben die Lichter, eines nach dem andern. Brennende Kerzen wurden in einer mit Blut (!) gefüllten Schale ausgelöscht, bis der ganze Raum in tiefer Dunkelheit lag. Die Schofaroth [Widderhörner] jammerten schrill. Der Vorsänger oder Oberrabbiner intonierte mit hohler Stimme den Text, die Gemeinde beantwortete jeden Passus mit einem zornigen

«Amèn». In den schlimmsten Fällen mußte der Verfluchte sich als Fußmatte auf die Schwelle der Synagoge legen und Männer und Knaben über sich hinweggehen lassen. Spinoza war ja selbst als Achtjähriger über Uriel da Costa hinweggeschritten.

Spinozas erster Biograph, J.-M. Lucas, hat das ganze Zeremoniell in grellen Farben geschildert. Jüdische Historiker stehen seiner Beschreibung abweisend gegenüber, da sie einer antisemitischen Haltung Lucas' entspringe. Sie weisen darauf hin, daß Bann und Bann-Rituell vor allem symbolische Bedeutung hatten. Sie können jedoch nicht den Eindruck verwischen, daß die Schleuderung des Bannstrahls höchst konkret und vernichtend beabsichtigt war. Denn der Text des Fluches lautete, nach der Mitteilung, daß Baruch Espinosa sich «abscheulicher Ketzereien und schwarzer Taten» schuldig gemacht

Der ursprüngliche Text des 1656 über Spinoza verhängten Bannfluchs. Aus dem «Livro dos Acordas da Nacam» der Portugiesisch-Israelitischen Gemeinde in Amsterdam

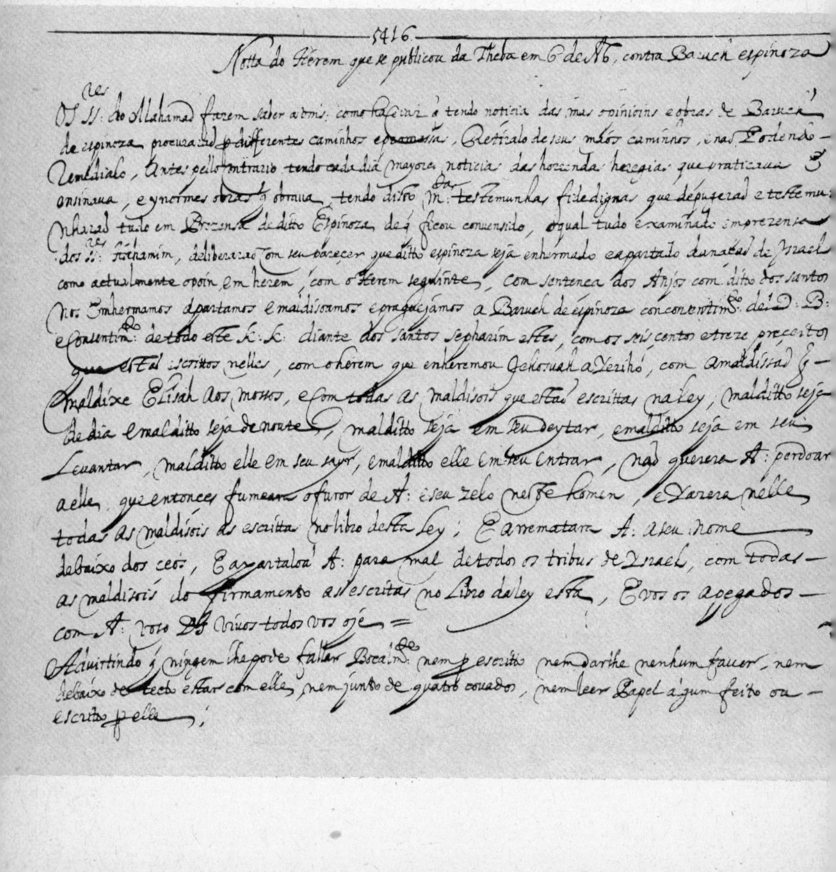
5416

Notta do Herem que se publicou da Theba em 6 de Ab, contra Baruch espinoza

Os S.res do Mahamad fazem saber a V.mces como ha dias que tendo noticia das mas opinioins e obras de Baruch de espinoza procurarão por differentes caminhos e promessas Retiralo de seus maos caminhos, e nao Podendo remedialo, antes pello contrario tendo cada dia mayores noticias das horrendas heregias que praticava e ensinava, e ynormes obras que obrava, tendo disto muitas testemunhas fidedignas que depuserão e testemunharão tudo em prezença do ditto Espinoza, de que ficou convencido, o qual tudo examinado em prezença dos S.res Hahamim, deliberarão com seu parecer que o ditto espinoza seja enhermado e apartado da nação de Israel como actualmente o poin em herem, com o herem seguinte, com sentença dos Anjos com ditto dos santos Nos enhermamos apartamos e maldisoamos e praguejamos a Baruch de espinoza con consentimento del D. B. e consentimento de todo este K. K. diante dos santos sepharim estes, com os seis centos e treze preceitos que estão escritos nelles, com o herem que enheremou Jehosuah a Yeriho, com a maldição que maldixe Elisah aos moços, e com todas as maldisois que estão escrittas na ley, malditto seja de dia e malditto seja de noute, malditto seja em seu deytar, e malditto seja em seu levantar, malditto elle em seu sayr, e malditto elle em seu entrar, não querera A. perdoar a elle, que entonces fumeará o furor de A. e seu zelo neste homem, e yazera nelle todas as maldisois as escrittas no libro desta ley; e arrematara A. o seu nome debaixo dos ceos, e apartaloa A. para mal de todos os tribus de Ysrael, com todas as maldisois do firmamento as escritas no Libro da ley esta, e vos os apegados com A. vosso Ds vivos todos vos oje =

Advirtindo que ninguem lhe pode fallar bocalmente nem por escritto nem darlhe nenhum favor, nem debaixo de tecto estar com elle, nem junto de quatro covados, nem leer Papel algum feito ou escritto por elle;

hat (gemeint sind natürlich Übertretungen der Speise- und Sabbatgesetze):

«Nach dem Urteil der Engel und der Aussage der Heiligen verbannen, verfluchen, verwünschen und verdammen wir Baruch d'Espinosa. Mit der Zustimmung des gesegneten Gottes und dieser ganzen heiligen Gemeinde, vor den heiligen Büchern der Thora und den 613 Vorschriften, so darin geschrieben sind, sprechen wir den Bannfluch über ihn aus, mit dem Josua Jericho verfluchte, mit den Verwünschungen, mit denen Elisa die bösen Knaben verwünschte und mit allen Verfluchungen, die im Gesetz verkündet werden. Er sei verflucht bei Tag und verflucht bei Nacht, verflucht sein Hinlegen und verflucht sein Aufstehen, verflucht sein Gehen und verflucht sein Kommen; nimmer möge der Herr ihm vergeben und fortan der Zorn des Herrn und der Eifer Gottes über diesen Menschen kommen und ihn mit allen Flüchen beladen, geschrieben in diesem Buch des Gesetzes. Und der Herr wird seinen Namen austilgen unter den Himmeln, und der Herr wird ihn zu seinem Verderb ausstoßen aus allen Stämmen Israels, mit allen Verwünschungen des Firmaments, geschrieben im Buche dieses Gesetzes. Und ihr, dem Herrn eurem Gott Verbundene, bleibt heute alle unversehrt!

Hütet euch: daß niemand mündlich noch schriftlich mit ihm verkehre, niemand ihm die geringste Gunst erweise, niemand unter einem Dach mit ihm wohnt, niemand sich ihm auf vier Ellen nähere, niemand eine von ihm gemachte oder geschriebene Schrift lese.»[28]

Spinoza war nicht anwesend, als man ihn mit Zorn aus «Israel» vertrieb, aber er kannte den Bannfluch natürlich – wenn auch die Details von Fall zu Fall verschieden waren – dem allgemeinen Wortlaut nach. Der Fluch kann ihn nicht unerschüttert gelassen haben; er hat, wie berichtet wird (insbesondere nach Bayles Lebensbeschreibung) eine *Apologia (para justificarse de su abdicacion de la Synagoga)* in spanischer Sprache niedergeschrieben und sie den Chachamim der Gemeinde vorgelegt, aber sie wurde nicht verbreitet und ist später verlorengegangen.[29] Zweifellos hat Spinoza, was seiner damaligen Lage entsprach, die juristischen Prärogative der jüdisch-religiösen Gemeinde als Rechtsmacht neben der des bürgerlichen Staates mit eigenen Rechtsverordnungen abgelehnt. Mit anderen Worten: er hat der jüdischen Gemeinschaft das Recht abgesprochen, jemanden in den Bann zu tun. Spinoza hat später in seinem *Theologisch-politischen Traktat* (1670) viel von dieser Kritik am Judentum verarbeitet, die er – wie man annimmt – zuerst in der *Apologia* zum Ausdruck brachte.

Wir möchten hier feststellen, daß das Kollegium jüdischer Würdenträger, das Spinozas Gesetzesübertretungen und seinen Abfall vom Glauben beurteilen und bestrafen mußte, nicht anders handeln konnte. Spinoza wäre mit seinem dynamischen Verlangen nach den klarem und rationalem Denken entspringenden Antworten, die außerhalb seines sephardischen Kreises gegeben wurden und die ihn zu ganz anders gearteten Geistesverwandten hinzogen, innerhalb

Gijsbertus Voetius, Führer der calvinistischen Orthodoxie. Zeitgenössischer Stich

des Amsterdamer Judentums ein zerstörendes Element gewesen. Dieses Judentum – wir dürfen das nicht vergessen – wurde von einer Flüchtlingsschar getragen, die eine tolerante Regierung ins Land hineingelassen hatte; die Gemeinde war jedoch keineswegs kugelfest gegenüber Angriffen von streng-calvinistischer Seite. Wie sehr die religiöse Intoleranz auch von «freisinnigen» Regenten im Zaum gehalten oder zu mildern versucht wurde – sie war vorhanden und richtete sich gegen alle, die nicht zur Staatskirche gehörten: Katholiken, andersgläubige Protestanten, Juden. Die Publikationsfreiheit eines Mannes wie Menasse ben Israel wurde zum Beispiel mehr als einmal bedroht, am heftigsten 1636 von dem nie ablassenden Leiter der staatsreformierten Theologen, Gijsbertus Voetius von Utrecht. Demzufolge bestand in der portugiesisch-jüdischen Gemeinde die Neigung, gegenüber der in den eigenen Reihen auftretenden Ketzerei, die auch das Ärgernis des offiziellen Christentums erregen konnte, ihr angestammtes Recht geltend zu machen. Die militanten Calvinisten waren mit dem Vorhandensein einer jüdischen Enklave auf holländischem Boden nur halb versöhnt; ihr Kanaan war reformierter, nicht hebräischer Herkunft. Man muß Spinozas Verbannung auch deshalb vom jüdischen, politischen Standpunkt aus betrachten: sie ist die Folge der Logik einer abweichenden und bekämpften Minderheitsreligion.[30]

Daß der Bann im Leben Spinozas gleichzeitig eine – um mit Hegel zu sprechen – «List der Vernunft» gewesen ist, daß durch die Verfluchung die der Person des jungen Denkers angelegten rabbinischen Fesseln gesprengt und er der ganzen Menschheit geschenkt wurde, ist eine moderne Erwägung, die im 17. Jahrhundert keinen Inhalt haben konnte.

Der Bann hat den Fortbestand der Firma Bento y Gabriel de Spinoza unmöglich gemacht. Mit oder ohne den Rat seines Kurators Louis Craeijer hat Baruch seinen Geschäftsanteil dem Bruder verkauft. Gabriel führte das Geschäft allein weiter. Sein Name kommt noch bis 1664 in amtlichen Dokumenten vor. In diesem Jahr ließ er von dem Notar Adriaan Lock in Amsterdam sein Geschäft den Brüdern Moises und David Juda Lion überschreiben, da er beabsichtigte, nach Barbados auszuwandern. Die Insel war damals schon einige Jahre in den Händen der Engländer. 1661 hatten die ersten englischen Juden sich dort niedergelassen. Sie tauchten übrigens auch an anderen Orten in Westindien auf, von Curaçao bis Florida, und ihre Nachkommen leben noch dort. Holländisch-portugiesische Juden folgten bald ihren Spuren. Die Engländer sahen das nicht gern, obgleich die jüdischen Einwanderer als vortreffliche Kolonisten, Farmer und Bergwerksverwalter galten; die Entwicklung war jedoch nicht mehr aufzuhalten. Gabriel de Spinoza ist in Westindien geblieben, zuerst auf Barbados, später auf Jamaika, das damals auch englisch geworden war. Er ließ sich auf dieser Insel im Jahre 1667 sogar als «British Subject» naturalisieren, um seinen Geschäften ungehindert nachgehen zu können. Die Wege der Kinder Spinoza, die unter Michaels Dach aufgewachsen waren, hatten sich für immer getrennt.

VERBORGENE JAHRE

Nach den Berichten des ältesten Spinoza-Biographen Lucas soll der Philosoph, als man ihm den Bann ankündigte, gesagt haben: *Nun wohlan, man zwingt mich zu nichts, was ich nicht von mir aus auch getan hätte, wenn ich nicht Angst vor einem Skandal gehabt hätte. Aber wenn man es nun einmal so will, schlage ich mit Freuden den Weg ein, der sich mir eröffnet, und tröste mich mit dem Gedanken, daß mein Auszug unschuldiger als der der alten Juden aus Ägypten ist, wenn ich auch ebensowenig wie sie weiß, wovon ich werde leben müssen. Ich habe keinem Menschen etwas abgenommen, und wie ungerecht man mich auch behandeln mag, ich darf stolz darauf sein, daß man mir nichts vorwerfen kann.*[31]

Die hier ausgesprochene materielle Ungewißheit hatten inzwischen die hilfsbereiten neuen Freunde, die mennonitischen Kollegianten, behoben. Spinoza verdankte es ihnen, daß er niemals Hunger leiden mußte. So haben sie von Anfang an um Spinoza eine Sphäre der Geborgenheit geschaffen, die ihn scharf von dem verlassenen Milieu abgrenzte. Die Geschichte, daß ein Ex-Glaubensgenosse, wütend darüber, weil der Abtrünnige sich weiter ruhig und unbehelligt in Amsterdam bewegte, ihm 1657 oder 1658 einen Dolchstoß versetzte, als er das Theater verließ, gehört wahrscheinlich ins Reich der Spinoza-Legenden; ebenso die daran anschließende Anekdote, daß Spinoza seinen von der Waffe zerfetzten Mantel sorgfältig aufbewahrt habe.[32] Derartige Geschichten beweisen jedoch, daß bei den Sephardim ein bitterer Haß gegen den Glaubensverleugner lebte. Spinoza hatte sich durch sein Ausscheiden aus dem geschäftlichen Leben von materiellen Bindungen gelöst, von Geldsucht und Geldmacht befreit. Diese sollte er später in der *Ethik* als verderbliche Wahnideen verurteilen. Das macht ihn nicht nur zum Kritiker der jüdischen, sondern vor allem der ihn umgebenden calvinistischen Geschäftsmoral, nach der ja nur wenige auserkoren waren, um auch Gottes irdischen Segen zu empfangen.

Spinozas Leugnung der jüdischen Offenbarung Gottes schloß ja eine ebenso kritische Haltung gegenüber der christlichen ein. Ob der junge Baruch dieser verborgenen Jahre wirklich identisch mit dem jüdischen Verbannten ist, dem der Quäker William Ames 1657 in Kollegianten-Kreisen begegnete[33] und der sich auf den «Namen Christus» berief? Es kommt mir nicht wahrscheinlich vor. Christus bedeutete für Spinoza nie mehr als eine einzigartige, wenn man so will vorbildliche, Persönlichkeit; er sah ihn nie als den göttlichen Mittler. Grundbegriffe der christlichen Dogmatik wie die Dreieinigkeit, das Wirken des heiligen Geistes, die Auferstehung des Fleisches und das Jüngste Gericht, waren für ihn inhaltlos.

In dem ganzen Sektenwesen, das um ihn gärte, disputierte, das Gesetz umging und übrigens interessante, manchmal mutige Sonderlinge hervorbrachte, kann ihn nur e i n gemeinschaftliches Element gefesselt haben: die Opposition gegen alle Versuche von calvinistischer Seite, den reformierten Glauben zum einzigen, Kirche und Staat scholastisch beherrschenden Bekenntnis zu machen. Der Kampf für und gegen diese Tendenz tobte seit der berühmten und berüchtigten Dordrechter Synode (1618/19) in der Republik. Es war das religiöse Gewand, in das man die die Gesellschaft erschütternden Machtfragen gehüllt hatte.

In der Kirchenversammlung hatten die größten Fanatiker seinerzeit die Todesstrafe für Ketzer verlangt, konnten sich aber nicht durchsetzen; die katholische Ketzerverfolgung unter Karl V. und Philipp II., an die das Volk sich nur zu gut erinnerte, war ein zu abschreckendes Präzedens. Außerdem gab es unter den Regenten eine zu große, mit stoisch-philosophischen Begriffen erzogene Schicht von Akademikern, die als «Neutrale» bald eine gleichgültige, um nicht zu sagen anti-theologische Haltung gegenüber religiösen Konflikten einnahmen. Erlauchte Vorbilder sind Vater und Sohn Hooft, altmennonitische Amsterdamer, ebenso der Dordrechter Cartesianer und führende Staatsmann Johan de Witt. Sie verbargen ihren religiösen Skeptizismus meistens unter dem Deckmantel eines «Sonntags-Christentums», und zwar so wirksam, daß sie die Verbots- und Zensurwut der Prediger gegenüber nichtreformierten Sekten und Publikationen oft zunichte machten. Immer wieder waren jedoch in den Niederlanden Publizisten aufgetreten, die auch von den nachgiebigsten und diplomatischsten Regenten nicht vor Verfolgung, Einkerkerung oder Verbannung geschützt werden konnten: «Averroisten», Satiriker, Verspotter des Abendmahls, Kritiker der Schöpfungsgeschichte, Rufer wider die Intoleranz.[34] Die Grenzen zwischen dem, was hier freisinniges Denken, Spott, Skeptizismus oder einfach Gottesleugnung genannt werden muß, können kaum gezogen werden. Ein mehr oder weniger herausforderndes Elitekorps von «Libertins» und «esprits forts», wie es sich in dieser Zeit in der französischen adligen Oberschicht gebildet hatte, ist während des niederländischen Regentenpatriziats nirgends entstanden; man verstand sich mit einem Augurenlächeln. Regierende mit einem schlechten Gewissen, sollte Fritz Mauthner in seiner Studie über den Atheismus sagen, konnten schließlich viele Verirrungen tolerieren, nur den Atheismus nicht. Angeklagt wegen Gottesleugnung, wurde Giordano Bruno im Jahre 1600 von der Inquisition in Rom verbrannt, Lucilio Vanini 1619 in Toulouse. Italien und Frankreich lagen weit entfernt von den protestantischen Niederlanden, aber auch hier galt der Atheismus als ein recht widernatürliches Greuel.

Man schalt Spinoza zu seiner Zeit einen Atheisten, und später erklärte man ihn zum Atheisten par excellence. Als der Utrechter Professor Lambert van Velthuysen ihn auch in einem Brief an einen gemeinsamen Bekannten des Atheismus bezichtigte, wies Spinoza diese Beschuldigung weit von sich und schrieb an den betreffenden Bekannten: *Zuerst sagt er, es sei von geringem Belang, zu wissen, welchem Volk ich angehöre oder welche Lebensweise ich führe. Wenn er es freilich gewußt hätte, dann wäre er nicht so leicht zu der Überzeugung gekommen, ich lehre den Atheismus. Denn Atheisten streben ja gewöhnlich übermäßig nach Ehren und Reichtümern; ich aber habe diese, wie alle wissen, die mich kennen, immer verachtet. Dann sagt er weiter, um sich zu seinem Ziele den Weg zu bahnen, ich sei kein beschränkter Kopf, damit er so leichter glauben machen kann, ich hätte schlau und verschlagen und böswillig für die grundschlechte Sache der Atheisten gesprochen. Das zeigt schon zur Genüge, daß er meine Gründe gar nicht verstanden hat.*[35]

Zweifellos hat Spinoza hier bei seiner Beschreibung der Atheisten an die französischen Libertins gedacht, für die eine Verbindung von Unglauben, scharfsinnigem Intellektualismus, hohen Ämtern und ungezügelter Wollust das A und O des Lebens war. Ein Atheist in diesem Sinne ist Spinoza nie gewesen: zwischen ihm und derartigen «esprits forts» lag der große Abstand einer schlichten, ziemlich kleinbürgerlichen Lebensmoral, Ergebnis von Herkunft, Umgebung und Veranlagung. Aber man überlegt doch, was Spinoza sich und anderen in dem oben zitierten Brief versucht weiszumachen – und in Anbetracht des Zeitgeistes auch weismachen m u ß t e. Er war ja doppelt und dreifach durch die «Schule der Spötter» gegangen – nicht nur in die der Jan Rieuwertszschen Buchhandlung, in Amsterdam so benannt, weil der Raum der Treffpunkt der Freigeister war, sondern vor allem in eine wirkliche Schule der Neuerer, die des schon von uns genannten Dr. Franciscus van den Enden.

DIE EINMANNHOCHSCHULE

Meinsma nennt Van den Enden den «fröhlichen Doktor», und in dem ihm gewidmeten Kapitel seines Spinoza-Buches sogar einen «Lucianisten», nach dem klassischen griechischen Verspotter des Glaubens und des Aberglaubens. Der von Augustinern und Jesuiten Erzogene tritt in den Jesuitenorden ein, zeichnet sich aus durch Kenntnisse der klassischen, vor allem der lateinischen Literatur und promoviert außer als Jurist auch als Arzt. In seinem 40. Lebensjahr tritt er aus dem Orden aus, nimmt sich eine Lebensgefährtin und zeugt mit ihr sechs Kinder, die ebenfalls durch frühe Intelligenz auffallen. Als das Leben in dem gut katholisch und spanisch gebliebenenen Antwerpen ihm unmöglich gemacht wurde, wandert er nach Amsterdam aus (1645), wo sich schon viele flämische Dissidenten niedergelassen hatten. Hier widerfährt ihm, wie er sagte, schon bald die Ehre, vom Amsterdamer Magistrat zum Mitglied einer nach Madrid entsandten Friedensdelegation ernannt zu werden. Deshalb ist er, bis 1648, ein paar Jahre außer Landes. Sein danach begonnener Buchhandel florierte nicht. Um so besser die 1652 gegründete Lateinschule am Singel, welche der bereits bestehenden nach kurzer Zeit den Rang streitig machte und viele Söhne des Amsterdamer Patriziats anzieht. Der Ex-Jesuit verfügte nicht nur über parate Kenntnisse, sondern hatte Geist und Humor: ein extravertierter Charakter, der Menschen und Schüler zu sich heranzog. Der Amsterdamer Regentensohn Pieter van Rixtel, den Van den Enden in seiner Schule unterwiesen hatte, verglich ihn in einem Gedicht mit Cheiron, dem Erzieher der griechischen Heroen. Van den Enden gestaltete die Unterrichtsstunden reizvoll, er ließ seine Schüler Komödien von Plautus aufführen, und zwar im neuen Stadttheater: großer Erfolg für das jugendliche Patriziat. Übrigens, Van den Enden erhöhte – wenn es sein mußte – den Glanz der Hochzeiten und Gesellschaften dieses Patriziats mit lebenden Bildern, und es wurde ihm zum Beispiel 1654 die Ehre zuteil, daß sein Textbuch um eine holländische Übersetzung bereichert wurde, die der große Dichter Joost van den Vondel, schon längere Zeit Kind im Hause der Amsterdamer Mäzene, nach Van den Endens Latein gemacht hatte. Es gereicht dem vormaligen Jesuiten zur höchsten Ehre, daß er den jüdischen Apostaten bald an sich bindet und ihm, wie die meisten Biographen versichern, nach kürzerer oder längerer Zeit Obdach in seinem eigenen Haus gewährt. Entweder ihm, als dem schutzbedürftigen Mitverfechter seiner eigenen radikalen Anschauungen, oder aber, was wahrscheinlicher ist, als seinem Schüler und gleichzeitigen Lehrer der hebräischen Sprache an seiner humanistischen Schule. Der rechtschaffene Dichter Vondel hat Van den Enden für einen Mit-Katholiken – wenn auch etwas merkwürdiger Art – gehalten; aber Eingeweihten konnte es nicht entgehen, daß der brillante Lehrmeister ganz andere Pfeile in seinem Köcher hatte als die der katholischen Apologetik. Stillschweigend ließ er Frau und Kinder den alten Glauben praktizieren – er selber hatte schon lange seine Abmachung mit dem Himmel getroffen. Spinozas Biograph Colerus bezichtigt ihn voller Abscheu des Atheismus und der Gottesverleugnung; ein sachlicher moderner Historiker nennt ihn einfach einen «wissenschaftlichen Materialisten, aller Religion feindlich gesinnt»[36]. In diesem Zusammenhang: der von Meinsma auf Van den Enden gemünzten Bezeichnung «Lucianist» scheint eine irrige Beurteilung der philosophischen Ansichten des Van den Enden zugrunde zu liegen. Wo Lukian sich, übrigens in genialer Art, über jede Überzeugung lustig machte und seine heftigsten Angriffe gegen die Atomlehre Epikurs und die Stoa richtete, weihte Van den Enden den jungen Spinoza in die Geheimnisse des antiken Atomismus und die stoische, materielle Auffassung der Gottesnatur ein. Und sozusagen als Fortsetzung seiner schon vollzogenen Kenntnisnahme der italienischen Renaissance-Philosophie beginnt Spinoza jetzt, unter Leitung Van den Endens, endgültig mit dem Studium des derzeitigen Höhepunktes dieser Wissenschaften, des Cartesianismus. Wenngleich Spinoza dieser Hilfe nicht bedürftig war, so wurde sein Studium möglicherweise dadurch erleichtert, daß Jan Rieuwertsz 1656 anfing, die gesammelten Werke Descartes' in der holländischen Übersetzung des Jan Hendrik Glazemaker herauszugeben.

René Descartes hatte viele Jahre in den Niederlanden gelebt, während der letzten Periode seines Lebens bis ein Jahr vor seinem Tode am Westermarkt in Amsterdam gewohnt und hier viele seiner wichtigsten Ideen niedergeschrieben – ein Meister der Denktechnik sowohl als seiner französischen Muttersprache, die sich zu klarerer Begriffsbestimmung besonders eignet. Der Kampf um den Cartesianismus, der sich seit den dreißiger Jahren vor allem an niederländischen Universitäten abspielte, fand im ganzen intellektuellen Leben einen starken Widerhall.[37] Daß der «lügende Franzose» mit seinen theologisch zweifelhaften Hintergründen von den reformierten Theologen, vor allem von Voetius, bekämpft wurde, während die jungen, gebildeten Regenten ihn in Schutz nahmen, kann Descartes in Spinozas Augen nur sympathisch gemacht haben. Es gibt keinen Hinweis, daß Descartes und Spinoza einander jemals begeg-

René Descartes.
Gemälde von Frans Hals, um 1649

net sind; Descartes' Amsterdamer Zeit liegt vor der eigentlichen Emanzipation Spinozas. Jetzt, nach der Abtrünnigkeit und der Erforschung eines neuen Gebietes, lernte Spinoza von Van den Enden, daß Descartes nicht nur eine «Methode» zum Erkennen wahrer und unwiderlegbarer Ideen über Gott, Mensch und Welt ausgearbeitet hatte – was Spinoza fasziniert haben muß –, sondern sich außerdem als genialer Wissenschaftler, in erster Linie als Mathematiker und Physiker erwiesen hatte. Der «Discours de la méthode» (1637) enthielt als Anhang auch drei Abhandlungen, die «die Wahrheit in der Naturwissenschaft» in einer Spinoza ebenfalls fesselnden Wei-

Im zweiten Haus von rechts, Westermarkt 6,
lebte zeitweilig Descartes

se demonstrierten: bahnbrechende Studien über Geometrie, Meteore und Lichtbrechung.[38] Spinoza hat bei Van den Enden gelernt, vor allem die Seite des Cartesianismus anzuerkennen, in der sich die Logik des Naturmechanismus durch menschliche Vernunft und wissenschaftliche Experimente als eine Art ergänzenden Gottesbeweises offenbart. Die Natur, von Gott, der höchsten Substanz, deutlich geschieden, ist die zweite und zweifellos niedrigere Substanz, in deren Wesen wir mit dem Instrumentarium der Optik und der Anatomie, mit mathematischer Beweisführung und geschärftem Verstand eindringen können. Die Ursachen der Dinge wollen erkannt werden!

Dabei bleibt die Mathematik, auch durch den Beitrag Descartes', für Spinoza die Schlüssel-Wissenschaft des Jahrhunderts: hatte Galilei nicht schon gesagt, daß «das Buch der Natur in mathematischer Sprache geschrieben sei, mit Dreiecken, Kreisen und anderen geometrischen Figuren als Alphabet, und daß es dem Menschen ohne diese Mittel unmöglich sei, auch nur ein Wort dieser Sprache zu verstehen»?[39]

Man fragt sich, ob der «fröhliche» Van den Enden die Zweifellehre Descartes' jemals ergänzt hat mit einem Einblick in das Werk der illustren französischen Spötter und Meisterskeptiker, die für ihn eine Quelle des Vergnügens und intellektueller Feinschmeckerei gewesen sein müssen – Rabelais und Montaigne. Abgesehen von Descartes ist im ganzen bei Spinoza wenig die Rede von französischen Einflüssen. Für ihn gab's keinen Charron, de la Ramée, Bodin; den Libertinismus lehnte er ab, Rabelais überließ er der Lachlust Van den Endens. Der einzige, den er unter Van den Endens Leitung näher studierte, ist der 1655 gestorbene Physiker und Atomist Petrus Gassendi, mit dem Descartes sich dauernd überwarf.[40] Gassendi hatte es verstanden, trotz seiner auf der klassischen Atomistik Demokrits und vor allem Epikurs aufgebauten materialistischen Weltanschauung, sich dem Zugriff der Inquisition zu entziehen durch seine These, daß Gott der Schöpfer aller Kreatur sei. Außer der mit Descartes geteilten Neigung zum «verborgenen Leben» (einer übrigens ebenfalls Epikur entlehnten Lebenslehre, die Spinoza sympathisch gewesen sein muß), hat Gassendi der klassischen Atomistik durch sein Buch über Epikurs «Leben, Sterben und Lehre» neue Kraft eingehaucht. Wenn Spinoza mit seinem Lehrer zusammen je das meisterhafte Lehrgedicht des römischen Epikureers Lukrez «De rerum natura»[41] ganz oder teilweise gelesen hat, wird er darin große materielle und ideelle Verwandtschaft mit den weltanschaulichen Thesen gefunden haben, deren Ausarbeitung er schon begonnen hatte: die Entthronung des Aberglaubens, Naturforschung als Rettungsmittel gegen Unwissenheit und Angst vor dem Tod, innere Kraft durch lebensbejahende Vernünftigkeit.

In die genannte Synthese wird von Spinoza jetzt seine von Van den Enden erworbene Kenntnis der Stoa einbezogen. Epiktets «Handbüchlein» (der Moral) war in seinem Besitz, und der antike Stoizismus mit seiner Gott-Natur, zu der auch das Menschliche gehört, fand bei ihm genauso großen Anklang wie die epikureischen Ideen. Der Sinnspruch aus dem ersten Brief des Johannes, den Spinoza später dem *Theologisch-politischen Traktat* voransetzt – «Daran erkennen wir, daß wir in Gott bleiben und Er in uns, daß Er uns von seinem Geist gegeben hat» –, ist eine christlich-gnostische Variante der Umschreibung des Verhältnisses Kosmos (Gott)–Mensch von der Hand des Stoikers Kleanthes, ein Ausspruch, den der Apostel Paulus im Areopag in Athen auch noch einmal zur Andeutung seines «unbekannten Gottes» benutzte: «In Ihm leben wir, und bewegen uns und sind wir!» Die philosophische Diplomatie, die

Spinoza 1670 bei der neutestamentarischen Formulierung derartiger stoischer Sprüche anwandte, darf uns nicht irreführen. Als Van den Enden den jungen Denker außer durch das Lesen heidnischer Autoren auch durch die Lektüre der Kirchenväter noch weiter in der Kenntnis des Latein schult, ergibt sich aus dieser Fortsetzung, daß die Anschauungsweise der christlichen Patriarchen die Argumente des klassischen und modernen Materialismus nicht zu entkräften vermocht hatte.

Was die Einflüsse angeht, die Spinoza während seiner Studienzeit bei Van den Enden erfahren hat, werden manche Namen genannt; darunter die Giordano Brunos und Lucilio Vaninis, beide Opfer der Inquisition. Van den Enden soll diese Denker außerordentlich geschätzt haben, deren Werke im 17. Jahrhundert immer noch «im Verborgenen» lebten und deshalb anscheinend nur in Handschriften zirkulierten. Diese Schriften soll Van den Enden seinem genialen Schüler erschlossen haben. Hier erheben sich einige Zweifel. Trotz gewisser äußerlicher Übereinstimmungen und annehmbarer Sympathien des abtrünnigen Juden Spinoza für den verbrannten Ketzer Giordano Bruno – in erster Linie «die Auffassung des Universums als schaffender Grundursache» – gibt es zu viel wesentliche Unterschiede.[42] Bruno überwindet den ihm eigenen Dualismus zwischen Gott und Natur eigentlich niemals ganz, es sei denn in Momenten hymnischer, visionärer Begeisterung – man ist geneigt zu sagen: mehr als Künstler denn als Philosoph. Die Entchristianisierung des Brunoschen Weltbildes und der damit verbundene Renaissance-Spott mag den Beifall des Satirikers Van den Enden gefunden haben; Bruno flüchtet sich wiederholt in irrationale Gottesvorstellungen. Spinoza dagegen wird bald jeden Dualismus und jede irrationale Anwandlung mit dem kühlen Atem seiner streng mathematisch begründeten Ratio hinwegfegen. Zu Recht wird gesagt, daß Giordano Bruno mit seiner Monadenlehre eher zu Leibniz, als mit der Atomistik zu Spinoza tendiert.[43]

Daß Spinoza in seinen Briefen weder Bruno noch Vanini erwähnt (letzterer scheint mit seinem Pantheismus, der Idee des Zusammenhangs und der Beharrlichkeit der Materie nahe bei manchen spinozistischen Ideen zu stehen), bedeutet übrigens wenig oder nichts. Es wurden ganz sicher nach Spinozas Tod viele seiner Briefe von den Empfängern verborgen gehalten oder von den wohlmeinenden Freunden und Herausgebern der *Nachgelassenen Schriften* beiseite geschafft: gerade die Briefe, die den Atheisten wegen seines Zurückgreifens auf andere Atheisten kompromittieren konnten. Alles, was auf Van den Enden hinwies, wurde ebenso auf diese Weise vorbildlich von ihnen aus dem Komplex der stofflichen und geistigen Hinterlassenschaft Spinozas entfernt. Deshalb bleibt die Frage nach den Einflüssen während der verborgenen Jahre in mancher Hinsicht unbeantwortet.

Spinoza hat, mit oder ohne Van den Enden, wahrscheinlich auch mit anderen interessierten Schülern des vielseitigen Präzeptors auf dem Gebiet der Naturwissenschaften weiterexperimentiert; in der Schule wird dafür wohl ein kleiner Raum gewesen sein. Er hat statische Berechnungen gemacht, mit Luftpumpen und Wärmemessern gearbeitet, die Versuche Torricellis wiederholt, die ersten Kenntnisse der Chemie erworben, und das alles auch später fortgesetzt, laut dem Urteil eines heutigen Gelehrten[44] als begabter Amateur, der fähig war, bald darauf über diese Fragen mit Physikern schriftlich oder mündlich Gedanken auszutauschen. Ein echter Forscher ist er nie geworden. Er blieb, wie es heißt, im cartesianischen Naturbild befangen, trotz seiner Kenntnis Gassendis und der Atomisten, auf welch letzteren ein Genie wie Christiaan Huygens gerade in dieser Zeit weiterbaut. Eine praktische Seite des naturwissenschaftlichen Interesses Spinozas hat, auch unter dem Einfluß Descartes', vor allem seiner «Dioptrica» (1637) oder Lehre von der Brechung der Lichtstrahlen, zu Resultaten geführt. Die Frage von Fachleuten und interessierten Laien nach den genauesten Vergrößerungsgläsern brachte Spinoza dazu, der nur über ein geringes Einkommen verfügte und großen Stolz besaß, das Schleifen optischer Gläser zu erlernen. Wurde nicht im Talmud an verschiedenen Stellen das Ausüben eines Handwerks empfohlen, sogar zur Pflicht gemacht? Hier, im Hause Van den Endens (der genaue Zeitpunkt ist ungewiß), hat Spinoza außer mit allen möglichen anderen Experimenten angefangen, optische Gläser zu schleifen, was später sein Beruf wurde – ein keineswegs unbedeutender Beruf, denn er verband ihn mit der Wissenschaft seiner Zeit. Allerdings auch ein für ihn in hohem Maße gefährlicher Beruf, da sich durch diese Tätigkeit sein tuberkulöses Leiden durch ernstliche Schädigung der Lungen verschlimmerte. Diese Gefahr war der damaligen Medizin noch nicht bekannt.

Colerus, der uns mitteilt, daß Spinoza anfing, Brillen zu schleifen und sie viel verkaufte, berichtet im gleichen Atemzug, daß Spinoza sich selbst Zeichnen gelehrt habe, sowohl mit Tinte als auch mit Holzkohle.[45] Zeichnen braucht in der Schule eines Van den Enden, wo die Humaniora in so hohem Ansehen standen und zahlreiche junge Menschen mit verschiedenen Begabungen zusammenkamen, außerdem in einer Stadt und einer Zeit, in der die bildenden Künste von fast allgegenwärtiger Wirkung waren, nicht so verwunderlich gewesen zu sein. Ob die damit verbundene Anekdote, daß Spinoza in späterer Zeit ein Büchlein besaß, in dem er seine Besucher porträtierte und sich selbst in der Gestalt des neapolitanischen, antispanischen Rebellen Masaniello abgebildet hat, auch Glauben verdient? Das bewußte kleine Buch wurde nie gefunden; die Geschichte wird von modernen Historikern bezweifelt. Auf jeden Fall hat die Zeichenkunst in Spinozas Leben nur eine sekundäre Rolle gespielt.

Indessen wurde Spinoza in der vortrefflichen Einmannhochschule Van den Endens jetzt in eine für ihn neue, wichtige Disziplin eingeweiht: in die Kenntnis der Staatskunst. Van den Enden interessierte sich sehr, wie man meint, für den Florentiner Machiavelli, den Diplomaten und Geschichtsschreiber und Verfasser einiger obszö-

Niccolò Machiavelli.
Ausschnitt aus einem Gemälde von Santi di Tito

ner Komödien. Anscheinend konnte Van den Enden auch Spinoza für eine Reihe machiavellistischer Ideen empfänglich machen: in Spinozas Bibliothek befanden sich die gesammelten Werke des Florentiners und noch eine Separatausgabe des «Principe». War es Machiavellis Haß auf die theologische Fundierung der Staatsmacht, sein Realismus in bezug auf den Interessenkampf, der die Politik vorwärtstreibt, das Fehlen jeglicher Illusion bei der Beurteilung des menschlichen Verhaltens, was Spinoza fesselte? Machiavelli blieb für ihn das interessante Vorbild einer nicht-idealen Staatskunst: wenn er ihn vom Gesichtspunkt der Humaniora aus gelten ließ, mußte er ihn vom Standpunkt der Humanität aus ablehnen.[46]

Ohne Illusionen, nicht weniger faszinierend wurde für Spinoza ein anderer politischer Denker, sein englischer Zeitgenosse Thomas Hobbes. Alle Philosophie war für ihn Untersuchung auf physische Wirkungen. Dabei verbot sich jede theologische oder scholastische Betrachtung – eine mechanistische Anschauungsweise «bis zur Askese», wie Marx es nannte. Spinoza bevorzugte wie Hobbes die Mathematik als die Wissenschaft, die nicht betrügen kann. Die großen philosophischen Studien Hobbes' über den Körper und über

Hugo Grotius. Anonymes Bildnis

den Menschen erschienen während Spinozas verborgener Jahre. Ob er sie damals schon gekannt hat, ist unsicher.[47] Aber wahrscheinlich die diesen vorangegangenen Betrachtungen über Bürgertum und Staat, darunter den klassischen «Leviathan» (1651). Aus der Annahme, daß der Naturzustand der Menschheit der «Kampf aller gegen alle» ist, ergibt sich für Hobbes die Notwendigkeit einer repressiven Staatsmacht, die – um der Ordnung und des Friedens willen – die aufeinander prallenden Leidenschaften und Egoismen der einzelnen, vor allem der aus der großen «unmündigen» Masse, einzudämmen versteht, um (was nicht so unverhohlen gesagt wird) den Großgrundbesitz und dem Gewerbe freie Bahn zu verschaffen. Der Realismus Hobbes', der sich auf alle Lebensgebiete erstreckt, auch auf den Gebrauch von Worten, die man nicht wie Gold, sondern nur wie Kleingeld verwenden soll, hat Spinoza zum Teil berührt. Näher stand ihm die Staatslehre des Mannes, der von allen Liberalen in den Niederlanden, nicht zuletzt von den freien Sekten und Spinozas eigenen freisinnigen Freunden als Beispiel staatsrechtlichen Denkens auf hohem Niveau geehrt wurde – Hugo Grotius, der damals wegen seiner arminianischen Sympathien, zusammen mit anderen Gleichgesinnten, in der Festung Loevestein gefangengehalten wurde, aber in einer Bücherkiste entkommen konnte. Auch Grotius hatte den Naturzustand als Krieg und Gewalt aufgefaßt; dabei war Rettung nur in einem starken Staatswesen zu finden, und zwar dadurch, daß die Bürger ihre Rechte und Pflichten freiwillig diesem Staatsorganismus übertragen. Daß die Staatsideen Huig de Groots die der Regenten der «wahren Freiheit» waren, daß ihr Staat das Bedürfnis hatte, koloniale Übergriffe in Ost und West auch juristisch zu rechtfertigen, trieb Grotius schon 1609 zu seiner Theorie von der Freiheit der Meere. Die typische, quasi-römische Lebensphilosophie Grotius' barg gleichzeitig wichtige Bausteine für eine neue internationale Rechtsauffassung in sich («Recht von Krieg und Frieden», 1625).

Für Spinoza war die Unterweisung der Staatskunst neu. Sie gewann für sein persönliches Denken Bedeutung, ohne zunächst das Übergewicht zu erlangen. Sie sollte erst in einem späteren Stadium seines Lebens Früchte tragen.

Dr. Franciscus van den Enden hat Spinozas Ausbildung auf brillante Weise abgerundet. Wie systematisch das eine und das andere verlaufen ist, kann man nicht mehr feststellen. Es war alles in allem viel mehr als eine Ausbildung: jede Stunde wurde Bauelement einer Synthese, die Spinozas geistiger Veranlagung, seiner innersten Triebkraft entsprang. Diese Synthese war nicht einfach die Summe dessen, was er sich nach- oder nebeneinander zu eigen gemacht hatte. Im Hause Van den Endens wurde zwischen 1656 und 1660 etwas ganz Neues geboren – der Spinozismus. Es fragt sich nun, unter welchem Aspekt.

DENKER ZWISCHEN DEN KLASSEN

Das Leben in der Stadt Amsterdam in der Mitte des 17. Jahrhunderts war – jedenfalls für diejenigen, die nicht in völliger Abhängigkeit von den Großen lebten – lebendig, dynamisch, bunt. Das Geld in dieser Stadt des Finanzwesens war ein unwiderstehlicher Gott. Es gab den Herren, die Gesetze erließen, Befugnisse, die, über den Machtbereich der Stadt hinausreichend, sich auf die Republik erstreckten – auf Grund der Tatsache, daß die Amsterdamer Regenten in steigendem Maße die Staatskasse füllten. Die Politik des Amsterdamer Patriziats war – wenn auch nicht immer einmütig – die eines oranienfeindlichen Liberalismus. Die Stadt war – und ist bis zum heutigen Tag – Kernstück und Brennpunkt der niederländischen Kultur, obgleich die Universitäten sich damals in anderen Städten befanden (Leiden, Franeker, Harderwijk, Groningen, Utrecht). Aber die Stadt verfügte über ein Athenäum und wissenschaftliche Studienzirkel.

Die Regierungsform war oligarchisch. Die vier Bürgermeisterstellen waren fest in den Händen einer Kaste, deren Nepotismus durch die volkstümliche Redensart «einmal Bürgermeister – immer Bürgermeister» genau charakterisiert wird. Jeder Bürgermeister mußte immens reich sein. Ihr geschlossenes Kollegium kannte alle Staatsgeheimnisse; über jede Ernennung entschieden nur sie allein. Sie beriefen die Direktoren der Kolonialgesellschaften. Die Bürgerschaft, die etwas zu verlieren hatte, stand ihnen praktisch mit politischer und bewaffneter Unterstützung zur Seite: die städtischen Schützengilden waren nicht nur Geselligkeitsvereine für junge Männer, sondern traten sogleich in Aktion, wenn Gefahr drohte – von außen, wie im Jahre 1650, oder von innen: in den untersten sozialen Schichten, dem rechtlosen und ausgebeuteten Volk gärte es manchmal gefährlich. Dann wurde die Hand der Regenten im samtumkleideten Handschuh zur eisernen Faust. Die untersten Schichten waren natürlich oranienfreundlich und calvinistisch. Der Calvinismus als strenge Schicksals- und Lebenslehre spielte bei den Amsterdamer Amtswaltern höchstens formell noch eine Rolle: Macht und Kultur trugen das Emblem äußerster Toleranz. So wird Amsterdam, Stadt der Börsenmacht, Seeherrschaft und der Kolonialmillionäre, auch eine Bastion der freien Presse, der Literatur, des Theaters. Eine Stadt, in die Menschen aus allen Gegenden reisen, um zu staunen. Ingenieure und Baumeister erweitern die Stadtgrenzen dauernd und errichten an jedem neuen Grachtengürtel Paläste für die Bürgeraristokratie. In den Läden werden internationale Kostbarkeiten und Leckerbissen zum Kauf angeboten. Ein gutes Gemälde ist ein täglicher Gebrauchsartikel. Es gibt hier mehr Luxus und Amüsement als woanders – was die Prediger mit Wut erfüllt. Im September ist fröhlicher Jahrmarkt in der Stadt. Ein Riesenvergnügen, das für die Herren und das Volk meistens in wüsten Ausschweifungen endet. Das ganze Jahr hindurch wird tüchtig gegessen und viel getrunken. Vergnügungsfahrten in Schiffen und «Spiel-Wagen» im Sommer, Schlittenfahrten und Eislauf im Winter bringen junge Menschen in Herbergen zusammen, auf dem Tanzboden und in Irrgärten. Der Umgangston ist frei, oft obszön. Die Ballspielplätze und Kolbenbahnen sind immer voll. Den «Sinjeuren», den feinen Herren, wird in den Gasthöfen Kaffee und Sorbet, Tee und Schokolade serviert. Der einfache Mann begnügt sich in dumpfigen Schenken mit Branntwein und Tabak. Stimmung und Tempo der Hauptstadt – denn der Haag ist «nur» Residenz, Wohnsitz der Statthalter und Regierungsmitglieder – sind munter und beschwingt.[48]

Das Echo des Amsterdamer Lebens, das in Van den Endens Haus widerhallt, kann kaum weniger anregend gewesen sein. Es war ein Kommen und Gehen junger Menschen, die Disziplin wird – bei einem so jovialen, lachlustigen Menschen – wohl nicht militärisch gewesen sein. Es herrschte dauernder Trubel (vielleicht manchmal zu viel, wer weiß) in der Familie des Doktors mit seinen sechs Kindern. Clara Maria, die älteste Tochter, beim Einzug Spinozas in das Haus ihrer Eltern dreizehn Jahre alt, nahm trotz eines Fußfehlers aus ganzer Seele Anteil an dem Treiben und erwies sich schon sehr jung als ungemein begabte Latinistin, bald überflügelt von ihrer ein Jahr jüngeren Schwester Margaretha Aldegondis. Beide Mädchen helfen dem Vater bei seinen Lateinstunden. Wir haben von den Theaterstücken gehört, die Van den Enden mit seinen Schülern aufführt: man hat sich bei den Proben amüsiert und viel gelacht.[49] Höchstwahrscheinlich gingen die jungen Patriziersöhne auch in die Fechtschule und die Manege. Ist Spinoza in seiner doppelten Eigenschaft als Lehrer (Hebräisch) und Schüler dabei gewesen? Wir wissen es nicht, aber eines ist sicher: mit dem puritanischen Sündenbegriff, der das irdische Leben seiner Farben beraubte, um mit diesen den Traum eines ewigen Jerusalems zu schmücken, hatte Spinoza nie etwas zu tun. In seiner *Ethik* wird er bald seine Lebensanschauung dem *greulichen und düsteren Aberglauben* gegenüberstellen, der dem Menschen verbietet, das Leben zu genießen: *Kein Gott und niemand, es sei denn ein neidisches Wesen, freut sich meines Unvermögens und Unbehagens und rechnet uns Tränen, Schluchzen, Furcht und anderes von der Art, was doch alles nur Zeichen eines schwachen Gemüts ist, zur Tugend an, sondern im Gegenteil, von je größerer Lust wir erregt werden, desto mehr gehen wir zu höherer Vollkommenheit über, das heißt notwendig werden wir dadurch desto mehr der göttlichen Natur teilhaftig. Die Dinge also zu gebrauchen und sich an ihnen so viel wie möglich zu erfreuen (freilich nicht bis zum Überdruß, denn das heißt nicht sich erfreuen), das ist die Sache eines weisen Mannes. Es ist Sache eines weisen Mannes, sage ich, sich an angenehmen Speisen und Getränken mit Mäßigung zu erholen und zu stärken, ebenso auch an Wohlgerüchen, an der Ergötzlichkeit der blühenden Pflanzen, an Schmuck, an Musik, an Übungskämpfen, an Schauspielen und ähnlichem, was ein jeder ohne dadurch dem andern Schaden zuzufügen, genießen kann ...*[50]

Der Mann, den wir geneigt sind einen Asketen zu nennen, und der dies auch in späteren Jahren aus medizinischen Gründen immer

Das Amsterdamer Athenäum («Die durchlauchte Schule»). Stich von J. van Meurs, um 1663

mehr wurde, verwarf die wahren Freuden des Lebens nicht, weder für sich noch für seine Mitmenschen. Ein Porträt, vermutlich ein Jugendbildnis aus dem Jahre 1660 (das Jahr, in dem Spinoza das Haus Van den Endens wahrscheinlich verlassen hat), zeigt ihn uns im Gewand eines spanischen Edelmanns aus dem Anfang des 17. Jahrhunderts. Er trägt Bart und Schnurrbart. Das Ganze, bis zum Augenaufschlag, macht einen weltlichen Eindruck, und gleichzeitig scheint es – auch wegen des Kostüms, das auf eine andere Periode verweist – eine Maskierung zu sein. Ist das Spinoza? Denn in derselben Zeit konzipiert er eine Lebenshaltung, die, wenn nicht von Puritanismus, so doch von bewußter Resignation erfüllt ist, und die er um 1622 folgendermaßen beschreibt: *Nachdem mich die Erfahrung gelehrt hat, daß alles, was im gewöhnlichen Leben häufig vorkommt, eitel und nichtig ist, nachdem ich gesehen habe, daß alles, vor dem ich mich fürchtete ... nur insoweit etwas Gutes oder Schlimmes in sich erhielt, als das Gemüt davon bewegt wurde, so beschloß ich endlich, zu erforschen, ob es ein wahres Gut gäbe, das mittelbar*

Altholländischer «Spiel-Wagen», hier als satirische Allegorie

wäre, und von dem allein mit Beiseitelassung alles anderen der Geist erregt werden würde, ja, ob es etwas gibt, durch dessen Auffindung und Erlangung ich eine stete und höchste Freude für immer genießen würde ... Dabei sollte die Ordnung und die gewöhnliche Art und Weise meines Lebens nicht geändert werden, was ich mehrmals vergebens versucht hatte. Denn was im Leben am meisten vorkommt und bei den Menschen ... als das höchste Gut geschätzt wird, läßt sich auf drei Dinge zurückführen, und zwar auf Reichtum, Ehre und Sinnenlust. Durch diese drei Dinge wird der Geist so zerstreut, daß er am allerwenigsten an irgendein anderes Gut denken kann.[51]

Dieses Fragment enthüllt einige wichtige Facetten seines persönlichen Lebens. Wenn er in den verborgenen Jahren die Neigung gehabt hat, den Kavalier zu spielen, sich an Musik, Theater zu ergötzen und in Saus und Braus zu leben, dann hat das alles ganz deutlich bei ihm einen bitteren Nachgeschmack hinterlassen. Die Geschichte seiner Liebe zur ältesten Tochter Van den Endens, Clara Maria, wird heute auch ins Reich der Fabel verwiesen. Aber daß Spinoza in dieser Zeit, von seinem zwanzigsten bis zu seinem dreißigsten Lebensjahr, die Liebe in ihren verschiedenen Formen nicht gekannt haben soll, ist nicht anzunehmen.[52] Brüder pflegen Schwestern zu haben; und Beziehungen zu den Familien der patrizischen Schüler Van den Endens können ihn in Gefühle verstrickt haben, die ihn vielleicht später gereuten.

Lebensprinzipien – nicht die Grundlagen einer nuova scienza, einem Leben für die Naturwissenschaft wie das seiner etwas späteren Zeitgenossen Swammerdam und Leeuwenhoek. Die Wendung in Spinozas Dasein, die ihn zu einer Philosophie Gottes, des Menschen und seinem Glück geführt hat, ist auf mehrere Ursachen zurückzuführen. Sein persönliches Leben ist in den Jahren bei Van den Enden durch Erfahrung und Nachdenken aus der Sphäre der Verlockung der Zivilisation (Ehre, Reichtum, Wollust) in die der Selbstdisziplin und der reinen Vernunft übergegangen. Das Nachdenken wurde auch durch den Umgang mit denen, die wir etwas aus den Augen verloren haben, angeregt, und zwar den Freunden Pieter Balling, S. J. de Vries, Jarig Jelles, Jan Rieuwertsz und ihresgleichen. Sie stellten – nachgeborene Söhne des Erasmus – der unbeugsamen Dogmatik des Calvinismus ihr Bild des «reinen Evangeliums» gegenüber und auch die Auffassung Coornherts, daß alle in Dogmen befangenen Leute «Knechte und Mietlinge» genannt werden müssen. Ihr freies Denken, ihre Hochschätzung des ordnenden menschlichen Verstandes und ihr Glaube an menschliche Vervollkommnung lenken auch Spinozas Begriffskategorien im Geiste einer neuen «Kunst der Lebensart»[53], kritischer, tiefgehender, allumfassender. Die taufgesinnten Erasmianer hatten einen neuen Lebensplan in undeutlichen Linien skizziert – Baruch de Spinoza trat als der bewußte Gestalter einer neuen Ethik auf. Es muß eine einzigartige, belebende Erfahrung für die Männer dieser friedsamen und doch gleichzeitig umstürzlerischen Gruppe gewesen sein, sich die ersten Spinozisten nennen zu dürfen. Denn das geschah; hier waren Spinozas erste Jünger, die seine Gedanken begeistert in sich aufnahmen. Jarig Jelles, der Treuherzigste, wahrscheinlich auch der Einfachste dieses Kreises (Pieter Balling und noch später Adriaan Koerbagh waren die glänzendsten und vielversprechendsten), verkaufte sein Geschäft. Er gab, in gut evangelischem Stil, den Erlös zwar nicht den Armen, aber er widmete sich fortan ganz seiner neuen Lebenslehre, vor allem seinem neuen Lehrmeister.

Kunst der Lebensart, Sittenlehre also, war der Aspekt, unter dem in den Jahren 1658 und 1659 der Spinozismus entstanden ist. Anfänglich in mündlichem Gedankenaustausch, 1660 in schriftlicher Form niedergelegt. Diese Sittenlehre hatte ein ganz bestimmtes Merkmal, da sie aus einem genauso umschriebenen Milieu hervorging, und zwar dem der kleinen Leute, die in Sachen des Staates, des Geistes und der Politik kurzgehalten wurden. Auch wenn Dr. Van den Enden als mythologisches Wunderwesen den Söhnen der tonangebenden Familien Unterricht erteilte – er war doch nur ein «papistischer Schulmeister», wie man ihn 1657 in einer (übrigens vom Magistrat ad acta gelegten) gegen seine Theateraufführungen gerichteten Beschwerdeschrift nannte und wurde für seine Dienste bezahlt. Die Kleinhändler und Handelsagenten, die ich für Spinozas Verbindung mit dem niederländischen Humanismus mitverantwortlich machte, standen auf der gesellschaftlichen Leiter bestimmt nicht höher als er. Kurzum, bei der Frage, wie der Mensch leben soll, wie er herrschen kann, um im natürlichen Weltsystem nicht länger vom blinden Zufall regiert zu werden, spielt unabweislich ein gesellschaftliches Element mit, als Spinoza der moralischen, betrachtenden Seite überlegene Kraft verleiht. Es zeigt sich das historische Antlitz des niederländischen Humanismus.

Das freie Denken stand in den Niederlanden um die Mitte des 17. Jahrhunderts gerade an einem Scheidewege. Im späten Mittelalter, im 16. und den ersten Jahrzehnten des 17. Jahrhunderts war es vielfach eine Angelegenheit von Sekten und Sonderlingen aus den untersten Bevölkerungsschichten. In ihren gewagten und herausfordernden Gottesbegriffen hatten sie eine aufsässige Gesellschaftskritik zum Ausdruck gebracht, in der noch Reminiszenzen an den Chiliasmus der Wiedertäufer erkennbar sind. Dieser plebejisch-rebellische Charakter des freien Denkens ging allmählich verloren, als die Regenten als herrschende Klasse fest im Sattel saßen und ihre Söhne auf in- und ausländische Universitäten schickten. Die wurden zwar keine antiken Heiden, aber wir haben schon gesehen, daß sie in bezug auf den «Staats»-Calvinismus in das Fahrwasser der Ketzer und Libertiner gerieten. Für diesen Übergang des freien, kritischen Denkens aus den Unterschichten in die soziale Oberschicht, wobei es natürlich seinen chiliastischen und revolutionären Charakter verlor, gibt es eine praktische Erklärung: die Wissenschaft war Besitz und Werkzeug des Patriziats geworden. Während Grotius sich noch in christlich-juristischem Gedankengang bewegt, P. C. Hooft

Angebliches Bildnis des jungen Spinoza. Anonym, um 1660

die Stoa und die antike Literatur zu einem historisch-ästhetischen Lebensinhalt umgestaltet, wächst der Agnostizismus in der nächsten Generation. Männer wie Johan de Witt, Johan Hudde, Christiaan Huygens, im Cartesianismus und der Mathematik bewandert, übernehmen die Führung der weltlichen Wissenschaft, die früher in Händen von meist unansehnlichen Schulmeistern, Schiffskapitänen und Lotsen, Mechanikern und Mühlenbauern gelegen hatte.[54] Die Wissenschaft erwirbt dadurch in der Zeit, in der der Spinozismus entsteht, einen aristokratischen Charakter: Wissenschaftler bekleiden zum Teil die höchsten Ämter, der Mathematiker de Witt ist Ratspensionär und regiert die Republik, Nicolaas Tulp und Johan Hudde sind Bürgermeister in Amsterdam, Christiaan Huygens verkehrt in den Niederlanden und in Frankreich in Adels- und Hofkreisen. Die Sympathie dieser Patrizier für den späteren Spinoza, den Philosophen und Optiker, ist nicht zufällig, sondern wurzelt in ihrer eigenen Entwicklung philosophischer Skepsis einerseits und wissenschaftlichem Realismus andererseits. Sie mögen ihn, sie unterstützen ihn (im stillen), aber gleichzeitig bleibt er für sie ein Mann aus dem niedrigeren, dem dritten Stand, ein «kleiner Jude» (Huygens).

Hier liegt Spinozas Dilemma. Wir wissen nicht, ob er selbst es als Dilemma empfunden hat. Aber sein Verzicht auf weltlichen Ruhm und Reichtum im Anfang der sechziger Jahre ist in diesem Zusammenhang enthüllend. Spinoza steht zwischen den Klassen. Gewiß, die Sephardim sind in Spanien – in einer fernen, unerreichbaren Vergangenheit – auch Aristokraten gewesen. In Amsterdam und in den Niederlanden waren sie ziemlich isolierte, mit scheelen Blicken angesehene Immigranten, Kaufleute und Gewerbetreibende ohne gesellschaftlichen Status. Spinoza hatte sich im Kreise seiner Kollegianten-Freunde und bei Van den Enden davon überzeugen können, daß er nicht imstande war, diese soziale Scheidewand zu durchbrechen, daß er sich niemals zu einem allgemein anerkannten Fachgelehrten oder Spezialisten emporarbeiten konnte. Durch die Wahl der Linsenschleiferei als Broterwerb hatte er sich selbst dem Handwerkerstand zugeordnet, übrigens in ein geachtetes Fachgewerbe. So verbanden ihn seine Sympathien und sein alltäglicher Aufgabenbereich mit dem Kleinbürgertum, das weder über Macht noch Einfluß verfügte. Das Dilemma wurde unabweislich. Das Kleinbürgertum war, abgesehen von weniger nonkonformistischen aufgeklärten Elementen, in religiöser und politischer Hinsicht konservativ, kirchenfromm, monarchistisch, beschränkt. Als Schöpfer einer neuen Kunst der Lebensart mußte Spinoza die freisinnige und kulturell-tolerante Lebenshaltung der Regentenklasse zu der seinen machen. Und auch hier steht er, der die Verträglichkeit selbst ist, in mancher Hinsicht zwischen den Parteien: die Regentschaft mit ihrer vornehm-kulturellen republikanischen Gesinnung ist gleichzeitig voller Dünkel, besessen von Machtgier, eigennützig und nicht selten korrupt. Und so entsteht der Spinozismus schließlich aus dem Zwiespalt im gesellschaftlichen Gefühl Spinozas als eine E t h i k, die, befangen in der Illusion, daß sie sich an d e n Menschen (ein generalisierender, abstrahierender Begriff) wendet, in Wirklichkeit den Menschen der Regentengesellschaft, von der sie ausgeht, einen Sittenspiegel vorhält: eine Lebenslehre nicht zuletzt für die Regierenden, um die eigene Seele, Antriebe und Möglichkeiten zu ergründen und die Folgerungen dieser Selbsterkenntnis auf Staat und Gesellschaft anzuwenden.

Von wem ist die Rede, außer von Geld?

Reichtum wird wenig . . .

... wo man's vergeudet; was man aber zusammenhält, das wird groß. Er, der dies geschrieben haben soll und von dem die Rede ist, war reich, unermeßlich reich sogar. In seiner Biographie heißt es, er habe allein in einem Jahr über 33 Tonnen Gold verdient, genau 666 Zentner. Dennoch ging ihm bei der Verwirklichung seiner gewaltigen Baupläne das Geld aus. Zur Regulierung der Schuld trat er seinem Hauptgläubiger kurzerhand ein paar Städte ab.

Seine Mutter war eine überaus schöne Frau; ein berühmter Maler, der sie nicht kannte, porträtierte sie bei der Körperpflege. Sein Vater, der vom Hirten und Musikanten zum höchsten Staatsamt aufstieg, erblickte die Dame eines Tages vom Dach seines Hauses aus und machte sie später zu seiner Frau, nachdem er ihren ersten Mann, einen Offizier, auf etwas intrigante Weise den Heldentod sterben ließ.

Der Sohn, von dem die Rede ist, wurde Nachfolger seines Vaters im Amt, und auch bei diesem Erbantritt soll es nicht ganz friedlich zugegangen sein. Einer seiner Brüder und ein Offizier kamen dabei ums Leben. Er gründete den ersten Zoo; die exotischen Tiere hierfür ließ er mit seinen eigenen Schiffen ins Land bringen. Es heißt, er sei Mitautor eines Buches, das bis heute ein Bestseller geblieben ist. Berühmt gemacht haben ihn seine juristischen Urteile.

Wer war's? (Numerische Lösung: 19–1–12–15–13–15).

Die im Haus und Familienkreis Dr. Franciscus van den Endens verbrachten Jahre waren für Spinoza in vieler Hinsicht eine Schule. Er war ansehnlichen Amsterdamer Familien begegnet und hatte dabei das Seine gelernt.

Der in Hamburg geborene Dirk Kerckring (er selbst schreibt sich Dirck Kerckrinck), fünf Jahre jünger als Spinoza, kehrte als Kind mit seinen wohlhabenden Eltern in die ursprüngliche Vaterstadt Amsterdam zurück. 1657 wurde er Schüler Van den Endens. Es ist eine kleine Probe des pädagogischen Könnens Van den Endens, daß er den kaum vorgebildeten jungen Mann, der erst in den Handel mußte, innerhalb zweier Jahre fähig machte, den Kollegs an der Universität Leiden zu folgen. Spinoza hat Kerckring in den Jahren 1657 bis 1659 gut gekannt und sich mit ihm befreundet. Es ist sehr gut möglich, daß sie zusammen physikalische und chemische Experimente gemacht haben. Jedenfalls hat Kerckring seinen anfänglichen Plan, Philologie zu studieren, bald aufgegeben und die Medizin gewählt. Er brachte es in den exakten Wissenschaften weiter als Spinoza; 1661 erschien seine erste Studie im Druck. Er arbeitete auf medizinischem Gebiet so erfolgreich, daß Boerhaave ihn später lobend erwähnt. Spinoza-Freund blieb er, Spinozist war er nie.

Der Spinoza-Kreis bekam in diesen verborgenen Jahren jedoch intellektuelle Verstärkung, wiederum auf dem Weg über die Schule Van den Endens. Es gibt keinerlei Anzeichen dafür, daß der Doktor selber jemals zu der kleinen Gruppe gehört hat. Es ging ihm um das Spiel mit allerlei Formen und Richtungen des freien Denkens, nicht um ein einzelnes geschlossenes System, wie interessant es auch sein mochte. Bei dem Wort «intellektuelle» Spinozisten müssen wir eher an die Brüder Adriaan und Johannes Koerbagh denken. Der erste wurde im gleichen Jahr wie Spinoza geboren, 1632, der zweite 1634. Begabte Söhne aus einer reformierten und vor allem wohlhabenden Kaufmannsfamilie, gehörten sie zu den ersten Schülern von Van den Endens Privatlyzeum. Und ihr Calvinismus zeigte anscheinend nicht die übliche eiserne Strenge, vielleicht wegen der deutschen Herkunft des Vaters (Corbach, Körbach), der geschäftlichen Beziehungen zuliebe Mitglied der «großen aufrechten» Kirche wurde. Adriaan und Johannes waren 1653 als Studenten nach Utrecht gegangen und 1656 nach Leiden. Johannes studierte dort Theologie; er war, mit seiner ganzen Intelligenz, der weniger militante Charakter der beiden und stützte sich innerlich gern auf seinen Bruder Adriaan, der Jura und Medizin studierte: ein Mann umfassenden Verstandes, sanguinischen und radikalen Temperaments. Die beiden Brüder kamen oft in ihr Amsterdamer Elternhaus, besuchten dann auch ihren alten Lehrmeister Van den Enden und machten dort die Bekanntschaft Spinozas. Vor allem Adriaan übernahm mit zunehmender Begeisterung die Ideen, die Spinoza jetzt entwickelte. Beide Brüder werden Mitglieder des Spinoza-Kreises, der – wie Madeleine

Francès berichtet – meistens in dem Raum hinter dem Bücherladen von Jan Rieuwertsz zusammenkam, wo Spinoza auch später wohnte, wenn er heimlich die Hauptstadt besuchte.[55]

Wie Dr. Lodewijk Meyer, Arzt, Schriftsteller, Purist, in den Spinoza-Kreis hineingeriet, ist weniger deutlich. Zwischenpersonen können unter anderen die Brüder Koerbagh gewesen sein, denn Meyer (geboren 1629), der seit seinem zwanzigsten Lebensjahr auf literarischem Gebiet arbeitete, sich mit Trauerspielen und moralisierender Poesie befaßte, ging 1654 nach Leiden, um Philosophie zu studieren. Zwei Jahre später kamen die Brüder Koerbagh dorthin. Noch zwei Jahre später studierte Lodewijk Meyer, genauso wie Adriaan, Medizin. Meyer, Philologe und Cartesianer, in dieser Zeit immer mehr zu einer klassizistischen, rationellen Erklärung der Muttersprache getrieben, bearbeitete neben seinem Studium J. H. Hofmans «Nederlantsche woordenschat»[56], ein Fremdwörterbuch mit niederländischen Synonymen. Diese puristische Tätigkeit setzte er auch später getreulich fort: 1658 kam eine sehr erweiterte dritte Auflage dieser Bearbeitung bei den Verlegern Jan Hendriksz. Boom und Jan Rieuwertsz heraus.

Meyer, der sich 1660 nach erhaltener Doktorwürde in Amsterdam niederließ, war nie ein richtiger Spinozist, vielmehr ein früher Sohn der Aufklärung. Doch läßt sich seine Freundschaft für Spinoza nicht bezweifeln, und das Vertrauen, das der Denker ihm entgegenbrachte, war gerechtfertigt.[57]

Dasselbe muß man von einem anderen, der direkten Umgebung Lodewijk Meyers entstammenden Spinoza-Freund sagen, dem 1630 geborenen Johannes Bouwmeester. Auch er hatte, früher als Meyer, in Leiden Medizin studiert und betrieb als Dilettant die Alchimie – eine Illusionswissenschaft, für die er wunderlicherweise auch bei Spinoza später einiges Interesse erwecken konnte. Bouwmeester war ein begabter Latinist; jedoch nach seiner 1658 erfolgten Promotion, einer Periode ausländischer Irrfahrten und seiner Eheschließung strich er die Segel, zum Ärger Meyers und anderer Freunde. Von Natur kurz und schwer gebaut, war er das Urbild eines «Pater Wohlleben» und eines «Doktor Dick» und daher in späteren Konflikten von seinen Gegnern allzuoft der Lächerlichkeit preisgegeben. Auch Dr. Johannes Bouwmeester beweist in seinen spärlichen Übersetzungen aus dem Lateinischen, daß er ein im Meyerschen Sinn mustergültiger Purist war. Seine Ziellosigkeit (manchmal einer Krankheit zugeschrieben), Trägheit und Faulheit haben auch Baruch de Spinoza, der ihm herzlich zugetan war, noch 1665 die Ermahnung entlockt, sich mit ganzem Eifer ernsthafter Arbeit zu widmen.

Noch ein anderer, viel fleißigerer Übersetzer hatte mit dem werdenden Spinoza-Kreis zu tun, und zwar Jan Hendrik Glazemaker, der seit 1656 im Auftrag Jan Rieuwertsz' an der holländischen Übertragung der Schriften Descartes' arbeitete, ein Auftrag, der 1684 mit dem siebenten Band abgeschlossen wurde. Glazemaker, Mennonit vom äußersten, aufgeklärten linken Flügel, übersetzte aus-

Amsterdam: Damplatz mit Rathaus. Gemälde von G. A. Berckheyde, 1673

schließlich Werke intellektueller und libertinistischer Art: Seneca, Montaigne und während Spinozas Aufenthalt bei Van den Enden auch den Koran nach einer französischen Ausgabe, eine Arbeit, die gerade in dieser Zeit von großem Mut zeugte.[58]

Aus den Jahren 1656 bis 1660 nennen wir noch einen Freund (oder müssen wir ihn als Beschützer bezeichnen?), dessen Identität im dunkeln bleibt. Er ist wahrscheinlich das Vorbild des ersten Amsterdamer Patriziers, der wirklich seine schützende Hand über Spinoza hält. Man hat an Dirk Tulp gedacht, Angehöriger der berühmten Bürgermeisterfamilie, ein Mann, der auf der Seite der Kollegianten stand. Aber es gibt keine Sicherheit bezüglich seiner Person. Wir haben es hier mit der Diskretion der großen Herren zu tun, die zwar Spinoza ehrten, aber lieber nicht mit ihm auf der Straße gesehen werden wollten.[59] Die Person dieses anonymen Amsterdamer Regenten, der nach gewissen Quellen auch Coenraad Burgh gewesen sein kann, kommt Ende des Jahre 1659 zur Sprache. Baruch de Spinoza gerät dann, wenn auch weniger dramatisch als das erste Mal, in einen Konflikt mit den Rabbinern der portugiesischen Synagoge. Die dem Abtrünnigen geltenden Rachegedanken waren in der sephardischen Gemeinde offenbar nicht verschwunden. Und da kein Rabbi Menasse ben Israel mehr lebte, um die Revanchestimmung einzudämmen, entsandte man den alten Saul Levi Morteira in das Rathaus, um Klage gegen Spinoza zu erheben. Was sie enthielt, ist nicht deutlich: der Amsterdamer Magistrat hat sich wohlweislich gehütet, etwas schwarz auf weiß zu hinterlassen. Aber Gerüchte über Spinozas Freundschaft mit den «Spöttern» aus dem Jan Rieuwertszschen Buchladen, ganz zu schweigen von seinen eigenen, «gegen Moses und die Gottheit» gerichteten Ideen, die indirekt auch die christliche Offenbarung angreifen, müssen im alten Milieu die Runde gemacht haben. Das Amsterdamer Bürgermeisterkollegium, in dem Männer wie Andries Bicker und Pieter de Graeff van Polsbroek – beide durch Heirat mit Johan de Witt verschwägert – einen Sitz hatten, versuchte, die Sache nach erprobtem Rezept auf die lange Bank zu schieben. Aber die Rabbiner ließen nicht locker, auch nicht nach dem Anfang 1660 erfolgten Tod Morteiras. Das Resultat ihres Tuns und Treibens war, daß Spinoza zu einem Verhör ins Rathaus entboten wurde. Das verlief ergebnislos, und die Frage wurde jetzt der Geistlichkeit vorgelegt. Was diese empfahl, ist auch nicht überliefert. Jedenfalls kam das über Spinoza gefällte Urteil einer mehrmonatigen Verbannung aus Amsterdam gleich. Ein Urteil, das anscheinend von vornherein den unausgesprochenen Gedanken enthielt, daß man nach Abflauen des Sturmes schon weitersehen werde.

Es war faktisch der zweite Bann. Er vertrieb Spinoza definitiv aus seiner Vaterstadt. Wenn es richtig ist, daß Dirk Tulp ihm damals geholfen hat, wird er die Gastfreundschaft dieses Regenten in dessen Landhaus Tulpenburg genossen haben, knapp außerhalb der Gerichtsbarkeit Amsterdams, im Weiler Kostverloren an der Amstel, Richtung Ouderkerk. Mir scheint, daß Spinoza in einem solchen Zufluchtsort in vorläufiger Ruhe und Sicherheit die Möglichkeit hatte, sein Gedankensystem schwarz auf weiß abzurunden – sein erster uns bekannter Versuch, zu einer Zusammenfassung zu kommen. Nicht ohne Grund trägt die um 1660 entstandene Schrift den Titel *Kurze Abhandlung von Gott, dem Menschen und seinem Glück*[60].

Die Abhandlung ist lateinisch geschrieben, ihre Textgeschichte kompliziert und in manchen Punkten nicht mehr zu klären. Als Übersetzer des bestehenden ältesten niederländischen Textes wird Jan Hendrik Glazemaker angenommen. Jarig Jelles soll den Auftrag erteilt haben. Die Übersetzung wurde Spinoza nach Tulpenburg oder in einen späteren Aufenthaltsort nachgesandt, und er hat dieses Exemplar mit Anmerkungen in konfusem Holländisch versehen. Es zirkulierten (auch durch das Zutun Jan Rieuwertsz', der an eine Drucklegung gedacht haben muß) einige gute Abschriften, die, wiederum mit Marginalien, späteren Bewunderern in die Hände fielen und erst in der zweiten Hälfte des 19. Jahrhunderts wieder zum Vorschein kamen.

Die Form der Abhandlung ist hybridisch: Auseinandersetzung und Dialog wechseln ab. Spinoza war schon sehr bald mit dieser Abhandlung nicht mehr zufrieden, hatte aber die neue Form, in der sie erscheinen sollte, noch nicht gefunden. Die Zeit der Besinnung, ob sie sich nun schon in Tulpenburg vollzogen hat oder nicht, führt zu einer anderen Konsequenz: Spinoza wünschte nach dem zweiten

Das Spinoza-Haus in Rijnsburg, Gartenseite

Bann nicht mehr nach Amsterdam zurückzukehren, sondern wollte sich an einem Ort niederlassen, an dem er in Ruhe an der Umarbeitung seines Lebenskunst-Entwurfs arbeiten konnte. Offenbar kam bei seinem geheimnisvollen Gastgeber in Kostverloren der Gedanke auf, dem jungen Denker eine Zufluchtsstätte im Dünendorf Rijnsburg zu bieten, zwischen Leiden und Katwijk, wo die Kollegianten zweimal jährlich Zusammenkünfte veranstalteten. Der Plan wurde im Frühjahr 1660 ausgeführt: Spinoza zog um mit dem Wenigen, das er besaß – dem väterlichen Himmelbett mit Vorhang, seiner Schleifmühle und einer Kiste voller Bücher –, nach Rijnsburg, wo ihm im gerade gebauten Haus des Wundarztes und Kollegianten Herman Homan Obdach geboten wurde.

MORGENSTUNDE IM MAI

Das Kollegianten-Dorf lag zwischen Katwijk aan Zee und Leiden, ruhig zwischen Ausläufern der Dünen und heute verschwundenen Waldpartien, Kornfeldern und vielleicht den ersten Blumenzwiebelzüchtereien, im ständigen Hauch der Nordsee. In der Mitte des Dorfes standen die Ruinen der während des Bildersturms (1566) zerstörten Abtei, in der die Gräber der Grafen und Gräfinnen von Holland lagen. Spinoza wohnte am westlichen Ende Rijnsburgs, im «Katwijker Laantje», das auch Wachtel- oder Paradiesgäßchen hieß; letzteres, weil Herman Homan im Giebel des neuerbauten Hauses eine Strophe aus dem Gedicht «Morgenstunde im Mai» von Dirck Rafaelsz. Camphuysen angebracht hatte, einem bei den Kollegianten sehr beliebten Poeten und Liederdichter:

Ach, wollten die Menschen weise sein
Und nur das Gute tun,
Dann wäre die Erde ein Paradies:
Eine Hölle ist sie nun.
(Übersetzung: J. Freudenthal)

Spinoza hatte in dem nicht sehr großen Haus ein Studierzimmer, in dem auch sein Bett gestanden haben wird, und eine angrenzende Werkstatt, in der er regelmäßig Linsen schliff und verbesserte. Die Kollegianten, jeglicher Kirchendisziplin und allen Predigern abhold, kamen zweimal jährlich zusammen im «Großen Haus» (eine Schenkung des reichen Bauern, Schöffen und Kollegianten Gijsbert van der Codde), um in apostolischem Sinn die Schrift zu besprechen und diejenigen, die das wollten, durch Bad und Taufe in ihre Gemeinschaft aufzunehmen. Spinoza hat sie geachtet, aber nicht an ihren geistlichen Übungen teilgenommen. Übrigens, brave Kollegianten wie Joh. Bredenburg und Frans Kuiper haben ihn und seine Auffassungen später prinzipiell bekämpft.

Spinoza suchte auch keinen geistigen Umgang mit Professoren und Studenten der nahe gelegenen Universität Leiden. Die Studenten allerdings suchten ihn auf, wahrscheinlich neugierig geworden durch das, was in Universitätskreisen über ihn gesagt wurde. Leiden war zum Mekka der protestantischen europäischen Jugend geworden. Franzosen, Engländer, Schotten, Deutsche studierten hier. Zu letzteren gehörten Männer wie Opitz, Gryphius, Angelus Silesius, Philipp von Zesen. Nach den vierziger Jahren hatte an den Hochschulen der Triumphzug des Cartesianismus eingesetzt. Viele intellektuelle Regenten dachten cartesianisch, und in der jüngeren Generation gab es Menschen, die sogar noch weitergehen wollten. Einige Vertreter dieser radikalen Jugend, zum Beispiel die Medizinstudenten Abraham van Berckel und Niels Stensen, ein Däne, und die Theologen Pontiaan van Hattum und Johannes Keezer, alias Casearius, baten Spinoza um nähere Informationen.

In der Stadt Leiden werden die vielen Buchläden Spinoza zu gelegentlichem Besuch verlockt haben, vielleicht auch das berühmte anatomische Theater oder der botanische Garten und die Druckerei der Brüder Elzevier, bei denen unter anderen die Werke Galileis und Descartes' erschienen waren. Spinoza hatte alle Hände voll zu tun mit seinen Schriften, vor allem mit der Revision seines Systems. Man überlegt sich, ob der Verkehr mit mehr Menschen, als er vorausge-

Spinozas Studierzimmer

sehen hatte, ihm gefiel. Aber nichts wird ihm angenehmer gewesen sein als ein Besuch seiner Amsterdamer Freunde und Schüler, die bei diesen Gelegenheiten auch seine geschliffenen Gläser mitnahmen, um sie in Amsterdam zu verkaufen. Die Besucher kamen nicht so oft, da die Treckschute – das gangbarste Beförderungsmittel des Jahrhunderts – hin und zurück zwei Tage benötigte, so daß jede kleine Reise wenigstens dreimal 24 Stunden kostete. Gelegentlich kam Spinoza auch nach Amsterdam, mit der erforderlichen Diskretion und Heimlichkeit. Die Freunde standen brieflich miteinander in Verbindung, meistens über Jan Rieuwertsz oder Pieter Balling, der als Handelsvertreter öfter unterwegs war und dabei manchmal nach Rijnsburg kam.

In Amsterdam hatten die Freunde inzwischen eine Art Studienkreis gegründet; sie trafen einander regelmäßig, um die bei Jan Rieuwertsz eintreffenden Fragmente der neuen *Ethik*, an der der entfernt lebende Meister arbeitete, zu besprechen. Durch einen Brief von

Die Werkstatt mit der Schleifmühle

Simon Joosten de Vries wissen wir, wie das vor sich ging: «Einer (aber der Reihe nach jeder) liest vor, erklärt nach seiner Auffassung und beweist dann alles, entsprechend der Folge und Ordnung Ihrer Lehrsätze. Im Falle, daß man einander nicht zufriedenstellen kann, hielten wir es für der Mühe wert, es anzumerken und an Sie zu schreiben, damit Sie uns womöglich Aufklärung geben und damit wir unter Ihrer Führung gegenüber Abergläubischen und Christen die Wahrheit verteidigen und gegen den Ansturm der ganzen Welt feststellen können.»[61]

Vor allem für S. J. de Vries, Jarig Jelles und die Brüder Koerbagh wurde der Spinozismus zum großen Wendepunkt ihres geistigen Lebens. Sie waren alle in tiefer Freundschaft mit dem Mann in Rijnsburg verbunden, was wir heute an Hand der nur allzu spärlich bewahrten Brieffragmente feststellen können. Wenn auch bei der Buchausgabe der Briefe viel Persönliches gestrichen wurde – ab und zu ist es doch noch zu erkennen. Als Pieter Balling – der einzige Verheiratete aus Spinozas Kreis – 1664 ein Kind verliert und dies dem Meister kurz mitteilt, antwortet Spinoza: *Ihr letztes Schreiben ... hat mich mit nicht geringer Trauer und Sorge erfüllt, wenn diese auch sehr gemildert wurde durch den Gedanken an Ihre Klugheit und Charakterstärke, durch welche Sie gelernt haben, die Widerwärtigkeiten des Schicksals oder vielmehr des Wahnes zu verachten, gerade zu der Zeit, da sie mit den stärksten Waffen auf Sie einstürmen. Gleichwohl nimmt meine Sorge von Tag zu Tag zu und dar-*

um bitte und beschwöre ich Sie bei meiner Freundschaft, geben Sie sich die Mühe, mir ausführlich zu schreiben.[62]

Danach versucht er Balling mit stoischer Zurückhaltung und Rationalismus zu erklären, wieso er wegen dieses sterbenden Kindes eine beklemmende Traum-«Prophezeiung» gehabt hat: *Wir sehen, daß Fieber und andere körperliche Störungen Delirien verursachen können ... auch, daß das Vorstellungsvermögen einzig von der seelischen Verfassung bestimmt wird ... Da dem so ist, meine ich, können alle Wirkungen des Vorstellungsvermögens, die von äußeren Ursachen ausgehen, niemals Vorzeichen zukünftiger Dinge sein, weil ihre Ursachen nicht künftige Dinge in sich schließen.*[63]

Und zur Erklärung der Nachtmahr Ballings beschreibt er dann einen eigenen Traum, in dem das Bild *eines schwarzen und aussätzigen Brasilianers* auftauchte, ein Angstbild, das ihn einen ganzen Tag verfolgte, aber genauso auf einer Illusion beruhte.[64]

Was Spinoza in Rijnsburg, wo seine attraktive, dunkel und vornehm gekleidete Gestalt bald eine vertraute Erscheinung war und seine ruhige und liebenswürdige Art die Menschen für ihn gewann, über die Anbahnung vieler neuer Bekanntschaften auch gedacht haben mag – es steht einwandfrei fest, daß er sich sehr begeistert

Das «Große Haus» der Kollegianten in Rijnsburg. Stich vom Anfang des 18. Jahrhunderts

und mitteilsam über die damalige Naturwissenschaft äußerte. Das beweist die unverhältnismäßig große Zahl der Briefe, die er nach 1661 mit dem Sekretär der 1662 offiziell anerkannten Londoner Royal Society of Sciences, Heinrich Oldenburg, wechselte.

Oldenburgs Lebenslauf ist ein kurioses Beispiel der Karriere eines Intellektuellen im 17. Jahrhundert. Der in Bremen geborene, mit dem liberalen holländischen Theologen Coccejus verwandte junge Mann studiert erst Theologie, wird danach in diplomatischer Mission von seiner Vaterstadt zu Cromwell geschickt, verliebt sich in die Stadt London und bleibt dort als Agent der Hansestadt Bremen. Er wird mit verschiedenen hervorragenden Persönlichkeiten bekannt, unter anderen mit Thomas Hobbes, und wechselt von Theologie und Diplomatie auf Naturwissenschaft über. Als Hauslehrer in vornehmen Familien kommt er mit dem Gelehrten Robert Boyle in nahe Berührung, dem Bruder der Lady Ranelagh, deren Sohn er unterrichtet. Boyle war in England das, was Huygens und Hudde in den Niederlanden waren: reich und aristokratischer Vormann der neuen Wissenschaft. Mit Boyles Neffen bereist Oldenburg einen großen Teil Europas. Unterwegs sammelt er viele wissenschaftliche Neuigkeiten, die er seinem gelehrten englischen Schirmherrn mitteilt. Vermittlung zwischen Männern der Wissenschaft, wo immer auf der Welt sie sich befinden, wird nun seine Lust und Freude. Von Spinoza kann er schon 1657 gehört haben, als er Rabbi Menasse ben Israel kennenlernte, der damals Cromwell um erneute Zulassung der Juden in England ersuchte. Ob auch Huygens, der sich 1661 in London aufhielt, ihm schon damals von Spinoza erzählt hat, wie einige Jahre später? Auf jeden Fall hört Oldenburg von dem aus der jüdischen Gemeinde ausgestoßenen Philosophen, als er 1661 nach Amsterdam kommt. Er eilt nach Rijnsburg, um den Denker und Optiker kennenzulernen. Das geschah zu beiderseitiger Freude und wird Ausgangspunkt eines lebendigen Briefwechsels. Ein niederländischer, nicht reformierter Theologe mit zunehmend chiliastischer Überzeugung, Petrus Serrarius, der regelmäßig zwischen Holland und London hin- und herreist, tritt als Kurier auf.[65]

Spinoza gab Oldenburg mancherlei Beweis wissenschaftlichen Vertrauens. Man erkennt das Wachstum ihrer Freundschaft am Briefanfang: «Hochgeehrter Herr» wird sehr bald «Teurer Freund». Spinoza hat Oldenburg seine Gottes- und Einheitsauffassungen bereitwillig dargelegt. Als er merkte, daß diese nicht in gute Erde fielen (Oldenburg war ein typischer Vermittler und Organisator, kein selbständiger Denker), beschränkte er die Themen seiner Briefe mehr auf Naturwissenschaftliches. Dadurch kam er außerdem mit Robert Boyle in Berührung und führte mit ihm über Oldenburg eine ganze «Salpeterdebatte»[66]. Von Boyle war eine Studie über flüssigen und festen Salpeter erschienen, die Oldenburg Spinoza zugesandt hatte. Spinozas kritische Anmerkungen hatte Oldenburg getreulich an Boyle weitergeleitet, der ihnen seinerseits wieder Bemerkungen hinzufügte. Dabei kam ein interessantes Stück Dialektik des 17.

Robert Boyle. Marmorbüste von J. M. Rysbrack

Jahrhunderts ans Licht: Boyle, frommer Christ und Kirchgänger, hatte in seiner Physik die klassische Atomistik erneuert und damit das materialistische Denken in der Naturwissenschaft besonders gesteigert – Spinoza, der «Naturalist», meinte, die ihm von Van den Enden beigebrachte Atomistik sei eine veraltete oder nur halbe Wissenschaft, die nicht mehr ganz in die damalige Zeit hineinpaßte. Bei Experimenten in seinem improvisierten Rijnsburger Laboratorium, zu denen die Debatte ihn reizte, ging Spinoza von einem Prinzip aus, das für ihn zum philosophischen Axiom geworden war: daß in allen stofflichen Prozessen ein sich gleichbleibendes, unveränderliches Element ist, was natürlich mit seinem neuen Begriff der Substanz (*daß ich Gott von der Natur nicht trenne*) zusammenhing: *Ich möchte meinen, daß die nach dem Sprachgebrauch gebildeten Begriffe, solche, die die Natur erklären, nicht wie sie an sich ist, sondern wie sie auf den menschlichen Geist bezogen wird, durchaus nicht unter die höchsten Gattungsbegriffe zu rechnen sind und nicht mit den reinen Begriffen vermengt (geschweige denn verwechselt) werden dürfen ...*[67]

Boyles Versuch, über die Person Spinozas bei den Cartesianern Interesse für seinen erneuerten Atomismus (in epikureischem Sinn) zu erwecken, ist dadurch festgefahren. Auch wurde im Verlauf der Zeit die anfängliche Schätzung Boyles für Spinoza und seine «mathematische» Auffassung bedeutend geringer; und zwar zuerst, als Spinoza die Angriffe Boyles auf Bacon und Descartes abwehrte, und auch, als er anfing, Oldenburg seinen philosophischen Materialismus auseinanderzusetzen. Der Mann, der Spinoza als Physiker weit voraus war, schreckte selbst vor den Konsequenzen seiner Naturwissenschaft zurück. In Boyles Kreis erhielt Spinozas Ansehen den letzten Stoß, als sich herausstellte, daß der holländische Denker der Verfasser des von diesen Christen und Royalisten höchlichst verabscheuten *Theologisch-politischen Traktats* war. Aber das spielte sich zehn Jahre später ab.

Wir sahen, daß Spinoza in Rijnsburg des öfteren Besuch von interessierten, vielleicht nur neugierigen Studenten erhielt. Die Leidener Studiosi kamen oft nach Rijnsburg, um mit den Kollegianten zu debattieren oder auch um alles auf den Kopf zu stellen. Spinoza bekam sogar einen solchen wissensdurstigen Leidener, den bereits genannten Theologiestudenten Johannes Casearius, 1661 als Zwanzigjähriger an der Universität immatrikuliert, unter sein eigenes Dach. Diese Nachgiebigkeit wäre erklärlich, wenn Meinsmas Vermutung richtig ist, daß Spinoza ihn noch aus der Schule Van den Endens kannte. Aus einem Brief Simon Joosten de Vries' vernehmen wir die eifersüchtige Klage, daß «Casuarius» wirklich ein Glücksvogel ist: er darf in des Meisters Haus wohnen, mit ihm essen, spazierengehen und seine Lehren aus seinem eigenen Munde vernehmen. Spinoza antwortet auf diesen Brief gelassen: *Den Casearius brauchen Sie nicht zu beneiden, denn es gibt niemanden, der mir unan-*

Student in seinem Arbeitszimmer. Zeitgenössischer Stich

Promotion an der Universität Leiden. Gemälde von Hendrick van der Burgh

genehmer ist und vor dem ich mich mehr in acht zu nehmen habe als ihn. Darum möchte ich Sie und alle Bekannten ersuchen, ihm meine Gedanken nicht eher mitzuteilen, als bis er zu reiferen Jahren gekommen ist. Er ist noch zu jung, noch zu wenig in sich gefestigt und mehr nach Neuheit als nach Wahrheit strebend. Ich hoffe aber, daß er diese Fehler der Jugend in einigen Jahren von selbst ablegt, ja, soweit ich nach seinem Charakter urteilen kann, bin ich dessen sicher.[68]

Spinoza hat Casearius wirklich in die Prinzipien des Cartesianismus eingeweiht, sich aber gehütet, ihn zu einem Spinozisten zu machen. Der junge Mann hätte dieses geistige Gewicht auch nicht tragen können. Seine nicht besonders glückliche Laufbahn als Prediger ist ein Beweis dafür. Aber die in den damals noch unreifen Hausgenossen gesetzte Erwartung Spinozas ist doch nicht enttäuscht worden. Casearius wurde 1667 auf eigenes Ersuchen als Prediger nach Ostindien geschickt, und zwar nach Kotschin an der Küste von Malabar, das damals niederländisch war. Dort hat er sich überraschenderweise zu einem Botaniker höchsten Ranges entwickelt.[69]

Der junge Casearius war in gewisser Weise für Spinoza ein Klotz am Bein. Noch ein anderer, wahrscheinlich ebenfalls alter Bekannter Spinozas hatte sich 1660 in Rijnsburg niedergelassen, und zwar Jan Pietersz. Beelthouwer. In Spinozas jungen Jahren pflegte er in der portugiesischen Synagoge zu erscheinen, um mit den Rabbinern zu disputieren – ein taufgesinnter Sucher fanatischeren Typs als Balling oder de Vries. Er hat sich mit feurigem und kritischem Rednertalent in zahlreichen Sektiererkreisen bewegt und war, nachdem man ihn wegen seiner radikalen Theologie eine Zeitlang nach Enkhuizen verbannt hatte, bei den Kollegianten gelandet.

Man hat den Eindruck, daß das eine und das andere nicht zur Ruhe und Konzentration Spinozas beigetragen hat. Im Frühling 1663 läßt er sein Hab und Gut einpacken und zieht um in ein anderes holländisches Dorf, Voorburg bei den Haag. Der Grund dazu war übrigens, wie wir darlegen werden, noch etwas anderes als das Bedürfnis nach Konzentration. Den Kreis seiner erprobten Freunde mit neuen, starken Beschützern zu erweitern, war eine Lebensbedingung geworden.

ZU DER EINEN SUBSTANZ

Man hat Spinozas Rijnsburger Jahre als fruchtbarste Periode seines Lebens bezeichnet, und ich habe sie mit einer «Morgenstunde im Mai» verglichen. Baruch de Spinoza ist um diese Zeit ungefähr dreißig Jahre alt und, obgleich die Schwindsucht sich bald offenbaren wird, noch voller geistiger und körperlicher Energie. Die philosophischen Prinzipien nehmen definitive Form an, sein Name wird bekannt. Das geistige Klima, in dem er lebt und arbeitet, ist, in europäischem Maßstab betrachtet, das einer wahren Eleutheropolis. Heinrich Oldenburg hatte es allzu idealistisch gesehen und formuliert, als er Spinoza dazu drängte, seine philosophischen und anderen Auffassungen doch vor allem nicht für sich zu behalten, «namentlich in einem Staate, der so frei ist, daß man denken darf, was man will und sagen, was man denkt»[70].

Für die meist von strenger Zensur bedrohten Ausländer sah es wirklich so aus, als ob in den Niederlanden alles möglich sei – und sehr viel war ja auch möglich. Es machte nichts, daß der holländischen Obrigkeit jedes druckfertige Buch zur Einsicht vorgelegt werden mußte und erst danach Zustimmung zur Veröffentlichung gegeben bzw. verweigert wurde. Außerdem war das Eingreifen der Synode berüchtigt. Die Kirchenautoritäten hatten Zensoren (sogenannte «visitatores librorum» oder Bücherschnüffler) im Dienst, die alle im Buchhandel erschienenen Werke nochmals einer Untersuchung unterziehen konnten. Es wurden jedes Jahr ziemlich viele Werke durch Plakat, das heißt öffentlichen Anschlag verboten, beschlagnahmt und in Ausnahmefällen sogar verbrannt. Die Zensur erstreckte sich außer auf zahlreiche Flugschriften über religiöse und politische Fragen in dieser Periode heftiger «Pamphletkriege» auch auf anekdotische und romanhafte Werke, die wegen «Pornographie» aus der Zirkulation verschwinden mußten. Dieses Los traf unter anderen Brantômes «Dames galantes». Auch Spinoza (und zwei seiner Freunde) sollten bald die Tatze der Zensur am eigenen Leibe zu spüren bekommen.

Nach den Erfahrungen mit den Rabbinern, dem zweiten Bann und durch die Erkenntnis, daß auch wohlgesinnte Regenten ihn nicht ganz vor Verfolgung schützen konnten, wurde Spinoza vorsichtig. Seit Rijnsburg benutzt er als Briefsiegel das Emblem der Rose mit scharfen Dornen (espinosas), seine Initialen B. D. S. und die Devise CAUTE (Gebt acht!). Ist es eine sich selbst erteilte Warnung – paßt auf vor den Schlichen und Ränken der Außenwelt –, oder ist sie an diese Außenwelt gerichtet – achtet auf das, was ich euch verkünde? Jedenfalls hat Spinoza mit seinem CAUTE von der eigenen und anderer Leute Sorglosigkeit Abstand genommen.

Diese Haltung wird unter anderem am Ende des von mir erwähnten «Salpeterbriefes» an Oldenburg deutlich. Spinoza nennt die Werke, an denen er arbeitet, unter anderen *ein ganzes Werkchen über die Verbesserung des Verstandes.* Diese *Abhandlung über das reine Denken,* wie sie in der holländischen Übersetzung von W. Meijer heißt, ist anscheinend im Winter 1661/62 entstanden. Dem Titel sind die Worte hinzugefügt: *... die Art, wie dies am besten zur wahren Kenntnis der Dinge gelangen kann.*[71] Anlaß zu der Schrift war das Bedürfnis nach einer Methode (das Wort hat Spinoza selbst auf holländisch mit «denckkonst» [Kunst des Denkens] wiedergegeben), beeinflußt von Decartes' «Discours de la méthode», aber auch von Bacons «Novum organon scientiarum», das falsche «Idole» entlarven will. In keiner Weise kann hier von Nachahmung die Rede sein. Spinozas Wendung zur Kunst der Lebensart ist in dem ganzen Werk unverkennbar: *Es gehört zu meinem eigenen Glück, mir*

Mühe zu geben, daß viele andere dieselbe Erkenntnis haben wie ich und daß ihr Erkennen und Wollen mit meinem Erkennen und Wollen völlig übereinstimmt.[72]

1666 greift Spinoza in einem Brief an Dr. Johannes Bouwmeester noch einmal auf dieselbe Tendenz zurück: *Die wahre Methode ... besteht allein in der Erkenntnis des reinen Verstandes, seiner Natur und seiner Gesetze. Um diese Erkenntnis zu erwecken, muß man vor allem unterscheiden zwischen Verstand und Vorstellungsvermögen oder zwischen den wahren Ideen und den ... fingierten, falschen, zweifelhaften ...*[73]

Die Methode ist also für Spinoza ein Instrument des menschlichen Intellekts, und es ist kein Zufall, daß er sie in der Abhandlung mit Handwerkszeug vergleicht. *Die Menschen haben ... im Anfang mit ihren angeborenen Werkzeugen gewisse sehr leichte Dinge ... zustande gebracht. Hatten sie diese verfertigt, dann machten sie schon schwierigere mit geringerer Mühe und vollkommener, und so ging es stufenweise ... bis sie es schließlich dazu brachten, daß sie so viele schwierige Dinge mit geringer Mühe fertigbringen. In der gleichen Weise bildet sich auch der Verstand, vermöge seiner angeborenen Kraft, Verstandswerkzeuge, durch die er wieder andere Kräfte zu neuen Verstandeswerken erlangt ... und so schreitet er von Stufe zu Stufe weiter, bis er auf dem Gipfel der Weisheit steht.*[74]

Die *Abhandlung über das reine Denken* ist im Grunde eine Einleitung zu Spinozas Hauptwerk. Die Herausgeber der nachgelassenen Werke sagten 1677, daß Spinoza mit der *Abhandlung* wegen des schwierigen Themas und der erforderlichen großen Sachkenntnis nur langsam vorankam und schließlich das kleine Werk mehr oder weniger unvollendet liegenließ. Allein schon in dem bereits zitierten dramatischen Anfang dieses kleinen Werkes wird blitzartig Spinozas Gemütsbewegung erhellt, die in der *Ethik* den Höhepunkt erreicht.

Durch eine wunderliche Fügung des Schicksals kann Spinozas erstmals erschienenes Buch nur indirekt als eigene Geistesschöpfung bezeichnet werden. Lodewijk Meyer hatte herausgefunden, daß Spinoza zugunsten des im ganzen Spinoza-Kreis anscheinend mit Widerwillen angesehenen Casearius den zweiten Band und einen Teil des dritten von Descartes' «Principia philosophiae» erklärt hatte, und zwar nach derselben Methode, die er zur Revision seines eigenen Systems benutzte – der geometrischen. Die Arbeit an der *Ethik* war in vollem Gang, denn die Methode selbst (Lehrsatz, Beweis, Scholion) ging ihm anscheinend leicht von der Hand. Spinozas ältester Biograph, J.-M. Lucas, meint, daß die Amsterdamer Freunde, im Kampf um den Cartesianismus, Spinoza um einen deutlichen Kommentar gebeten haben und er die Bitte erfüllt hat. Bei dieser Gelegenheit machte er ihnen außerdem klar, daß es noch mehr Philosophen gab, denen man folgen konnte. Jedenfalls hat Spinoza, kurz nach dem Umzug nach Voorburg, als er einmal in Amsterdam war, es niedergeschrieben. Wie das vor sich gegangen ist, erzählt er Oldenburg: *In Am-*

sterdam baten mich einige Freunde, ich möchte ihnen eine Abschrift anfertigen von einer Abhandlung, die den zweiten Teil der cartesianischen Prinzipien, auf geometrische Art bewiesen, und Hauptfragen der Metaphysik in kurzer Darstellung enthält und die ich vor einiger Zeit einem jungen Manne (Casearius) *diktiert hatte, dem ich meine eigenen Ansichten nicht offen lehren wollte. Sie baten mich weiter, sobald wie möglich auch den ersten Teil nach derselben Methode zu bearbeiten. Um meinen Freunden nicht entgegen zu sein, habe ich mich gleich an diese Arbeit gemacht und sie innerhalb zweier Wochen vollendet und den Freunden übergeben.*[75]

Jan Rieuwertsz trat als Verleger auf, die Einleitung war von Lodewijk Meyer, Johannes Bouwmeester fügte ein kleines Lobgedicht hinzu, ebenso ein anderer mit diesen zwei befreundeter mennonitischer Arzt, Herman van Bronckhorst. Meyer war in seiner Ausgabe genau den Wünschen und Instruktionen des Meisters in Rijnsburg (bald Voorburg) gefolgt. Er wollte auch in seiner Vorrede Casearius etwas am Zeug flicken, aber das war nicht Spinozas Absicht. Er bat Meyer, *daß Sie die Stelle gegen jenen Menschen, die Sie am Ende geschrieben haben ... völlig streichen ... Ich möchte nämlich, daß alle sich leicht davon überzeugen können, daß die Veröffentlichung der Schrift allen zum Danke ist, und daß Sie bei der Herausgabe des Büchleins allein von dem Wunsche geleitet werden ... die Menschen freundlich und gütig zum Studium der wahren Philosophie aufzufordern und das allgemeine Interesse im Auge* zu *haben.*[76]

Daß das Buch ziemlich hastig und sorglos geschrieben und außerdem keine getreue Darlegung des Descartesschen Gedankengangs war, wird heutzutage kritisiert.[77] Spinoza hatte diese Kritik jedoch schon zu seiner Zeit erwartet und in seinen Anmerkungen zu Meyers Skizze der Vorrede gebeten, *den Leser in Kenntnis zu setzen ... daß ich diesen Teil in zwei Wochen verfaßt habe. Wenn das nämlich im voraus bemerkt ist, wird niemand meinen, daß die Darstellung so klar sei, daß sich eine klarere Darlegung überhaupt nicht denken ließe ...* Für wichtiger hielt Spinoza jedoch einen eventuellen zweiten Einwand und bemerkt dazu, *daß ich nicht alles in diesem Traktat Enthaltene als meine eigene Meinung anerkenne, da ich vielmehr manches geschrieben hätte, von dem ich gerade das Gegenteil behaupte*[78]. Diese Anmerkung interessiert uns deshalb besonders, weil wir hier die Distanz erkennen, die Spinoza schon vom Cartesianismus trennte. Für Spinoza wurde die Lehre der zwei Substanzen, die er bei Van den Enden untersucht hatte, immer widerspruchsvoller. Hatte Descartes nicht gesagt, daß er der Religion derjenigen, die ihn gesäugt hatte, treu bleiben würde? Alle Begriffe über Gott und Gottesdienst waren für den französischen Denker zusammengefaßt in der «Redlichkeit einer braven Frau». Blaise Pascal sollte es schärfer formulieren und (in der Zeit der Abtrünnigkeit Spinozas) erklären, daß Descartes Gott an sich nicht mehr nötig hatte, als er ihn die Welt «mit einem einzigen Fingerschnipper» in Gang hatte setzen lassen.[79] Der Cartesianismus war jedoch mit einem Dualismus behaftet, den der Wahrheitsucher Spinoza immer mehr als einen Kompromiß, eine «inadäquate» Vorstellung betrachten mußte. Es war diese Erkenntnis, die Spinoza zu der in aller Stille vollzogenen und in dieser Epoche unerhörten und gefährlichen Folgerung brachte (und hier floß arabisch-jüdischer Materialismus mit italienischer Naturphilosophie und zu Ende gedachtem Cartesianismus zusammen), daß Gotteserkenntnis und Naturerkenntnis einander nicht stören oder nebeneinander verlaufen, sondern eine dialektische Einheit bilden. Spinoza hat Gott mit soviel souveräner Einsicht in die Natur einbezogen, daß die Grenzen zwischen beiden in eine Umwertung zusammenfließen: zu einer einzigen Substanz. Spinoza wollte ja beweisen: *1. Daß es keine begrenzte Substanz gibt, daß vielmehr jede Substanz in ihrer Gattung unendlich vollkommen sein muß, weil nämlich im unendlichen Verstand Gottes keine Substanz vollkommener sein kann, als sie es schon in der Natur ist. – 2. Daß es auch keine zwei gleichen Substanzen gibt. – 3. Daß die eine Substanz die andere nicht hervorbringen kann. – 4. Daß es im unendlichen Verstand Gottes keine Substanz gibt, die nicht formal in der Natur wäre.*[80] Spinoza hat in der *Kurzen Abhandlung* das Wesen der Substanz als einen neuen Gottesbeweis umschrieben und zwar so, *daß ich* (wie er an Oldenburg schrieb) *Gott von der Natur nicht so trenne, wie es alle, von denen ich Kenntnis habe, getan*[81]. Es ist schließlich diese eine Substanz, aus der alles abgeleitet wird, so daß Spinoza schon am Ende der *Kurzen Abhandlung* das revolutionäre Wort aussprechen konnte: *Die Natur wird durch sich selbst erkannt und nicht durch irgendein anderes Ding. Sie besteht aus unendlichen Attributen, deren jedes endlich und vollkommen in seiner Gattung ist, zu dessen Wesenheit die Existenz gehört, so daß außer ihr keine Wesenheit oder Sein mehr ist und sie so genau übereinkommt mit der Wesenheit des allein herrlichen und hochgelobten Gottes.*[82]

Das Buch über Descartes erscheint also im Verlauf des wachsenden Spinozismus als ein ziemlich verwunderliches Zwischenspiel: Spinoza war seinem großen Vorgänger entwachsen. Der Ausgabe lagen verschiedene versteckte Motive zugrunde. Die Amsterdamer Freunde haben es hochgeschätzt. Pieter Balling fing sofort mit der Übersetzung an, die 1664 ebenfalls bei Jan Rieuwertsz erschien. Dieser betrachtete das Buch zweifellos als nützlichen Kommentar zu seiner von Glazemaker zusammengestellten Descartes-Ausgabe. Es blieb das einzige Buch, das zu Spinozas Lebzeiten unter seinem Namen erschien. Auf dem Titelblatt wird er, der Verbannte, mit unbewußter Ironie noch als «Amsterdamer» bezeichnet. Daß Spinozas Freunde sowohl die lateinische als auch die holländische Ausgabe des Buches so kräftig unterstützten (Jarig Jelles finanzierte beide Ausgaben), bedeutet, daß sie Spinozas Autorität unter dem intellektuellen Publikum verbreiten wollten. Spinoza selbst motivierte die Veröffentlichung genauso in einem Brief an Oldenburg, in dem er außer der Mitteilung seines Umzugs nach Voorburg gleichzeitig die Erwartung ausspricht, daß *sich vielleicht einige Männer, die in meinem Vaterlande die obersten Stellen einnehmen, finden, die das Übrige, was ich geschrieben habe und als meine Anschauung anerkenne, zu sehen wünschen und darum dafür Sorge tragen, daß ich es veröffentlichen kann, ohne eine Unannehmlichkeit befürchten zu müssen. Sollte dies der Fall sein, dann werde ich sicher bald einiges herausgeben. Andernfalls will ich lieber schweigen, als meine Ansichten den Leuten gegen den Willen des Vaterlandes aufzudrängen und sie mir zu Feinden zu machen.*[83]

Spinoza teilt dem Londoner Freund hier zum erstenmal mit, daß er inzwischen einflußreiche Regenten kennengelernt hat, von deren Unterstützung er sich viel verspricht und die er nicht gegen sich in Harnisch bringen will. Wir müssen annehmen, daß einige von ihnen ihn schon in Rijnsburg aufgesucht und zum Umzug nach Voorburg bewogen haben.

DIE «LOEVESTEINER»

In dem gerade zitierten Brief hatte Spinoza in voller Überzeugung von den Niederlanden als mea patria [mein Vaterland] gesprochen. Der Augenblick nähert sich, in dem er seine politische Anschauung eng an den Begriff der «wahren Freiheit» binden wird, wie die republikanischen oder staatsgesinnten Regenten sie formulierten. In Voorburg ist die Beziehung zu diesen Regenten eine vollendete Tatsache. Bei denjenigen, die (abgesehen von dem mutmaßlichen Coenraad Burgh) Spinoza schon in Rijnsburg aufgesucht haben, denken wir in erster Linie an einen Neffen von Burgh, den Amsterdamer Bürgermeistersohn Coenraad van Beuningen, der schon in den vierziger Jahren als Leidener Student seine Schritte oft nach Rijnsburg gewandt hatte, um den Landtagen der Kollegianten beizuwohnen. Schon damals hatte er eine Neigung zu beschaulicher Zurückgezogenheit und Philanthropie, die seine vornehme Familie beunruhigte: Van Beuningen mußte in die Politik und ließ sich, wie man sagt, von seiner Großmutter erweichen, die als Antwort auf seine gegen eine Regierungslaufbahn gerichteten Einwände geäußert haben soll: «Aber Junge, du weißt ja nicht mal halb, wie wenig Kenntnis dazu nötig ist!»

Außer Van Beuningen hat vielleicht auch Adriaan Paets als einer der ersten de Wittschen Regenten mit Spinoza Umgang gepflegt. Er war zwei Jahre älter als dieser; Jurist, Schöffe und Notar in seiner Vaterstadt Rotterdam; belesener Freidenker, intelligenter Verfasser eines Plädyoers für die Toleranz, in späteren Jahren Gründer der «illustren» Schule in Rotterdam und als fortschrittlicher Frankophile Schirmherr Pierre Bayles. In den Jahren 1663 und 1664 gehörte Paets zu den Männern tonangebender Klasse, die man mit einem Sammelwort «die Loevesteiner» zu nennen pflegt.

Coenraad van Beuningen als Botschafter der Niederlande in Paris. Stich von C. Meyssens, um 1660.

Die Festung Loevestein, am Zusammenfluß der Maas und der Waal gelegen, war bis in die napoleonische Zeit das Staatsgefängnis der Niederlande. Vor allem anti-oraniengesinnte Elemente hatten die Innenseite des trübseligen Bauwerks kennengelernt, jedesmal, wenn der Parteienkampf zwischen den Oraniern und den Regenten aufloderte und die Statthalter Gewalt gegen ihre Opposanten nötig fanden. Hugo Grotius saß hier im Gefängnis und war entwischt. Andere waren weniger glücklich. Während des Konflikts zwischen Wilhelm II. und der Regentenpartei über die Entlassung der Truppen fiel die Ehre einer zeitweiligen Inhaftierung in Loevestein einer Reihe holländischer Regenten zu, unter anderen dem Dordrechter Jacob de Witt. Von diesem Moment an nannte sich die Gruppe der ergrimmten Anti-Oranier die «Loevesteiner Faktion». Jacob de Witt wurde nicht müde, seinen Söhnen Cornelis und Johan (geboren 1623 und 1625) bei jeder passenden Gelegenheit zuzurufen: «Denkt an Loevestein!» – eine Ermahnung, die sie in ihrem ganzen Leben nicht vergessen haben.

Johan de Witt, der brillantere der Brüder, machte auch die brillantere Karriere.[84] Seine Ausbildung ist typisch die eines Regenten aus Spinozas Tagen: Lateinschule, dann die Leidener Universität sowie die Unterweisungen des cartesianischen Mathematikers Frans van Schooten, Lehrmeister einer ganzen Patriziergeneration. 1648 läßt er sich nach großen Reisen im Haag als Rechtsanwalt nieder. De Witt ist geistreich, gescheit, gesellig im Umgang. Er tanzt, musiziert, spielt Theater und Schach und – macht Taschenspielerkünste. Er spricht fließend fremde Sprachen. Er übersetzt sogar Corneilles «Horace», allerdings in wenig schöne holländische Verse. Er verkehrt in Haager Adelskreisen, macht galante Verse und verdreht sogar einer zehn Jahre älteren Oranierprinzessin den Kopf, und für ihn gibt es – auch später – kein größeres Vergnügen als die Haager Kirmes. Aber in seinen vier Wänden ist dieser lebenslustige Kavalier ein Mann der Wissenschaften, durch und durch Mathematiker. Zahlen sind seine Lust und Liebe, seine intellektuelle Entspannung. 1649 veröffentlicht er bei Elzevier eine hervorragende geometrische Abhandlung. Er hätte einer der größten Gelehrten seiner Zeit werden können, wenn er nicht die politische Arena allem vorgezogen hätte.

1650 – er ist 25 Jahre alt – wird er zum «Pensionär»[85] seiner Vaterstadt Dordrecht ernannt. Er bewegt sich in diesem Amt wie der Fisch im Wasser: er untersucht Theorie und Praxis der niederländischen Staatseinrichtungen und eignet sich die bezeichnende «geheime Wissenschaft» der Regenten an durch Lektüre der kleinen, mit der Hand geschriebenen Hefte über Verwaltungs- und Finanzführung, die in der Klasse der regierenden Herren die Runde machen. Mit seiner phlegmatischen Intelligenz, Stoiker im Ertragen von Mißgeschicken, kerngesund und von eiserner Arbeitsamkeit, in Religionssachen heimlicher Skeptiker, wird er bald dazu aufgefordert, dem bejahrten und kränklichen Landesadvokaten Pauw im Haag zu assistieren, ihn gelegentlich zu vertreten. 1653 wird er nach Pauws Tod dessen Nachfolger: Ratspensionär, höchster Diener des Staates, in der Praxis Staatskanzler. Er ist nun 28 Jahre alt – leitende Figur der Republik. Seine erste Arbeit ist der beharrliche Versuch zur Beendigung des Krieges gegen England, der so viel wirtschaftlichen Schaden anrichtet. Bei seinen Unterhandlungen mit Cromwell scheut er kein Mittel, auch nicht das geheimer Abmachungen mit dem Protektor, um sein Ziel zu erreichen. Diese geheimen Abmachungen betreffen insbesondere die Zukunft des Hauses Oranien. Cromwell wünscht den völligen Ausschluß dieser mit den Stuarts eng versippten Dynasten. De Witt akzeptiert, und es gelingt ihm, nach einer großen Komödie und diplomatischen Winkelzügen nebst einer meisterhaften Abhandlung über die Gefahren einer Einmannregierung, die Generalstaaten für diese «Acte van Seclusie» zu gewinnen. Nach dem Frieden von Westminster schließt de Witt eine Reihe Handels- und Schiffahrtsverträge; das Meer ist ja wieder frei, obgleich die Niederländer jetzt als die ersten den Flaggensalut bringen müssen, wenn sie den Engländern auf dem Meer begegnen. Der junge Staatschef erwirbt sich sofort Feinde und Neider. Sein Selbstvertrauen ist manchmal gefährlich, seine Neigung zu eigenmächtigen Intrigen ist vielen Regenten ein Dorn im Auge, wenn sie auch später brummend Zustimmung geben. Das oranientreue Volk hat von Beginn an einen Widerwillen gegen diesen eleganten, selbstbewußten und tüchtigen Patrizier mit dem scharfgeschnittenen Intel-

Jacob de Witt und andere Regenten werden verhaftet und im Schloß Loevestein interniert. Stich von Romeyn de Hooghe

Johan (im Vordergrund) und Cornelis de Witt.
Radierung von L. Visscher nach Jan de Baan

lektuellengesicht – vor allem, als es ihm schon 1654 gelingt, seinen Bruder Cornelis zum Gouverneur von Putten, seinen Vater zum Mitglied der Rechnungskammer ernennen zu lassen und einem ganzen Troß seiner Familienmitglieder mehr oder weniger hohe Posten zu verschaffen.

1655 liiert Johan de Witt sich durch eine sorgfältig berechnete Eheschließung mit der Spitzenklasse der Amsterdamer Regenten. Er fängt an, mit Staatsobligationen zu spekulieren, natürlich erfolgreich. Vielleicht half ihm dabei seine Kenntnis der Wahrscheinlichkeitsrechnung, eine bevorzugte Richtung der damaligen Mathematik, durch die Johan de Witt mit seinem Taschenbuch voller Tabulaturen in den Niederlanden des 17. Jahrhunderts zum Grundleger der Lebensversicherungs-Mathematik wird.

Johan de Witt ist unstreitig der Beschützer der Libertiner gewesen, wenn auch nicht immer konsequent. Dabei darf man nicht vergessen, daß seine Machtstellung relativ blieb – seine Herren und Meister waren und blieben die «Herren Staaten»! 1656, als der Kampf für und gegen den Cartesianismus an den Hochschulen zu einem Prinzipienkrieg auflodert, setzt er den Beschluß durch, daß der Unterricht in Theologie und Philosophie streng getrennt wird. Auf diese Weise hindert er seine Mit-Cartesianer daran, ihre Prinzipien zu propagieren, aber er verhindert außerdem, daß sie genötigt werden, diese Prinzipien als unrichtig zu erklären. Nebenbei tritt er, zwar verkappt, als Apologet seines eigenen Systems auf. Der Leidener Tuchfabrikant Pieter de la Court (1618–85) hatte Ende der fünfziger Jahre ein Werk geschrieben, das sich vor allem gegen die mittelalterliche Gildenordnung seiner Vaterstadt richtete und bedingungslose Handels- und Gewerbefreiheit für die fleißigen Leidener Bürger forderte.[86] Dieses Plädoyer war de Witt aus der Seele gesprochen. Er setzte sich mit dem Verfasser in Verbindung, und das Resultat ihrer Gespräche war eine neue Schrift, die 1662 anonym unter dem Titel «Das Interesse Hollands oder Ursachen des holländischen Wohlstandes» erschien. Es war eine fundierte Verteidigung nicht nur der ökonomischen, sondern auch der religiösen und politischen Freiheit in allen Landesangelegenheiten, Grundlage einer glücklichen Republik. Das Pikante daran war, daß Johan de Witt selbst einige Kapitel beigesteuert hatte, wie später festgestellt wurde. Das Buch hat der Leidener Kirchenrat heftig angegriffen, der de la Courts Kritik am calvinistischen Fanatismus höchst anstößig fand. De la Court wurde zur Verantwortung gezogen und behauptete, das Buch sei ohne seine Vorkenntnis gedruckt worden und die am meisten anstößigen Kapitel habe eine «unbekannte Hand» eingefügt. Das hinderte de la Court nicht, das Werk 1669 noch einmal – wiederum mit von de Witt geschriebenen Stücken – herauszugeben, jetzt als «Anweisung der heilsamen politischen Gründe und Maximen der Republiken Holland und Westfriesland»[87]. Aber de Witt war diesmal böse auf de la Court, da dieser in dem Neudruck darlegte, daß man sich nicht an Bündnisse zu halten brauche. Die Ausgabe erlitt also Schiffbruch. Die südholländische Synode stürzte sich mit wütender Beschwerde auf die Veröffentlichung – wegen der an den Predigern ausgeübten Kritik. Die Staaten hoben die Druckerlaubnis auf und verboten unter Androhung schwerer Strafen den Verkauf.[88]

Der Name Pieter de la Courts wird hier nicht ohne Grund erwähnt. Seine «Loevesteiner» Maxime kann man in vier Punkte zusammenfassen, von denen wir später bei Spinoza ein Echo finden: «Volle Religionsfreiheit, begründet durch die Notwendigkeit, fremdes Kapital und Arbeitskräfte anzuziehen; volle Gewerbefreiheit,

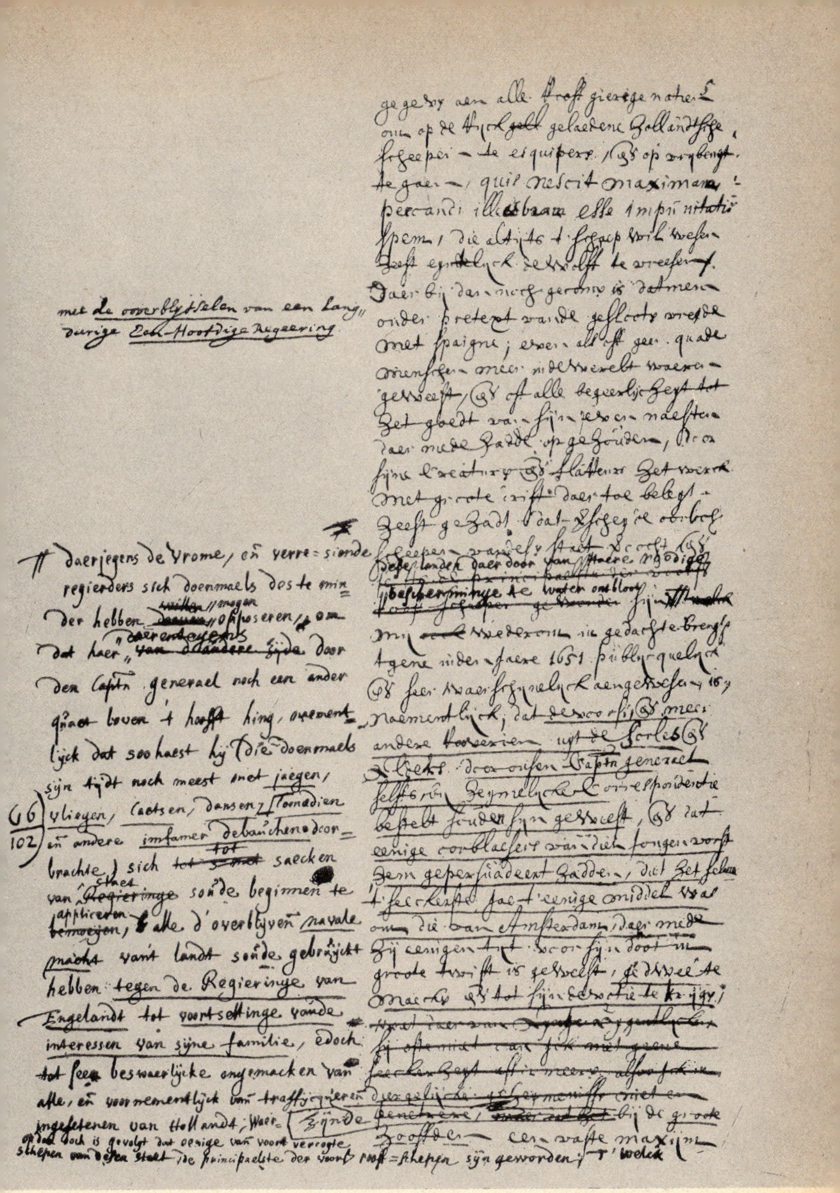

Seite 101 aus Pieter de la Courts Buch «Interest van Holland» (1662) mit Randbemerkungen von Johan de Witt

Aufhebung aller geschlossenen Kompanien und Gilden, Regelung der Steuern, Zölle und des Handelsrechtes; Förderung und Schutz der Handelsschiffahrt durch Kolonien, strikte Neutralität und Handelsverträge; und als Grundlage zu all diesem: die republikanische Staatsform, wo das Interesse der Regenten an das ihrer Untertanen geknüpft ist», das heißt, wo ökonomische Interessen die Regierung bestimmen.[89] Schließlich gab de la Court, um zu beweisen, wo die eigentliche «heilsame» Kraft des niederländischen Gemeinwohls lag, in seiner «Anweisung» noch eine Übersicht der einheimischen Produktionszweige, die aufzeigte, daß die Exportmanufakturen, die Fischerei, Frachtfahrt und der Einzelhandel weitaus den größten Teil der Bevölkerung umfaßten. Zwei Millionen Seelen arbeiteten auf diesen Gebieten, wogegen 200 000 Torfstecher und Arbeitsleute in der Forstwirtschaft und noch mal 200 000 Mann unproduktiver Elemente (auf einen Haufen geworfene «Offiziere, Beamte und Bettelvolk» [!]) die kleinste Minderheit bildeten.

Daß Johann de Witt seine engsten Mitarbeiter aus gut-Loevesteiner Kreisen wählte, bedarf kaum einer Erwähnung. Sie waren, abgesehen von einem einzelnen wie der mittelmäßige, stark frankophile Pieter de Groot, Sohn des großen Huig, tüchtig: die Namen Hieronymus van Beverningk, Abraham de Wicquefort, Simon van Slingelandt und unserer Bekannten Coenraad van Beuningen und Adriaan Paets haben in der Geschichte der internationalen Diplomatie immer noch einen guten Klang. Van Beuningen war eine Zeitlang Spinoza-Freund. Er hatte als Syndikus in Amsterdam angefangen und danach wichtige Missionen in den Ostseeländern und Paris erfüllt. Mit Van Beverningk und den Brüdern de Witt wird er zu den vier nichtkäuflichen Diplomaten des «goldenen» Jahrhunderts gerechnet... Talentiert, scharfsinnig, manchmal übermütig und eigenbrötlerisch, wurde er zu seinem Unglück zwischen zwei Lebensextremen hin- und hergerissen: der Neigung zur Gottsucherei (durch die er sich in jungen Jahren einmal zu einer asketischen Hungerkur hatte hinreißen lassen) und größter Sinnlichkeit: in seiner Haager Diplomatenwohnung hatte er einen ganzen Serail voller Odalisken. Er liebte es, wunderlichen Dissidenten und Propheten allerlei Schlags nachzulaufen und zu schützen – und er hatte Macht. Mit dieser Macht hat er auch Spinoza beschützt.

Es wurde für die Loevesteiner und ihre Friedenspolitik nicht besser, als Karl II. nach zehnjähriger Verbannung in die Niederlande zurückgerufen und die englische Monarchie wieder eingeführt wurde (1660) oder als Ludwig XIV. ein Jahr nach dem Tode seines Vormunds Mazarin erklärte, von jetzt an wolle er sein eigener Premierminister sein. Das große Spiel um das europäische Gleichgewicht, das de Witt zwischen den immer unerbittlicheren Rivalen auf dem «freien Meere» spielte, verlief ab und zu höchst unfriedlich. Wenn es beengend wurde, zögerte de Witt nicht, draufloszuschlagen. Er hatte die Flotte, sein «Lieblingskind», übrigens auf Kosten der Sorge für ein starkes Landheer, modernisieren lassen, das Schiffsvolk besser getraint und setzte Schiffe und Bemannung ohne zu zögern ein, zum Beispiel 1657, als französische Überfälle auf holländische Frachtschiffe immer häufiger vorkamen oder die Holländer aus Rache wegen der Rückeroberung Brasiliens durch Portugal die portugiesische Küste blockierten. In der Ostsee setzte de Witt holländische Seestreitkräfte gegen die Ambitionen Karls X. ein, und diese sicherten nach heftigem Kampf der Republik die freie Fahrt durch den Sund, das heißt das alte Handelsmonopol für die baltischen Länder.

Während sich die Reibungen mit England über Frachtfahrt und Fischerei verschlimmerten, während der junge Ludwig XIV. seine räuberischen Absichten den Niederlanden gegenüber noch hinter einem Lügenpakt mit den Generalstaaten verbarg, wurde auch die Oranierfrage für die Loevesteiner nach 1660 immer dringlicher. Sie waren gezwungen, hie und da Unruhen in den oranientreuen untersten Schichten mit Gewalt zu unterdrücken. Andererseits banden sie den aufwachsenden Oranierprinzen fester an sich, indem sie seine «Erziehung» übernahmen und ihn zum «Kind des Staates» proklamierten. Für das System der Handelsaristokratie bedeutete es das Einholen eines Trojanischen Pferdes, der unmittelbare innere Widerspruch zu ihrer Republik ohne Statthalter, ohne Dynastie.

DIE GROSSE UND DIE KLEINE WELT

Spinoza war in Voorburg mit der schönen Vliet in das Haus des Malers Daniel Tydeman eingezogen, in dem wir einen freigläubigen und verträglichen Hausherrn erblicken dürfen. In der ersten Zeit ist das Kernstück von Spinozas intellektueller Tätigkeit die Arbeit an der *Ethik.* Alle fertiggestellten Fragmente wurden, mit den geschliffenen Linsen, durch Boten nach Amsterdam gesandt und dort von den Freunden studiert. Es waren Jahre voller innerer Unruhen und Unheil, in erster Linie die Pest, die vor allem in Amsterdam wütete und die Totenlisten angsterregend vergrößerte. Chiliastische und prophetische Untergangsstimmungen, die die offizielle Kirche vergeblich einzudämmen versuchte, spukten in christlichen und jüdischen Kreisen. Eine Flut exaltierter Flugschriften zirkulierte im verwirrten Publikum. Sephardische und aschkenasische Juden spitzten die Ohren bei den Gerüchten, daß der Messias sich in Kleinasien gezeigt habe.

Spinozas Amsterdamer Freunde nahmen natürlich an der religiösen Erregung nicht teil. Pieter Balling hatte, schon in interne Angelegenheiten seiner taufgesinnten Gemeinde verwickelt, eine Broschüre veröffentlicht, «Das Licht auf dem Leuchter»[90]. Es war ein unpolemisches, sympathisches kleines Werk, das zeigen will, daß im Chaos der überall ertönenden religiösen Ausdrücke und Begriffe jeder Wortgebrauch zu neuer Sprachverwirrung zu führen drohte. Des-

Die Pest in Amsterdam. Zeitgenössischer Stich

halb gibt es nur eine Medizin, um zu Frieden und Klarheit zu kommen: philosophische Einkehr, das Suchen des inneren Lichtes, der Wahrheit, die nach Belieben Geist, Logos oder Christus genannt werden darf. Dieses Licht ist unsere Vernunft, das erste Prinzip aller Sicherheit, «insofern das Endliche einen Begriff des Unendlichen haben kann, Gott in jedem von uns», wie Balling sehr undogmatisch und spinozistisch schreibt.

Pieter Balling verschwindet in den nun folgenden Jahren aus dem Spinoza-Kreis. Nach dem zitierten Brief aus dem Jahre 1664 über den Tod seines Kindes, wobei uns Ballings eigenes Schreiben sehr fehlt, sind seine Spuren verloren. Es wird angenommen, daß Balling an der Pest gestorben ist, die auch nach dem schlimmen Höhepunkt in den Jahren 1663 und 1664 noch Opfer forderte.

Spinoza und Simon Joosten de Vries begegneten einander nur einmal im Winter 1662 im Haag, wo Spinoza dem suchenden Gefährten einige ausgearbeitete Thesen der *Ethik* verdeutlichte. Der Handel konnte de Vries anscheinend auch nicht mehr befriedigen; er hörte ein Kolleg über Anatomie, und zwar auf Anraten Spinozas: «Ist es fertig, dann will ich ein Chemiekolleg beginnen und so nach Ihrem Rate die ganze Medizin durchnehmen.»[91] Wie weit er es in diesem Studium gebracht hat, ist unbekannt. Vielleicht hat sein Gesundheitszustand einen Abschluß verhindert: auch bei ihm traten in dieser Zeit, wie davor schon bei Spinoza, Symptome der Lungenschwindsucht auf.

Im Winter 1665, als die Pest immer noch wütete und diejenigen, die es konnten, eine Zuflucht außerhalb Amsterdams suchten, hielt Simon Joosten de Vries sich im Landhaus «Der große Obstgarten» seines Schwagers Alewijn Gijsen in Schiedam auf und lud Spinoza zu Besuch ein. Simon Joostens Bruder Isaac gesellte sich zu ihnen. Die Abende waren wieder mit Gesprächen über die *Ethik* erfüllt, die stetig fortschritt. Bei erträglichem Wetter ging man gelegentlich zu

Totenliste der Woche vom 3. bis zum 10. August 1664, mit Überblick der Mortalität in den Jahren 1663 und 1664

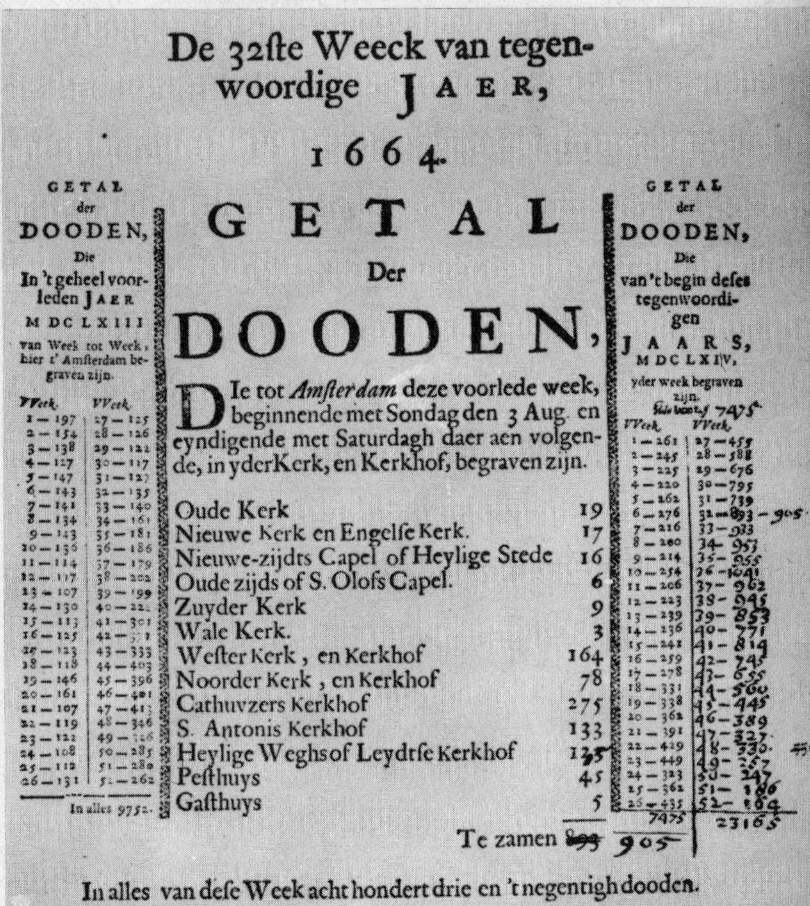

De 32ste Weeck van tegenwoordige JAER,

1664.

GETAL der DOODEN, Die In 't geheel voorleden JAER MDCLXIII van Week tot Week, hier t' Amsterdam begraven zijn.

VVeek		VVeek	
1	197	27	125
2	154	28	126
3	138	29	122
4	127	30	117
5	147	31	127
6	143	32	135
7	141	33	140
8	134	34	161
9	143	35	181
10	136	36	186
11	114	37	179
12	117	38	202
13	107	39	199
14	130	40	[illegible]
15	113	41	301
16	125	42	[illegible]
17	123	43	333
18	118	44	403
19	146	45	396
20	161	46	401
21	107	47	413
22	119	48	346
23	122	49	[illegible]
24	108	50	285
25	112	51	280
26	131	52	262

In alles 9752.

GETAL Der DOODEN,

Die tot *Amsterdam* deze voorlede week, beginnende met Sondag den 3 Aug. en eyndigende met Saturdagh daer aen volgende, in yder Kerk, en Kerkhof, begraven zijn.

Oude Kerk	19
Nieuwe Kerk en Engelse Kerk.	17
Nieuwe-zijdts Capel of Heylige Stede	16
Oude zijds of S. Olofs Capel.	6
Zuyder Kerk	9
Wale Kerk.	3
Wester Kerk, en Kerkhof	164
Noorder Kerk, en Kerkhof	78
Cathuyzers Kerkhof	275
S. Antonis Kerkhof	133
Heylige Weghs of Leydtse Kerkhof	135
Pesthuys	45
Gasthuys	5

Te zamen ~~893~~ 905

GETAL der DOODEN, Die van 't begin deses tegenwoordigen JAARS, MDCLXIV, yder week begraven zijn. [illegible] 7475

VVeek		VVeek	
1	261	27	455
2	245	28	588
3	225	29	676
4	220	30	795
5	262	31	739
6	276	32	893 – 905
7	216	33	933
8	200	34	953
9	214	35	955
10	254	36	1041
11	206	37	962
12	223	38	945
13	239	39	853
14	236	40	771
15	241	41	819
16	259	42	745
17	278	43	655
18	331	44	560
19	338	45	445
20	362	46	389
21	391	47	327
22	429	48	330
23	449	49	257
24	323	50	247
25	362	51	186
26	435	52	184
	7475		23165

In alles van dese Week acht hondert drie en 't negentigh dooden.

den befreundeten Kollegianten in Rotterdam, unter anderen zu dem Chirurgen Jacob Ostens, während Spinoza (vielleicht nach Einbruch der Dunkelheit) auch Dr. Adriaan Paets aufgesucht hat, der ihm zu wiederholten Malen Interesse bezeigt hatte.

Ballings Tod, die in- und ausländischen Unruhen hatten das kurze Zeit in Rijnsburg leuchtende Licht der «Morgenstunde im Mai» schon getrübt. Spinoza verhehlte sich damals auch nicht mehr, daß er die Krankheit seiner Mutter geerbt hatte. Den ersten von seiner Hand geschriebenen Beweis dafür finden wir 1665 in einem Brief an einen unbekannten Freund, in dem man (wegen der gegen Faulheit und Zweifel ausgesprochenen Ermahnung) Dr. Johannes Bouwmeester zu erkennen glaubt. Spinoza bittet ihn um ein früher versprochenes Heilmittel, und zwar *etwas Conserven von roten Rosen ... obschon ich mich jetzt viel besser befinde ... Ich habe noch zwei- oder dreimal mit dem Dreitagsfieber zu tun gehabt, das ich aber doch schließlich durch eine gute Diät ausgetrieben und zum Henker geschickt habe.*[92]

Das kuriose Rezept, das Spinoza hier nennt, war anscheinend in seinem Kreis bekannt: zu diesem gehörten wenigstens drei Mediziner – außer Bouwmeester noch Lodewijk Meyer und Adriaan Koerbagh. In Koerbaghs «Blumengarten» (1668), dem Fremdwörterbuch, das außer puristischen und utilitaristischen Zielen deutlich einen radikalen Spinozismus vertrat, wird das Rezept beschrieben: «Rosenkonserven / gezuckerte Rosen, eingemachte Rosen oder Eingemachtes aus Rosen. Man nimmt die Rosenknospen, pflückt sie ab und zerstampft sie mit ebensoviel Zucker, wie man Rosen hat, in einem steinernen Mörser mit einem hölzernen Stampfer, bis es genug ist. Dann schüttet man sie in einen Topf, fügt etwas Wasser hinzu und läßt es sieden, bis es ziemlich dickflüssig ist. Danach gießt man alles noch heiß in einen Topf und läßt es kalt werden. Wenn es erkaltet ist, schließt man den Topf und hebt die Rosen auf zum Gebrauch.»[93]

Es ist auffallend, daß die Tuberkulose sich – wenn wir Colerus glauben dürfen – schon um 1657 bei Spinoza zeigte, also kurz nach dem Bann. Heute überlegt man sich, ob hier nicht psychische Faktoren eine Rolle gespielt haben, um so mehr, wenn wir an die gerade nach 1656 aktuelle Frage der Stellung Spinozas «zwischen den Klassen» denken, also zwischen der Welt der «Ehre und Wollust», der offiziellen, und der Einkehr des Denksystems. Aber da ist noch mehr. Die jung gestorbene Mutter hatte für Spinoza die Wärme und Geborgenheit des jüdischen Milieus bedeutet. Der Bann war der definitive Bruch mit der schon lange fremd gewordenen Jugendgemeinschaft. Aber durch die Lungenerkrankung wurde für Spinoza die Bindung an die verlorene Mutter noch einmal wiederhergestellt, während sie zum Vater und zur Familie gelöst blieb. Die Tuberkulose wurde der physische Grund, um Spinozas Neigung zu Einkehr und Isolierung, Einfachheit und sexueller Enthaltsamkeit (in jener Zeit als eines der Mittel gegen die Schwindsucht betrachtet) zu rechtfertigen.

Spinoza. Idealbildnis. Radierung von P. J. Arendzen, 1883

Die Phtise hat, wie wir sahen, Spinoza nicht zu einem düsteren Puritaner gemacht. In dem umfangreichen Briefwechsel, der Spinoza während seines Aufenthaltes im «Großen Obstgarten» von dem Dordrechter Getreidemakler und Kaufmann Willem van Blyenbergh – Amateurphilosoph und Dogmatiker – aufgedrängt wurde, legt er Zeugnis seines epikureischen Lebensbewußtseins ab. Wahrscheinlich hielt Spinoza dem pompösen Faselhans mit Absicht seine anticalvinistische Lebenshaltung als Spiegel vor: *Selbst wenn ich die Frucht, die ich aus meinem natürlichen Verstand gewonnen, einmal falsch erfände, dann würde sie mich doch glücklich machen, weil ich genieße und mein Leben nicht in Trauern und Seufzen, sondern in Ruhe, Freude und Heiterkeit zu verbringen trachte und so stufenweise emporsteige.*[94]

Außer einer geduldigen Deutung von Descartes' hauptsächlichen «Prinzipien», um die Van Blyenbergh ihn gebeten hatte, enthalten Spinozas Briefe an Van Blyenbergh noch zahlreiche andere philosophische Punkte. Dabei tritt oft mehr von Spinoza als von Descartes ans Licht: *Wenn die Natur Gottes uns bekannt ist, dann folgt so notwendig aus unserer Natur zu bejahen, daß Gott existiert, wie aus der Natur des Dreiecks folgt, daß seine Winkel gleich zwei Rechten sind; und doch sind wir niemals freier, als wenn wir etwas in dieser Art bejahen.*[95] Eine brieftechnische Schwierigkeit war für Spinoza, daß er philosophische Begriffe auf holländisch erklären mußte, denn das war wegen Van Blyenberghs Schulfranzösisch und seiner kärglichen Lateinkenntnis erforderlich. *Ich würde sehr gerne in der Sprache schreiben, in der ich erzogen bin; ich würde dann vielleicht meine Gedanken besser zum Ausdruck bringen können, doch Sie wollen damit vorliebnehmen und selbst die Fehler verbessern,* schreibt er in holprigem Holländisch.[96] Spinoza hatte rasch erfaßt, daß er mit diesem wenig philosophischen Besserwisser und Dilettanten überhaupt nicht reden konnte, nicht über den Cartesianismus und noch weniger über seine eigenen Ideen. Er machte also höflich ein Ende mit den Besuchen und den brieflichen Diskussionen. Van Blyenbergh belohnte Spinozas langwährendes Wohlwollen später mit zwei dikken Quartbänden (1674 und 1684), in denen er den *Theologisch-politischen Traktat* und die *Ethik* als Beweise gotteslästerlichen Denkens «entkräftete».

In der Voorburger Zeit entsteht auch das Porträt Spinozas, das am bekanntesten geblieben ist und das «Wolfenbüttler» genannt wird.[97] Vielleicht wurde es in Amsterdam bei einem der heimlichen Besuche Spinozas gemalt. Der Maler blieb unbekannt. Das Porträt zeigt in seinem bleichen Ernst wirklich Spuren der Schwindsucht und Askese, obgleich es gerade dieses Konterfei ist, nach dem J. P. Arendzen 1883 das bekannte «Idealbildnis» radiert hat. Daß Spinoza gerade zu diesem Zeitpunkt sein Bild malen ließ, wird nicht ohne Grund gewesen sein. Auch seine Bescheidenheit hatte ihre Grenzen. Sein Stolz im Umgang mit den aufgeklärten Herren der Republik kommt zum Ausdruck in der Festlegung seiner äußeren Erscheinung auf der

Johan Hudde, Bürgermeister von Amsterdam und Mathematiker. Gemälde von M. van Musscher, 1682

Leinwand, die ihn aus der Anonymität heraushebt.

Zu den neuen Besuchern Spinozas zählt man einen Juristen wie Abraham Cuffeler, Anwalt am holländischen Staatsgericht. Kein Mann mit einer großen Karriere wie andere Parteifreunde de Witts. Um so mehr fällt er wegen seiner ungewöhnlichen Bewunderung und Ergebenheit für den fünf Jahre älteren Spinoza auf. Wir dürfen ihn sogar als ersten bewußten Spinozisten im Kreise der de Witt-Anhänger bezeichnen: kurz nach dem Tode des Philosophen und Meisters gab er in einem dreibändigen, lateinisch geschriebenen (also quasi unschuldigen) Werk die erste durchdachte Zusammenfassung von dessen System heraus.[98] Es erschien wieder bei Jan Rieuwertsz, der sich – wie bei früheren und späteren Anlässen – hinter dem Verlegerpseudonym «Heinrich Künrath in Hamburg» verschanzt hatte.

Aus Spinozas Voorburger Tagen stammt noch die Bekanntschaft mit zwei einflußreichen Patriziern, die in jener Zeit mehr die Wissenschaft als die Staatskunst repräsentieren, obgleich der zweite bald Bürgermeister von Amsterdam werden wird: Christiaan Huygens, Herr von Zuilichem, und Johan Hudde, Herr von Waveren.[99]

In Huygens' kosmopolitischer Figur sind Aristokratie und Naturwissenschaft in einer neuen, glanzvollen Synthese vereint. Der Patrizier – Sohn des vielseitig begabten Constantijn Huygens, Sekretär zweier Oranier-Statthalter – findet auf seinem Weg ins wissenschaftliche Hochgebirge seiner Zeit keinerlei materielles Hindernis. Seine Ausbildung ist sorgfältig, seine Genialität wird von Vater und Lehrmeistern gehegt und gepflegt. Schon im Elternhaus lernt er Descartes kennen, wird sein Jünger und Bewunderer, und beim Vernehmen der Todesnachricht schreibt der erschütterte einundzwanzigjährige junge Mann einen elegischen «Epitaph». Als werdender Gelehrter korrigiert er Archimedes, wird bald mit reichhaltigem Taschengeld ins Ausland geschickt, lernt in Paris Gelehrte wie Pascal und Fermat kennen, interessiert sich in steigendem Maß für Uhren und Teleskope, verbessert 1656 das Fernrohr Galileis und entdeckt als erster den Ring um den Saturn. In London besucht er die Royal Society, was Oldenburg Spinoza mitteilt, und macht Boyles Bekanntschaft. Als er nach Voorburg ins väterliche Landhaus «Hofwijk» (Dem Hof entwichen) zurückkehrt, besucht er sogleich Spinoza, den Optiker. Aus ihren Begegnungen ergibt sich eine wissenschaftliche Freundschaft, bei der es Spinoza deutlich wird, daß Descartes von Huygens überflügelt ist: *Herr Huygens hat mir wunderbare Dinge von diesen Mikroskopen erzählt und zugleich von Fernrohren, die in Italien hergestellt worden sind, und mit denen man am Jupiter Eklipsen beobachten konnte, die von dem Dazwischentreten der Satelliten herrühren, und auch einen wie von einem Ringe verursachten Schatten am Saturn. Bei dieser Gelegenheit habe ich mich nicht genug über die Voreiligkeit Descartes' wundern können, der meint, die Ursache, warum die Planeten beim Saturn ... sich nicht bewegen, könne darin liegen, daß der Saturn nicht um seine eigene Achse kreise, da doch das zu seinen eigenen Prinzipien sehr wenig stimmt ...*[100]

Daß Huygens eine «Schleifmaschine» konstruiert hatte, macht auf Spinoza wenig Eindruck. Denn, so schreibt er an Oldenburg, *ich weiß zur Genüge aus der Praxis, daß man sphärische Schalen viel sicherer und besser aus der freien Hand schleift*[101]. Huygens ist im übrigen Spinoza gegenüber sparsam mit seinen Mitteilungen über die erzielten Resultate und die Pendeluhren, mit denen er experimentiert. In seinen späteren Briefen an seinen Bruder Constantijn spricht Huygens mehr als einmal von seinem Verkehr mit dem «Sieur Spinosa», den er auch weniger förmlich den «Juden aus Voorburg» oder nur «unseren Juden» nennt und für dessen «exzellente» optische Leistungen er sich immer interessierte – vor allem aus egoistischen Gründen.[102] Die traten hervor, als Spinoza mit Johan Hudde, Regent und Wissenschaftler, in Verbindung gekommen war. Huygens hat Hudde bald als einen Konkurrenten auf dem Gebiet der Dioptrik betrachtet und deshalb seinen Bruder Constantijn angehalten, ab und zu einmal nachzusehen, was für neue Linsen Spinoza für Hudde herstellte. Huygens war 1665 von Colbert, dem geriebenen «ökonomischen» Minister Ludwigs XIV., aufgefordert worden, nach Paris zu kommen, um bei der Gründung einer französischen Académie des Sciences nach dem Vorbild der Royal Society mitzuhelfen – eine Bitte, die Huygens nach langem Hin und Her wegen seines Gehalts – schließlich nicht weniger als 6000 Livres – im März 1666 erfüllt hat, um bis 1675 in Paris zu bleiben.

Johan Hudde, geboren 1628, trat bei Spinoza an seine Stelle, ein Loevesteiner ersten Ranges, eng mit de Witts Kreis verbunden, sowohl durch Regenten- als auch durch Wissenschaftsinteressen.

Obgleich er ursprünglich zum Mediziner ausgebildet war, teilte er mit de Witt die Vorliebe für Zahlen. Er hat mit dem Ratspensionär eine Methode zur Berechnung von Lebensrenten zusammengestellt. Von den gelehrten Regenten ist er der geborene Praktiker: nicht nur Mathematiker und Statistiker, sondern auch Ingenieur, der Brücken, Deiche und Wasserwerke Amsterdams modernisiert und instandhält. Außerdem arbeitet er auf dem Gebiet der Optik. Er hat

Christiaan Huygens. Marmor-Relief von Jaques Clériot, 1679

sogar eine (nie gedruckte) «Parva dioptrica» geschrieben und war, wie Spinoza, oft nicht einverstanden mit der Richtung, die Huygens auf optischem Gebiet eingeschlagen hatte, zum Beispiel was die «Schleifmaschine» betraf. Spinoza wurde von Hudde zur Herstellung einer neuen Art der Linsen angehalten, und Spinoza hat Hudde manchmal um Rat gebeten.[103] Auch die Wahrscheinlichkeitsrechnung, die de Witt und Hudde zusammen betrieben, inspirierte Spinoza zu einer derartigen Form der Bezifferung. Er hat darüber sogar einmal mit dem Amsterdamer Kaufmann Jan van der Meer korrespondiert, der ihn – vielleicht auf Huddes Anraten – um ein «Rezept» gebeten hatte, um beim Spiel zu gewinnen.[104]

Die Beziehung zu Hudde enthielt jedoch mehr als rein pragmatische Dinge. Spinoza hatte bei Hudde außerdem ein lebhaftes Interesse für sein philosophisches System erweckt. Die *Ethik* war damals fast vollendet. Johan Hudde, Herr von Waveren, hat – wie so viele Regenten, die mit Spinoza verkehrten – den halbverstohlenen Charakter dieses Umgangs nicht geleugnet; wenn der Denker Spinoza mit seinen revolutionierenden Ideen des Menschen als Teil der Natur, der Gottheit und ihrer Attribute, seine ganze höchst unchristliche Lehre der einen, aus eigener Kraft bestehenden, unteilbaren Substanz auftrat, schuf der Amsterdamer Regent, jedenfalls nach außen hin, sofort eine Distanz. Er hat es zweifellos als Bürgermeister verhindern können, daß seine Briefe in Spinozas nachgelassene Werke aufgenommen wurden, sie vielleicht zurückverlangt und vernichtet. Dagegen blieben drei Briefe Spinozas an Hudde, die eine Erklärung der Thesen 1, 8, 11, 12 und 13 der *Ethik* bilden, erhalten.[105] Sie zeigen uns, was in dieser Zeit die denkenden Loevesteiner, die offiziell immer noch Angehörige der Staatskirche hießen, bewegte. Sie zeichnen wiederum die merkwürdige Stellung Spinozas zwischen der großen und der kleinen Welt, zwischen Regentenfreundschaft und zurückgezogenem Handwerkerdasein.

SCHATTEN AUF DER LINSE

Die vielerörterte Frage, ob Johan de Witt, der – wenn auch auf «diskrete» Art – die Ideen eines Pieter de la Court bejahte, Spinoza nahe gekannt und mit ihm Gedanken ausgetauscht, vielleicht um seine «Konsultation» gebeten hat, ist bis auf den heutigen Tag unbeantwortet geblieben. Auch daß de Witt Spinoza eine Jahresrente zuerkannt habe, wird nirgends dokumentarisch belegt. Aber es ist deutlich, daß der Kreis um de Witt Spinoza große Sympathie und großes Verständnis entgegenbrachte und ihm den größtmöglichen Schutz gewährte. Dabei können wir uns vorstellen, daß die Beziehungen zwischen dem Ratspensionär und dem Philosophen von Wittschen Herren wie Paets, Van Beuningen, Hudde oder Cuffeler aufrechterhalten wurden. Zwischenpersonen in Hülle und Fülle! Daß sie Spinoza zu einem ansehnlichen Teil ins Vertrauen gezogen haben, auch bezüglich der politischen Situation, ergibt sich aus den Briefen an Oldenburg in London, vor allem denen der Periode von April bis Dezember 1665, als der zweite Krieg gegen England schon ausgebrochen war.[106]

Nach zahlreichen gegenseitigen Schikanen besetzten die Engländer im Laufe des Jahres 1664 die niederländischen «Besitzungen» an der afrikanischen Goldküste und machten sich im gleichen Jahr zu Herren Nieuw-Amsterdams (New Yorks). Die holländische Kriegserklärung erfolgte im März 1665. Dieser Krieg machte bald der Korrespondenz mit Oldenburg ein Ende, obgleich es dem Bruder von

Spinozas Hausherrn, Mesach Tydeman im Haag, noch einige Monate gelang, die Briefe über Frankreich zu versenden. Spinozas Briefe dieser Kriegsmonate zeigen zweierlei: Einerseits läßt er seine enge Verbundenheit mit dem Schicksal der Republik und ihren leitenden Personen erkennen – andererseits wetteifern Spinoza und Oldenburg in der Verwerfung des Krieges als einer «Ilias des Unheils», die vor allem die intellektuelle Verbindung zerstört. *Was* (die englischen Wissenschaftler) *in der letzten Zeit getan haben,* schreibt Spinoza, *will ich erwarten, wenn einmal die Kämpfer am Blut sich gesättigt haben und sich ausruhen, um ein wenig frische Kräfte zu sammeln. Wenn jener berühmte Spötter* (Spinoza meint hier den «lachenden» Philosophen Demokrit) *zu unserer Zeit lebte, würde er sicherlich sterben vor lachen.*[107] Und unmittelbar darauf folgt das Bekenntnis: *Mich bewegen diese Wirren weder zum Lachen noch auch zum Weinen, sondern vielmehr zum Philosophieren und zum besseren Beobachten der menschlichen Natur. Denn ich halte es nicht für recht, über die Natur zu spotten, und noch viel weniger, über sie zu klagen ...*

Der Krieg mit England übte eine heftige Wirkung auf die öffentliche Meinung aus. Die reformierten Pfarrer sahen überall den Teufel am Werk. Dissidenten jeglicher Art wurden scharf verfolgt, mit Bußen bestraft, verbannt. Die unerwarteten Rückschläge in der Kriegführung, in erster Linie zur See, die trotz der aufs Äußerste gesteigerten Sorge de Witts für die Flotte («die Peitsche hinter der Arbeit», sagt er selbst) wie eine Kette von Unheil aufeinander folgten, wurden vom Volk und den Pfarrern dem Zorn Gottes gegen die libertinistischen Herren zugeschrieben, obgleich die Abwesenheit eines großen Seestrategen wie Michiel de Ruyter (damals auf einer Expedition gegen die Räuber im Mittelländischen Meer) mehr schuld daran war. Überall traten Unruhen der Oranierfreunde auf, es wurde sogar verlangt, den jungen Prinzen als Friedensunterhändler zu seinem Oheim Karl II. zu schicken. De Witt, der natürlich nichts dafür übrig hatte, hat trotz der Sabotage der stark feudal-oraniergesinnten Provinzen Overijssel und Gelderland beim Verschaffen von Geldern für die Flotte nahezu Wunder verrichtet. Mit Renten-Nachlaß, neuem Flottenreglement, persönlichem Aufenthalt auf den Schiffen und Überwachung der Manöver kämpfte er für das «freie Meer», das lebenswichtig für die Niederländer war. Aber das Fallen einer ganzen Garde tüchtiger holländischer Admirale im Kampf gegen die nicht weniger tüchtigen englischen wie Prinz Ruprecht (von der Pfalz) und George Monk war immer wieder verhängnisvoll für die Niederländer. Diese Schläge wurden etwas ausgeglichen, als Englands rühriger Bundesgenosse zu Land, Christoph Bernhard von Galen, Bischof von Münster, mit Hilfe französischer Truppen zurückgeschlagen wurde, als er in den Osten der Niederlande eingefallen war (Spinoza verspottete ihn *wie der Bock bei Äsop* in einem Brief an Oldenburg, Dezember 1665), wonach er 1666 einen Sonderfrieden schloß. Im gleichen Jahr wurde mit wechselndem Erfolg der Krieg zur See wiederaufgenommen. Aber die Zänkerei zwischen dem republikanisch gesinnten de Ruyter und seinem «Rivalen», dem oranientreuen Tromp, war den Siegeschancen der Niederländer unhold, obgleich die Bewaffnung mit einer neuen Art schnellschießender Schiffskanonen ihre militärische Technik enorm vorwärts gebracht hatte. De Witt, von jedem ökonomischen Aderlaß der Republik empfindlich getroffen, neigte immer stärker zum Frieden. Er hatte jedoch nicht die Absicht, die Segel zu streichen, ohne die ihm so teure Flotte eine brillante Kraftleistung ausführen zu lassen. Im Juni 1667 segelte der große Kampf-Admiral de Ruyter mit 80 Kriegsschiffen die Themse hinauf, bemächtigte sich Sheerness und brach danach mit donnernden Kanonen durch die berühmte Kette, die Medway bei Chatham abschloß. Tumult und Panik in London! Die niederländische Mut- und Kraftprobe hatte vor allem einen moralischen Effekt. Während in den Niederlanden Freudenfeuer brannten und es endlich von allen Kanzeln herunter Dankesgebete regnete, erklärte England sich zum Frieden bereit. Es wurde der von Breda: die Engländer

Aus der viertägigen Seeschlacht der Holländer gegen England im Juni 1666. Zeichnung von Willem van de Velde d. Ä.

behielten Nieuw-Amsterdam und damit die nordamerikanische Kolonie und gaben als Austausch den Niederländern Surinam, das noch heute ein «Teil des Königreiches» ist.

Ludwig XIV. sah alldem skeptisch zu. Seine europäischen Eroberungspläne lagen bereit. Er begann mit einem überraschenden Einfall in die südlichen Niederlande, das heutige Belgien. Ein neuer Schock für de Witts Balancierakt: die französische Monarchie als Nachbar war eine unheilverkündende Voraussicht. Erneute diplomatische, großenteils unterirdische Aktivität beginnt in Europa. Versprechungen und geheime Abmachungen zwischen den Monarchen Ludwig XIV. und Karl II., Machenschaften mit Spanien, bei de Witt fiebriges Suchen nach Bundesgenossen, enge Zusammenarbeit mit dem englischen Gesandten im Haag, Sir William Temple – junger Diplomat und überzeugter Epikureer –, Annäherung und Abweisung der Ludwigschen Verteilungspläne und schließlich mit Temples Hilfe das Finden Schwedens als Dritten im Bunde, um Ludwig zu zügeln. Der Dreibund des Jahres 1668, in den Niederlanden freudig begrüßt,

Sabbatai Zewi, der «Messias» des Jahres 1666. Zeitgenössische Radierung

scheint eine Abwendung der französischen Gefahr – und hinterläßt natürlich einen ungestillten Groll bei dem ehrsüchtigen Potentaten, gegen den sie gerichtet ist, und der sich von Jahr zu Jahr mehr als Sonnenkönig gebärdet.

Zu den Wundern und Aufregungen dieser Kriegsjahre, die sich bis tief in Westeuropa hinein auswirkten, gehörte auch das Gerücht des neuen Messias, der sich in Smyrna gezeigt haben sollte. Oldenburg, sichtlich empfänglich für chiliastische Aufregung, wußte nicht, was er davon halten sollte. Aber in seinem vorläufig letzten Brief an Spinoza (8. Dezember 1665) fragt er seinen Haager Freund mehr oder weniger ängstlich: «Ich bin begierig zu erfahren, was die Amsterdamer Juden darüber gehört haben und welchen Eindruck eine derartige Nachricht auf sie macht, die, wenn sie wahr wäre, doch eine allgemeine Weltkatastrophe im Gefolge haben würde.»

Spinozas Antwort ist nicht bekannt, denn der Krieg unterbrach jede weitere Korrespondenz. Aber was die «Weltkatastrophe» betrifft – er hätte sicher eine ironische und skeptische Antwort gegeben. Er war weder Chiliast noch Messianist wie so viele Juden seiner Zeit, vor allem Amsterdamer, die wegen der überall in Europa aufgetretenen Judenverfolgungen, falsch verstandenem Kabbalismus und nicht in letzter Linie wegen der aus Kleinasien kommenden mystischen Heilspropaganda in apokalyptischen Stimmungen schwelgten. Der in Rede stehende Messias war der in Smyrna geborene Sabbatai Zewi, der schon lange, umringt von den üblichen Gemahlinnen und Jüngern, als künftiger Vollzieher der Erlösung Israels auftrat. Jetzt, beim Herannahen des «prophetischen» Jahres 1666, schlug die Legende um seine Person und Sendung große Teile der Amsterdamer Juden, vor allem der Sephardim, in ihren Bann. Man wartete voller Spannung mit Tanz, Musik und Gejubel in und außerhalb der Synagoge auf jeden Brief mit Neuigkeiten von levantinischen Freunden (und deren gab's viele). Alte Studienfreunde Spinozas, Isaac Naar und Mose Zacuto, waren mit erfaßt und predigten das Zu-Gelde-Machen allen Besitzes und die Auswanderung nach Smyrna, von wo aus die Rückkehr ins gelobte Land beginnen sollte ... Sogar als der Messias in Konstantinopel, von der türkischen Obrigkeit verhaftet, sich zum Islam bekannte, um das nackte Leben zu retten (am 1. Januar 1666, symbolischer ging es gar nicht), bleibt die ekstatische Erwartung noch lange lebendig, sogar nach seinem 1676 erfolgten Tod. Ja, noch im 18. Jahrhundert wird von heimlichen Anhängern Sabbatai Zewis berichtet.

Das apokalyptische Jahr 1666 war verstrichen, ohne daß die Bösen bestraft, die Frommen erlöst, die Ängstlichen beruhigt waren. Das Leben ging weiter. Auch das der Spinoza-Freunde, die, außer Balling, die Pest überlebt hatten. Für Lodewijk Meyer hatte es ein bedeutendes Ergebnis gebracht: er veröffentlichte in «Eleutheropolis» (Freistatt = Amsterdam, also möglicherweise bei Jan Rieuwertsz), eine interessante Schrift, «Exercitatio paradoxa Philosophia S. Scripturae», oder wie es in der (wahrscheinlich von ihm selbst verfaßten) holländischen Übersetzung ein Jahr später lautet: «Die Philosophie – Deuterin der Heiligen Schrift; ein Wunderspruch-Traktat». Lodewijk Meyer glaubte, den Fußspuren seines Meisters, «des Herrn ohnegleichen Renatus des Cartes» zu folgen; er wollte mit dem aussondernden Verstand als Maßstab die Theologie in bezug auf ihre unumstößlichen Wahrheiten analysieren – oder sich die Freiheit nehmen, alle Unsicherheiten zu verwerfen. Meyer glaubte anscheinend, daß er der Religion durch die Philosophie neue, wenn auch rationale Beseelung verleihen konnte, wobei er vor allem auf den «allwissenden Gott» vertraute. Spinozismus ist in dieser Abhandlung kaum zu finden, wenn auch Meyer und Spinoza, die davor schon über philosophische Themen korrespondiert hatten (wie über das Unendliche, im berühmten 12. Brief), über den Plan gesprochen haben und obgleich Meyer 1666 aus den vollendeten Fragmenten der *Ethik* viel von Spinozas Gott wußte, der bestimmt nicht der der Heiligen Schrift war.[108] Was uns in Meyers Abhandlung noch interessiert, ist die Passage im Nachwort, in der der Amsterdamer Arzt-Purist zum erstenmal auf die Existenz des Spinozismus und die *Kurze Abhandlung von Gott, dem Menschen und seinem Glück* hinweist, wenn er außer Descartes noch andere nennt, «die in seine Fußstapfen treten wollen, weit und breit, und so Dinge von Gott und der redlichen Seele, des Menschen höchster Glückseligkeit und derartige Dinge, die zur Erwerbung des ewigen Lebens gehören, ans Licht holen...»

Meyer hatte übrigens noch andere Eisen im Feuer. Seine 1661 mit Constantia Caret geschlossene Ehe war kein Erfolg. Meyer war, was man einen Bonvivant nennt, und ging periodenweise gerne außerhalb des Hauses seinen Vergnügungen nach, wahrscheinlich Arm in Arm mit Johannes Bouwmeester. Das öffentliche Leben war seine wahre Lust. Er genoß die Regentschaft des Stadttheaters, eine Funktion, über die heftig gestritten und intrigiert wurde, so sehr, daß Lodewijk Meyer 1668 von Widersachern der Laufpaß gegeben wurde. Von dieser Zeit an war sein großes Streben die Gründung einer literarischen Gesellschaft, in der er seinen cartesianischen und aufgeklärten Neigungen in Verbindung mit Kunstsinn und Sprachbereinigung nachgehen konnte. Er fand zahlreiche Parteigänger, Intellektuelle und zu einem nicht geringen Teil Mediziner, die mit ihm und Bouwmeester das berühmte «Nil volentibus arduum» [Nichts zu schwierig für jene, die wollen] 1669 aus dem Boden stampften und damit eine literarisch-philosophische Kontroverse, die Meyer und seinem Anhang noch viel Kopfzerbrechen kosten sollte.[109]

Es sieht so aus, als ob Spinozas philosophische Tätigkeit, auch die anfängliche, in Amsterdam Parteigänger im Gefolge hatte: sie alle studieren, übersetzen, veröffentlichen. Das gilt sogar für den rechtschaffenen und bescheidenen Jarig Jelles, der schon 1660 seine Geschäfte aufgegeben hatte und außer dem Studium der Descartesschen «Dioptrica» (wobei Spinoza ihm mathematische Einsichten verschaffte) noch Alchimie betreiben wollte. Johannes Bouwmeester glaubte auch mehr oder weniger daran und Spinoza auf Grund seiner nicht tiefgehenden Kenntnis der Chemie eigentlich genauso. Der Leibarzt des Prinzen, Helvetius, hatte gerade ein kleines Buch auf lateinisch geschrieben (das sehr passend «Das goldene Kalb» hieß), in dem er versicherte, Gold gemacht zu haben bei einem Versuch, der von dem Silberschmied Brechtelt untersucht und als solide erklärt worden war. Spinoza hatte erst seinen neuen Bekannten, den berühmten Sprachgelehrten Isaac Vossius, in dieser Sache um Auskunft ersucht, mit der Folge, daß dieser *sich ausschüttete vor Lachen und sich baß verwunderte, daß ich nach so einer Kinderei fragte*[110].

Nil volentibus arduum. Emblem der 1669 von L. Meyer gegründeten und aufklärerisch gesinnten Amsterdamer Literaturgesellschaft

Vielleicht wäre Spinozas Zweifel verschwunden, wenn er gewußt hätte, was Christiaan Huygens kurz davor an seinen Bruder Constantijn geschrieben hatte: «Danke für die Geschichte des Steins der Weisen, aber ich kenne diesen kleinen Doktor [Helvetius] und weiß, daß er kein sehr maßgebender Gewährsmann ist.» Acht Jahre später war auch Spinoza eines Besseren belehrt. In einem 1675 an G. H. Schuller geschriebenen Brief, der ihm von einem Familienangehörigen berichtet hatte, der Gold gemacht haben sollte, heißt es: *Je mehr ich die Sache selbst überdenke, desto mehr werde ich davon überzeugt, daß Sie kein Gold hergestellt, sondern nur das wenige im Antimon erhaltene Gold abgeschieden haben.*[111]

Die vier bewahrten Briefe an Jarig Jelles aus den Jahren 1667 bis 1670 weisen darauf hin, daß auch in diesem Fall, vielleicht nach Spinozas Tod, von Jelles selber ein großer Teil der Korrespondenz vernichtet wurde. Die Briefe behandelten zweifellos noch andere Dinge als Alchimie oder physikalische Experimente, die uns nun überliefert sind. Jarig Jelles hatte eine Zeitlang die Absicht, ein Glaubensbekenntnis schriftlich festzulegen, das seinem Christentum und seinem Spinozismus Recht widerfahren ließ.

Das Jahr 1667 verkleinerte den Freundeskreis zum zweitenmal. Simon Joosten de Vries starb an der Schwindsucht. Er hatte Spinoza zum Universalerben einsetzen wollen, oder ihn jedenfalls dazu bewegen wollen, ein großes Geldgeschenk anzunehmen. Aber Spinoza hatte beide edelmütigen Freundschaftsangebote von der Hand gewiesen, da er nicht daran dachte, Simon Joostens Bruder Isaac seiner Erbschaft zu berauben. Isaac erbte also 1667 das ganze Vermögen Simons; aber dieser hatte eine Bedingung daran geknüpft: Isaac mußte Baruch de Spinoza eine Jahresrente von 500 Gulden auszahlen. Spinoza nahm das an, aber wiederum unter einer Bedingung, nämlich daß die Summe auf 300 Gulden verringert würde. Mehr hatte er mit seinen Verdiensten als Optiker nicht nötig für ein einfaches, bescheidenes Leben. Das einzige, für das er Geld ausgab, waren Bücher und – falls er sich auf der Straße zeigte – sorgfältig-vornehme Kleidung. Die Geschichte der von Johan de Witt Spinoza zugedachten Jahresrente verliert durch die Erbschaftsangelegenheit Simon Joosten de Vries' wieder mehr an Glaubhaftigkeit.

Spinoza hat es zweifellos bedauert, daß der Briefwechsel mit Oldenburg durch den zweiten englischen Krieg abbrach. Er wird nicht gewußt haben, daß sein Londoner Korrespondent im Sommer 1667 verhaftet und für kurze Zeit in den Tower eingekerkert wurde wegen seiner in Kriegszeiten an einen ungenannten «französischen Virtuoso» (!) gerichteten vertraulichen Briefe, den man jetzt oft als Spinoza betrachtet, weil der Briefwechsel über den französischen Hafen Caen zu verlaufen pflegte. Die letzten Briefe, die Oldenburg noch von Spinoza empfangen hat, machten Meldung von einer ganz neuen Abhandlung, deretwegen sogar die Arbeit an der *Ethik* unterbrochen wurde. Es war das Werk, das später der *Theologisch-politische Traktat* heißen sollte. Spinoza teilte Oldenburg drei dringende Gründe für dieses neue Werk mit: *1. die Vorurteile der Theologen; diese ... hindern ja ... am meisten die Menschen, ihren Geist der Philosophie zuzuwenden; darum widme ich mich der Aufgabe, sie aufzudecken; 2. die Meinung, die das Volk von mir hat, das mich unaufhörlich des Atheismus beschuldigt; ich sehe mich gezwungen, diese Meinung womöglich von mir abzuwenden; 3. die Freiheit zu philosophieren und zu sagen, was man denkt; diese Freiheit möchte ich auf alle Weise verteidigen, da sie hier bei dem allzu großen Ansehen und der Frechheit der Prediger auf alle mögliche Weise unterdrückt wird.*[112]

Den vierten Grund für die Schrift meldet Spinoza, über dessen Auffassung des Wortes «Atheismus» wir schon sprachen, nicht. Wir können annehmen, daß die Loevesteiner ihn – wegen der anfangs so unheilvollen Kriegführung und des erneuerten gemeinsamen Auftretens harter Orthodoxie und Unruhen der Oranierpartei – veranlaßten, die *Ethik* bis auf weiteres liegenzulassen und den Traktat zu schreiben, nicht in letzter Linie auf Ersuchen oder Empfehlung von Männern aus dem Kreis um de Witt (vielleicht vom Ratspensionär selbst), die dringendes Bedürfnis nach apologetischen Schriften zu ihren Gunsten hatten. Als Zwischenpersonen kommen hier nicht nur politische Mitarbeiter de Witts, sondern auch Intellektuelle, die geistiges Interesse am Weiterbestehen des Loevesteiner Regierungssystems hatten: entweder der Philologe und agnostische Spötter Isaac Vossius oder der Haager «Rektor» Jacob Statius Kleefmann oder Abraham Cuffeler (letzterer sowohl als Regent wie auch als Spinozist) können vermittelnd aufgetreten sein. Spinozas neuer Traktat, mitten im Krieg als Verteidigung der bedrohten Gedankenfreiheit geplant, ist, als er schließlich 1670 erscheint, zu einer militant-politischen Philosophie herangewachsen, der Unterweisung eines Dr. Franciscus van den Enden mehr als würdig.

GOTT UND DER STAAT[113]

Während Spinoza in den Jahren 1665 bis 1670 seine Abhandlung über das richtige Verhältnis von Theologie, Freiheit und Staatsordnung ausarbeitete, spitzten sich die Gegensätze im täglichen und politischen Leben beständig zu. Klassenkampf zwischen Republikanern und Oranierpartei, ungeheurer Reichtum neben bitterer Armut in den untersten Schichten, Kunstförderung neben plebejischer Roheit, ausdrücklich betonte Toleranz neben Unmenschlichkeit in Indien, Afrika – und zu Hause. Es lag etwas Krisenhaftes in der Luft, das sich wenig später auch entladen sollte. Diese auf Grund zahlreicher Gegensätze heranreifende Krise wurde von Ausländern oft besser erkannt als von den Regenten und der Republik. Die Brücke der Gedankenfreiheit war schwach; für Spinoza, der keine wirtschaftliche Macht hinter sich hatte, war diese Brücke außerdem beängstigend kurz und schmal, wenn sie auch in der damaligen Lage die einzig mögliche war. Baruch de Spinoza schrieb seinen *Theologisch-politischen Traktat*, ohne zu ahnen, daß er genau wie seine Gönner den Bewegungsgesetzen der Geschichte unterworfen war. Das Werk erschien 1670 lateinisch und ohne Verfassernamen bei «Heinrich Künrath, Hamburg», was, wie jeder Eingeweihte wußte, der Deckname war für Jan Rieuwertsz in Amsterdam.[114] Der Titel war programmatisch: *Einige Abhandlungen, in denen gezeigt wird, daß die Freiheit zu Philosophieren nicht nur ohne Schaden für die Frömmigkeit und den Frieden im Staate zugestanden werden kann, sondern daß sie nur zugleich mit dem Frieden im Staate und mit der Frömmigkein selbst aufgehoben werden kann.*

Der Traktat mag auf Wunsch des Ratspensionärs entstanden sein – ein politisches Programm der Loevesteiner kann man ihn nicht nennen. Spinoza besaß ja neben dem eigenen Interesse die Würde des Denkers, dessen Kraft darin besteht, daß er Konsequenzen zu ziehen vermag, denen die Tagespolitik mit ihren Bedürfnissen nach «Aktionsprogrammen» irgendwann nicht mehr folgen kann. Solch ein Aktionsprogramm war den liberalen Herren schon in den Schoß gefallen mit dem «Interest van Holland» und anderen Werken des Pieter de la Court, die Spinoza übrigens gekannt und teilweise selbst im Besitz gehabt hat.[115] Doch hat Spinozas Traktat, infolge seiner Konzeption der *wahren Freiheit*, die Bedeutung eines veredelten Staatsmanifestes der Handelsaristokratie. Spinoza lehnte die Herrschaft des Volkes ab auf Grund des *unvernünftigen, aufrührerischen und zu Ausschreitungen neigenden* Charakters der breiten Massen, er lehnte aber auch die Monarchie ab als Machtinstrument eines Einzelnen, der um des Ruhmes willen nicht vor Gewalt zurückschreckt, sei es in Form von Unterdrückung der Untertanen, sei es in Form militärischer Abenteuer, die das erwünschte Gleichgewicht im Staat nur stören können. Der Traktat begründet schließlich kräftig die auch von de la Court und de Witt gehegte und verbreitete Illusion – Huig de Groot hatte sie schon früher dargestellt –, die Regierungsgewalt der Handelspatrizier, ihr Republikanertum, sei einfach eine Fortsetzung der mittelalterlichen privilegierten Städtertradition, eben der niederländischen Tradition par excellence. Die Loevesteiner Faktion hatte nach 1652 den politischen Vorteil einer Epoche ohne Statthalter – einen propagandistischen Vorteil, wenn man so will, den Spinoza in seiner Bekämpfung der Monarchie sofort allgemein formulierte.

Während Spinoza das Einmannregime für die Vereinigten Provinzen nachdrücklich ablehnte, befürwortete er für England ebenso nachdrücklich das dort bestehende Königtum und verurteilte infolgedessen die Hinrichtung Karls I. durch Cromwell und dessen puritanischen Anhang. Wenn er auch die niederländische Revolution verstand, so beurteilte er doch die englische ganz falsch.

In ihrem Ringen mit der Oranierpartei, die wirklich eine sonderbare Koalition von dynastischen und plebejischen, meistens Englandfreundlichen Elementen war, stießen die Republikaner immer wieder auf den geschäftigen Einfluß der Wortführer dieser Koalition, die Prediger der reformierten Kirche. Mit voller Überzeugung schließt sich Spinoza dem Kampf der Loevesteiner gegen die Kirchengewalt an, und er tut das, indem er ein Stück Wegs in der Richtung des englischen Staatsphilosophen Hobbes – auch einem Gegner Cromwells! – geht. Mit Hobbes wünscht Spinoza, daß die Staatsmacht öffentliche Religionsausübung kontrolliere. Das war ein Hieb, der den reformierten Pfarrern galt, die in ihrem Eifer für die völlige Übertragung der Herrschaft auf die Oranier gerne die Rolle der Propheten aus dem Alten Testament gespielt hätten und gerade die Schrift allzuoft als Leitfaden für ihre politischen Auffassungen benutzten. So schlägt Spinoza beispielsweise als praktische Maßnahme vor, die Armenpflege, die ja in Händen der Kirche war und Tausende von Leuten

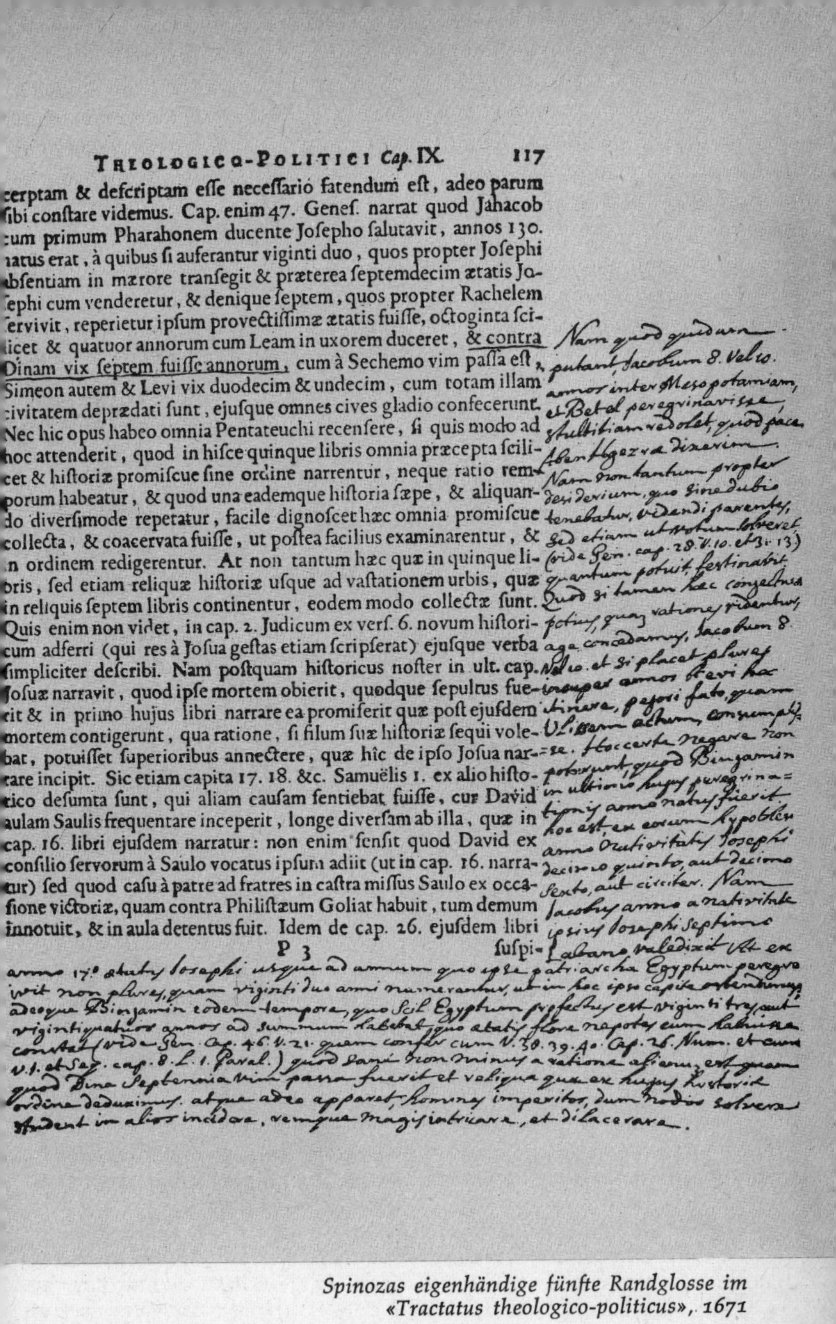

cerptam & descriptam esse necessario fatendum est, adeo parum sibi constare videmus. Cap. enim 47. Genes. narrat quod Jahacob cum primum Pharahonem ducente Josepho salutavit, annos 130. natus erat, à quibus si auferantur viginti duo, quos propter Josephi absentiam in mærore transegit & præterea septemdecim ætatis Josephi cum venderetur, & denique septem, quos propter Rachelem servivit, reperietur ipsum provectissimæ ætatis fuisse, octoginta scilicet & quatuor annorum cum Leam in uxorem duceret, & contra Dinam vix septem fuisse annorum, cum à Sechemo vim passa est, Simeon autem & Levi vix duodecim & undecim, cum totam illam civitatem deprædati sunt, ejusque omnes cives gladio confecerunt. Nec hic opus habeo omnia Pentateuchi recensere, si quis modo ad hoc attenderit, quod in hisce quinque libris omnia præcepta scilicet & historiæ promiscue sine ordine narrentur, neque ratio temporum habeatur, & quod una eademque historia sæpe, & aliquando diversimode repetatur, facile dignoscet hæc omnia promiscue collecta, & coacervata fuisse, ut postea facilius examinarentur, & in ordinem redigerentur. At non tantum hæc quæ in quinque libris, sed etiam reliquæ historiæ usque ad vastationem urbis, quæ in reliquis septem libris continentur, eodem modo collectæ sunt. Quis enim non videt, in cap. 2. Judicum ex vers. 6. novum historicum adferri (qui res à Josua gestas etiam scripserat) ejusque verba simpliciter describi. Nam postquam historicus noster in ult. cap. Josuæ narravit, quod ipse mortem obierit, quodque sepultus fuerit & in primo hujus libri narrare ea promiserit quæ post ejusdem mortem contigerunt, qua ratione, si filum suæ historiæ sequi volebat, potuisset superioribus annectere, quæ hîc de ipso Josua narrare incipit. Sic etiam capita 17. 18. &c. Samuëlis 1. ex alio historico desumta sunt, qui aliam causam sentiebat fuisse, cur David aulam Saulis frequentare inceperit, longe diversam ab illa, quæ in cap. 16. libri ejusdem narratur: non enim sensit quod David ex consilio servorum à Saulo vocatus ipsum adiit (ut in cap. 16. narratur) sed quod casu à patre ad fratres in castra missus Saulo ex occasione victoriæ, quam contra Philistæum Goliat habuit, tum demum innotuit, & in aula detentus fuit. Idem de cap. 26. ejusdem libri

 suspi-

Nam quod quidam putant, Jacobum 8. vel 10. annos inter Mesopotamiam, et Bethel peregrinavisse, stultitiam redolet, quod pace Aben Hezræ dixerim. Nam non tantum propter desiderium, quo sine dubio tenebatur, videndi parentes, sed etiam ut votum solveret (vide Gen. cap. 28. v. 10. et 31. 13.) quantum potuit, festinavit. Quod si tamen hæc conjectura potius, quam ratione videntur, age concedamus, Jacobum 8. vel 10. et si placet plures insuper annos levi hac itinera, pejori fato, quam Ulissem alterum, consumpsisse. Hoc certe negare non poterunt, quod Binjamin in ultimo hujus peregrinationis anno natus fuerit, hoc est, ex eorum hypothesi anno nativitatis Josephi decimo quinto, aut decimo sexto, aut circiter. Nam Jacobus anno a nativitate ipsius Josephi septimo Labano valedixit. At ex anno 17° ætatis Josephi usque ad annum quo ipse patriarcha Egyptum peregravit non plures, quam viginti duo anni numerantur, ut in hoc ipso capite ostendimus. adeoque Binjamin eodem tempore, quo scil. Egyptum profectus est viginti tres aut viginti quatuor annos ad summum habebat, quo ætatis flore nepotes eum habuisse constat (vide Gen. cap. 46. v. 21. quem confer cum v. 38. 39. 40. cap. 26. Num. et cum v. 1. et seq. cap. 8. l. 1. Paral.) quod sane non minus a ratione alienum est quam quod Dina septennis vim passa fuerit et reliqua quæ ex hujus historiæ ordine deduximus. atque adeo apparet, homines imperitos, dum nodos solvere student in alios incidere, remque magis intricare, et dilacerare.

Spinozas eigenhändige fünfte Randglosse im «Tractatus theologico-politicus», 1671

Thomas Hobbes. Gemälde von J. B. Caspars (?), um 1670

fütterte – allein in Amsterdam gab es Jahre, in denen die Diakonie mehr als eine halbe Million Gulden für Wohltätigkeitszwecke spendete –, dem Staat zu übertragen. Die Ziffern der damaligen Philanthropie enthüllen nicht nur einen der vielen Schönheitsfehler der niederländischen Wirtschaft, sondern lassen uns auch verstehen, wie stark die Staatskirche die große, hilfsbedürftige Masse in ihrer Gewalt hatte.

Hobbes' grimmige Befürwortung einer starken Zentralmacht geht mit der Empfehlung harter Mittel einher: Kraftentfaltung, Einschüchterung. Hier scheiden sich jetzt die Wege Hobbes' und Spinozas. Bevor Spinoza seinen Traktat verfaßte, war er schon in der *Ethik* zu dem Schluß gekommen, es könne eine Menschlichkeit geben, die höher organisiert sei als die bisher übliche: ein Leben nach der Vernunft, in Übereinstimmung mit der wohlverstandenen Ordnung der Natur, die ja in der Ordnung unseres Geistes ihre Widerspiegelung findet. In diesem Streben muß man sich klare Rechenschaft über die Affekte geben, die unsere menschliche Existenz aufweist – nämlich solche, die unsere Menschlichkeit unterminieren, und solche, die uns in unserem angeborenen Selbsterhaltungstrieb bestätigen. Zu den von Spinoza abgelehnten Emotionen gehört auch die Angst. Und gerade auf Grund seiner ganzen Einsicht als Philosoph verwirft Spinoza im Gegensatz zu Hobbes die Einschüchterung als Mittel zur Herrschaft. Ein freies Volk sollte nur durch Hoffnung geleitet werden. Wer vor Regierenden oder Eroberern liebedienern muß, ist nicht mehr frei. Hier stellt Spinoza, die Schranken seines Milieus durchbrechend, dem Staat auf einmal ein größeres Ziel als die bloße Aufrechterhaltung des Status quo: *Es ist nicht der Zweck des Staates, die Menschen aus vernünftigen Wesen zu Tieren oder Automaten zu machen, sondern vielmehr zu bewirken, daß ihr Geist und ihr Körper ungefährdet seine Kräfte entfalten kann, daß sie selbst frei ihre Vernunft gebrauchen und daß sie nicht mit Zorn, Haß und Hinterlist sich bekämpfen, noch feindselig gegeneinander gesinnt sind. Der Zweck des Staates ist in Wahrheit die Freiheit.*[116]

So wird bei Spinoza der Staat eine Schöpfung seiner Bürger, in der jeder mit Einsicht in die Notwendigkeit, daß er individuelle Leidenschaften im Zaume halten muß, sich denkend zur Freiheit erheben kann. Und es ist fast rührend, wenn Spinoza am Ende seines Buches die Stadt Amsterdam zum Beispiel dieses schönen Republikanismus ausruft, wobei gewiß ein tiefes Heimweh mitschwingt: *In diesem blühenden Staate … leben alle Menschen, welchem Volke und welcher Sekte sie auch angehören, in der vollkommensten Eintracht.* In so einer Stadt wird man nur nach Recht und Gesetz, nicht nach Religion oder Sekte beurteilt. Das ist die Grundlage der wahren Freiheit, denn *jene* sind *vielmehr Abtrünnige, die die Schriften der Anderen verdammen … die wahren Friedensstörer, die in einem freien Staate die Freiheit des Urteils, die nicht unterdrückt werden kann, aufheben wollen*[117].

Heimweh, Ideal, Illusion … hier liegt, wie ich es nenne, die «edle Schwäche» des Baruch de Spinoza. Denn er kann das Ideal der Menschlichkeit und Freiheit eigentlich nur als Stoßseufzer von sich geben. Er hatte es ja selbst erlebt, daß Menschen um ihrer Überzeugung willen verbannt oder – auch in Amsterdam! – umgebracht worden waren, wie sein unglücklicher Anhänger Adriaan Koerbagh (siehe nächstes Kapitel).

In dieser unverkennbaren Ambivalenz – das Wort wurde, durchaus berechtigt, zuerst von S. L. Feuer benutzt[118] – liegt Spinozas Beziehung zum Regentenstaat verankert. Nähert er sich gefühlsmäßig der Aristokratie, so führt ihn doch die Konsequenz seines politischen Denkens über die Schranken des Regentensystems hinaus und kommt einer fast demokratischen Auffassung nahe. Gerade diese Ambivalenz führt ihn zugleich, verglichen mit den politischen Lehren seiner Zeitgenossen, zum fortgeschrittensten Standpunkt seines Jahrhunderts, von dem Spinoza übrigens selbst zu glauben scheint, daß er mit den Ideen der freisinnigen Handelsherren übereinstimme. *Ich habe nichts geschrieben, das ich nicht bereitwilligst der Prüfung und dem Urteil der höchsten Gewalten meines Vaterlandes unterwerfe,* beteuert er mehr als einmal in seinem Buch. Ob alles, was er schrieb, diesen *höchsten Gewalten* wirklich gelegen kam? Daß sie ihm Gelegenheit gaben, den Traktat zu veröffentlichen, war schon sehr viel, wenn man bedenkt, welches Entsetzen diese, wenn auch anonyme, Publikation hervorrufen sollte.

Dieses Entsetzen galt nicht in erster Linie Spinozas Toleranzlehre, sondern vielmehr dem theologischen Teil seiner Ausführungen. Diese enthalten ja eine der ersten und schärfsten Bibelkritiken der damaligen Epoche. Nun hatte sich in der niederländischen Republik durch den Gang der Ereignisse die Idee des Kampfes der calvinistischen «Auserwählten» für politische Unabhängigkeit und Gewissensfreiheit auf merkwürdige Weise gepaart mit einer alttestamentarischen Idee, und zwar der vom «Richter», der sein Volk in Übereinstimmung mit dem Willen Gottes zum Siege führt. Daß die Theologen und Prediger der reformierten Kirche die Prinzen von Oranien für dieses erbliche Richteramt auserwählt hatten, wissen wir. Die Oranier ihrerseits hatten sich nur allzu gern damit belasten lassen. Hier aber lag die gefährlichste Bedrohung der «wahren», der «teuer erkauften» Regentenfreiheit! Wer dieses alttestamentarisch drapierte Bündnis von christlicher Volksregierung und gottgewollter Führerschaft angriff, leistete den Loevesteinern also einen unvergeßlichen Dienst. Und es mußte der ehemalige Sohn Israels, der Denker Baruch de Spinoza sein, der mit seiner in jüdischen Studienzirkeln erworbenen Kenntnis des Hebräischen, seiner den jüdischen Rationalisten entlehnten Bibelkritik, diese Arbeit auf sich zu nehmen wagte...

Der historische jüdische Staat ist in Wirklichkeit eine Stammesaristokratie gewesen, ein patriarchalischer Verband, in dem die sklavenhaltenden Hirtenfürsten und Karawanenkaufleute unter der nominellen Herrschaft des Stammesgottes die Macht besaßen. Nach Spinozas Analyse aber war dieser Staat – und er hielt sich hier an den jüdischen Althistoriker Flavius Josephus – eine Theokratie, ein Volksstaat mit Jehova als oberstem Herrn.[119] In diesem Staat regierten die Priester, die Leviten, nicht. Sie hüteten nur das Gesetz und prüften an ihm das Verhalten des Volks und des Staatsoberhauptes. Die Macht der Richter oder Heerführer war nicht absolut; sie konnten selbst gerichtet werden. Das zu formulieren, bedeutete im Jahre 1670 eine neue Offensive gegen den Anspruch der Orthodoxie, das Gesetz vorschreiben zu dürfen. Ferner war, wie Spinoza erläuterte, das jüdische Heer ein Volksheer, das ohne Söldner auskam. Auch Johan de Witt und seine Faktion hatten eine tiefe Abneigung gegen eine große Landstreitkraft mit einem Oranierfürsten als Generalkapitän. Ein Volksheer schränkt übrigens, wie Spinoza bemerkt, die Gelüste nach Krieg ein. Man zieht es vor, in Ruhe zu leben und seinen Geschäften nachzugehen.

Alles Führertum in der jüdischen Theokratie beruhte ferner – soweit Gott keinen Propheten auftreten ließ, um Mißstände zu korrigieren – nicht auf Erblichkeit oder Verwandtschaft, sondern auf Verdiensten und Fähigkeiten. Dabei ging Spinoza mit den befreundeten Regenten offenbar von der Annahme aus, auch sie besäßen statt Familienbeziehungen in ihrer Mehrheit Verdienste und Talente. Die jüdische Theokratie war auch nicht gegen Festesfreude, gutes und angenehmes Leben, weshalb nach Spinoza unter dem Volk der Hebräer immer eine Stimmung der Kraft und Zuversicht herrschte. Die orthodoxen Predikanten in der Republik dagegen, so las man zwischen den Zeilen, können nur eifern gegen Musik und Tanz, nur wettern gegen das Luxusleben der Regenten, düster und neidisch in ihrem Groll gegen die Besitzenden.

Was beschleunigte nun, nach Spinoza, den Untergang der jüdischen Theokratie? An erster Stelle wohl das fortwährende Intrigieren der Leviten, die nicht arbeiteten, sondern vom Zehnten der Bevölkerung lebten und sich überall hineinmischten. Auch die reformierte Geistlichkeit in der niederländischen Republik, die vom Staat bezahlt wurde, hielt sich für berufen, in alle Bereiche des Lebens einzugreifen. Sie war es, die ständig gegen das freie Denken und die freien Sekten zu Felde zog, wie sie auch mit dafür verantwortlich gewesen war, Spinoza aus seinem Geburtsort zu verbannen. Und schließlich war es, wieder nach Spinoza, die Einführung des Königtums unter Samuel, die den Untergang Israels beschleunigte. Sie gab Anlaß zu Fehden, Intrigen und Machtkonflikten im Inland, aber auch zu dauernden Kriegen mit den Nachbarn.

Diese (quasi-) historische Kritik vollendete Spinoza durch eine noch einschneidendere: die Kritik am Gotteswort selbst, um die Quelle aller auf Religion gegründeten Staatstheorien in Frage zu stellen, und zwar nach dem berühmt gewordenen Prinzip, mit dem Spinoza seine eigene Formulierung beweisen wollte: 1. *daß nichts gegen die Natur geschieht, daß diese vielmehr eine ewige, feste und unveränderliche Ordnung innehält, und zugleich, was man unter Wundern zu verstehen hat;* 2. *daß wir aus den Wundern weder das Wesen noch die Existenz und folglich auch nicht die Vorsehung Gottes erkennen können, daß vielmehr all das weit besser aus der festen und unwandelbaren Ordnung der Natur begriffen werden kann.* Denn, so fügt Spinoza wenige Seiten danach in seinem frevelhaften Bewußtsein der einen Substanz noch hinzu: *Gottes Ratschluß, Geheiß, Spruch und Wort* sind *nichts anderes als das Wirken und die Ordnung der Natur selbst.*[120]

Dieser Naturalismus, um nicht zu sagen Materialismus, bringt Spinoza dazu, textkritisch an der Offenbarung des Pentateuch heftig zu rütteln, nicht ohne Berufung auf den freigeistigen jüdischen Denker Ibn Ezra, der schon im 12. Jahrhundert erklärt hatte, die fünf Bücher Mosis seien gar nicht von Moses verfaßt worden. Spinoza zeigt weiter mit kühler Gelehrsamkeit, daß das Buch Josua erst im 5. Jahrhundert vor unserer Zeitrechnung entstanden ist, das Buch der Könige und das Buch Samuel noch 300 Jahre später verfaßt wurden, und daß David unmöglich der Dichter der Psalmen gewesen sein kann. Dies alles als neuer Anlauf gegen die Autorität der sogenannten Propheten. Ebenso wie die Bibel eine Sammlung von Büchern ist, von Menschenhand geschrieben und teilweise gefälscht, die uns das Vorbild Christi, des vollkommensten Menschen, Liebe zu den Nächsten und Gehorsam gegenüber Gott – *der Ordnung der Natur selbst* – lehren, können wir bei aller Bewunderung für die Schrift nicht an Wunder und göttliche Inspiration der Propheten glauben. Sie waren Menschen mit starker Einbildungskraft, dadurch aber um so weniger logischem Denken zugänglich, und deshalb – genauso wie die harten reformierten niederländischen Kanzelpropheten mit ihrer Schriftanbetung – als Autorität untauglich. So wird unter Spinozas Händen die Theologie, am Vorbild des Staates der Hebräer und in den Fußstapfen des Maimonides, nur noch eine Heimstatt für die große Masse; doch sollen Besserwisser und Fanatiker, unter welchem religiösen Vorwand auch, sich mit Angelegenheiten des Staates nicht befassen: dafür gibt es bessere Denker.

Verkennen wir nicht, daß Spinozas Traktat nicht nur eine Apologie der Loevesteiner Staatsgedanken enthielt: e s w a r a u c h d i e s p ä t e A p o l o g i e s e i n e r e i g e n e n j ü d i s c h e n E m a n z i p a t i o n. Es bedeutete sein abtrünniges, ablehnendes Urteil über den «Staat der Väter» und des Vaters, seine letzte kritische Absage an den Autoritätsglauben der sephardischen Rabbiner, die ihn 1656 gerichtet hatten. Von diesem zarten, lungenkranken, so beherrschten Menschen mutet der ganze *Theologisch-politische Traktat* an wie ein lange vorbereiteter, dann niederschmetternder Hieb.

Hat Spinoza mit Herz und Seele geglaubt, daß dieses Ideal der Toleranz in der niederländischen Republik griffbereit war, entfloß die Erörterung so kühn und fundiert seiner Feder, weil er in der Regierung der aufgeklärten Regenten, die, anzufangen beim Johan de Witt, alle seine Bücher besaßen, das kleinste Übel erblickte? Er schweigt über die Schattenseiten ihrer Herrschaft – ihre Geldsucht und Korruption, ihre Familienregierung, die bereits zur Institution geworden war, ihre Ausbeutung der ökonomisch Wehrlosen, den Sklavenhandel, den Kolonialismus mit seinen blutigen Verbrechen. Liegt eine Verurteilung in diesem Schweigen? Kaum. Wir müssen eher bedenken, daß die Männer der Loevesteiner Faktion für Spinoza zu guten Freunden und großen Beschützern geworden waren, bei denen er sich in seiner menschlichen Würde geborgen fühlte. In seiner Abhandlung identifiziert Spinoza sich deshalb mit ihrem System, obgleich er es durch die Tiefe und den Adel seiner Gedanken weit überragt. Dank dieser Tatsache hatte auch die Identifizierung wieder ihre Grenzen: was Spinoza den Regenten predigte, war tatsächlich die republikanische Utopie. Spinozas Ambivalenz in bezug auf die reale Regentenrepublik wurde vom Bewußtsein geteilter Interessen zeitweilig beeinträchtigt.

Der anonym erschienene *Theologisch-politische Traktat* hatte sofort eine Flut von Beschwerde- und Schmähschriften im Gefolge.[121] Vor allem die Verneinung der Wundermacht Gottes brachte die ganze Orthodoxie in Harnisch. Das verhinderte die Verbreitung des Buches nicht, weder in den Niederlanden noch in Deutschland. Die Neudrucke, manchmal unter den fremdartigsten Titeln und Verfassernamen, mit immer fingierten Verlagen, folgten einer nach dem andern. Deutsche Theologen von Thomasius bis Musaeus schimpften auf das schändliche und gotteslästerliche Buch des «anonymen Zinospa oder Xinospa». Der Utrechter cartesianisch und kollegiantisch gesinnte Hochschullehrer Lambert van Velthuysen richtete sofort einen empörten Brief an seinen Freund Jacob Ostens in Rotterdam, in dem er den Verfasser – er gab vor, ihn nicht zu kennen oder nicht kennen zu wollen – des «hinterhältigen Atheismus» bezichtigte. Ostens, ein guter Freund Spinozas, sandte diesem Van Velthuysens Brief, aber unser Philosoph wies alle Beschuldigungen weit von sich, vor allem Van Velthuysens Annahme, *ich nehme Gott die Freiheit und unterwerfe ihn dem Fatum ... Das ist vollkommen falsch. Denn ich habe behauptet, alles folgt mit unvermeidbarer Notwendigkeit aus der Natur Gottes, genauso wie alle behaupten, aus der Natur Gottes folge, daß er sich selbst erkennt.*[122]

Spinoza blieb bei diesem und anderen nicht beantworteten Angriffen kühl: er vertraute auf seine Schirmherren, und mit Recht. Die Kirchenvorstände vieler Städte, die Amsterdamer allen voran, die Kreissynoden und schließlich die provinziellen Synoden, unterstützt von den wallonischen Gemeinden, verlangten das Verbot des ungeheuerlichen Buches. Die Schreiber des in anderen Fällen wegen jedes Papierfetzens so genauen de Witt verstanden es, Beschwerdeschriften und Forderungen, auch die einflußreicher Privatpersonen zu «verkramen» oder in der Schublade verschwinden zu lassen. Heutzutage bezweifelt man auch manchmal, ob alle Angriffe als solche gemeint waren, ob sich hinter einigen Polemiken, wie der des Kollegianten-Sozinianers Frans Kuiper, nicht die Absicht verbarg, die Auffassungen des anonymen Verfassers populär zu machen. Dasselbe gilt für ausländische, französische und englische Bearbeitungen. Trotzdem war Spinoza wegen des Sachverlaufs nicht ganz ruhig. Als die Amsterdamer Freunde in ihrer Begeisterung über das Werk sofort Glazemaker beauftragten, die Schrift ins Holländische zu übersetzen, schob Spinoza in einem Brief an Jarig Jelles – der zweifellos wieder als Finanzier auftrat – dem einen Riegel vor, in typisch «äsopischem» Stil: *Wohlgebildeter Herr, als mich Professor ...*[123] *unlängst besuchte, sagte er mir unter anderem, er habe gehört, mein Theologisch-politischer Traktat sei ins Niederländische übersetzt und es sei jemand, er wußte nicht wer, daran, ihn drucken zu lassen. Ich bitte Sie dieserhalb recht ernstlich, sich darüber Gewißheit zu verschaffen und womöglich die Drucklegung zu verhindern.* Das wollen nämlich auch die Regenten im Haag, *seine guten Bekannten, die es nicht gerne sähen, wenn man das Buch verbieten würde, wie es doch zweifellos der Fall sein wird, wenn es in niederländischer Sprache herauskommt. Ich verlasse mich darauf, daß Sie mir und der Sache diesen Dienst erweisen werden.*

Die Amsterdamer sind diesem Wunsch Spinozas nachgekommen, so daß die Übersetzung Glazemakers – unter dem Titel *Die freisinnige theologische oder gottesgelehrte politische Abhandlung* – erst 1693, wiederum «in Hamburg, bei Henricus Koenraad», erschien. Im darauffolgenden Jahr kam schon eine neue, aber anonyme Übersetzung heraus, diesmal «in Bremen». Die Wirkung der mächtigen Abhandlung hatte gerade erst angefangen!

ULTIMI BARBARORUM

Daß der Verfasser des *Theologisch-politischen Traktats* niemals gerichtlich verfolgt wurde, verdankte er zweifellos den freisinnigen Regenten, deren Bundesgenosse und Wortführer er war, und die auch in den Tagen der Ungnade ihre schützenden Hände über ihn hielten. Daß Spinoza trotzdem seine Freunde bitten mußte, das Werk nicht in holländischer Übersetzung zu veröffentlichen und über das Buch in Zukunft lieber zu schweigen[124], wurde zweifellos durch das unselige Los bestimmt, das inzwischen einen seiner ersten Jünger, Adrian Koerbagh, getroffen hatte. Über diesen Prozeß (1668) ist in Spinozas Briefwechsel jede Spur ausgelöscht, die Namen der Brüder Koerbagh kommen dort überhaupt nicht vor. Aber es ist gar nicht anders möglich: der Philosoph in Voorburg war in tiefster Seele betroffen. Verbittert und würdig heißt es im letzten Kapitel des *Theologisch-politischen Traktats*: *Was ... kann verderblicher sein, als wenn Männer nicht wegen ... einer Freveltat, sondern nur weil sie freien Geistes sind, als Feinde erklärt und zum Tode geführt werden?*[125]

Dieses Los hatte Adriaan Koerbagh gezogen, einer der begeistertsten Schüler Spinozas, der verkörperte Unruhegeist, aber auch ein Mann kühner Gedanken, erfüllt von revolutionärer Ungeduld, die neue Lehre zu verbreiten, so daß er sowohl ein «Demagoge» als auch ein «Kämpfer für Gedankenfreiheit» genannt wurde.[126] Er hatte seinen Bruder, den Theologen Johannes, in Mitleidenschaft gezogen, in Konflikt mit dem Kirchenrat und der provinzialen Kirchenverwaltung gebracht, vor der auch er mehr als einmal erscheinen mußte – nicht nur wegen abweichender Meinungen, sondern auch weil er im Konkubinat lebte und Vater eines unehelichen Kindes war. Sanguinisch und selbstbewußt, hatte er schon 1664, von demselben Sprachpurismus gepackt wie Lodewijk Meyer, in seinem Wörterbuch holländischer Rechtstermini die Forderung einer juristischen Volkssprache und eines verständlichen Volksrechtes erhoben. Kurz darauf fing er mit seinem «Blumengarten» (s. Anm. 93) an, in dem er zwischen wissenschaftliche Worte und Rezepte eine kräftige Dosis spinozistischer Begriffe einstreute, gemeinverständlich und in starkem Maß von seinem persönlichen Antiklerikalismus getragen, der sich vor allem gegen die Katholiken richtete; diese machten damals in den Niederlanden Proselyten, auch in Spinozas Umkreis. Als der «Blumengarten» erschien, stürzte die Orthodoxie sich sofort darauf. Der Amsterdamer Schultheiß, Cornelis Witsen, verbissener Verfolger all dessen, was nach Freidenkerei aussah, ließ das Buch beschlagnahmen, ohne Koerbagh zu verhaften, eine Gnade, die der Radikale vielleicht Johan Hudde verdankte, dem Spinoza-Freund und Schöffen der Stadt.

Koerbagh war vor dem drohenden Ungewitter in die kleine Stadt Culemborg entwichen, Eigentum der Grafen von Waldeck und eine Freistatt für gerichtlich Verfolgte. Auch in Culemborg trieb sein Dämon ihn weiter. Er stritt sich nicht nur mit den Pfarrern, sondern trat auch mit einem Utrechter Drucker in Verbindung, denn er entwarf bereits wieder ein neues kühnes Buch. Er erhielt dabei die Hilfe eines früheren Rijnsburger Besuchers von Spinoza, des Arztes Abraham van Berckel, der damals gerade in Culemborg praktizierte und auch schon einmal ein freimütiges Buch bearbeitet hatte. Mit dem jetzt entstehenden Werk – der Titel lautete: «Ein das Dunkel erhellendes Licht» (gemeint war das Licht der Vernunft) – wollte Koerbagh sichtlich die Herausforderung des Spinozismus in reinstem Holländisch unter die Leute bringen: «Die wichtigsten Eigenschaften dieses Wesens (Gott) sind Ausdehnung und Denken. Wenn sie in der Ewigkeit gewesen sind, wie sie gewesen sind, wie kommt man denn dazu, zu sagen, daß eine Schöpfung aus dem Nichts geschehen ist? Daß die Schöpfung ‹aus nichts› entstanden sein soll, steht nicht in der Schrift. Denn im Nichts konnte keine Ausdehnung sein, im Nichts konnte kein Denken sein ... Aber es ist in Ewigkeit etwas gewesen, nämlich Sein. Und es wird in Ewigkeit etwas bleiben, nämlich Sein, oder alles in allem.»[127]

Der Utrechter Drucker erkannte rasch den unchristlichen Plan des Werkes, wurde ängstlich und lieferte die gedruckten Blätter bei der Obrigkeit ab. So kamen sie zum Schultheißen Witsen in Amsterdam, der Koerbagh vor Gericht zitierte. Koerbagh floh, törichterweise unter falschem Namen, nach Leiden, wurde dort von einem Polizeispitzel erkannt und denunziert. An den Füßen gefesselt wurde er nach Amsterdam gebracht, inhaftiert, gefoltert und verhört, bis er die Urheberschaft bekannte. Er nannte auf Befragung auch die Namen Dr. Franciscus van den Enden und Spinoza, verriet aber nicht die Existenz des Spinoza-Kreises und sagte, daß Van Berckel ihm nur als Korrektor geholfen habe. Das Endurteil folgte nach einigen Wochen: zehn Jahre Kerker, zehn Jahre Verbannung, eine Buße von 4000 Gulden und Zahlung der Prozeßkosten. Es ist vielleicht Johan Hudde zu verdanken, der Mitglied des Gerichtshofs war, daß das Urteil so «human» ausfiel: Witsen hatte an ewige Verbannung gedacht, und davor an Folterung auf einem öffentlichen Schafott, Durchstechen der Zunge, Abhacken eines Daumens, Konfiszierung des Eigentums und Verbrennung der Bücher ...[128]

So kam Adriaan Koerbagh nacheinander in zwei Amsterdamer «Raspelhäuser» – dort ließ man die Häftlinge Holz für die Färbe-

Verurteilte im Amsterdamer Zuchthaus («Raspelhaus»). Zeitgenössischer Stich

Den Haag (s'Gravenhage) im 17. Jahrhundert. Zeitgenössischer Stich

rei feinraspeln – zu Verbrechern und Vagabunden. Der in den Käfig gesperrte Adler, der nur im weiten Raum und mit freiem Flügelschlag leben konnte, überlebte die Haft nicht. Sein Geist erschlaffte, sein Körper erkrankte, und er starb im Herbst 1669 im Kerker. Sein Bruder Johannes, weniger heftig verfolgt als er, wurde des Predigeramts bei der reformierten Gemeinde enthoben. Er hielt sich danach in «ketzerischen Konventikeln» auf und scheint als Sozinianer gestorben zu sein (1672).

Der Koerbagh-Prozeß war für den Spinoza-Kreis ein Schlag und eine Warnung. War es im Zusammenhang mit dem fatalen Schicksalsverlauf seiner beiden früheren Schüler, daß Dr. Franciscus van den Enden seine Lateinschule schloß und 1670 nach Paris verzog? Was Spinoza betrifft: er vollendete – wir können nur vermuten, in welcher Stimmung – den *Theologisch-politischen Traktat* und zog danach um, aus Voorburg in den Haag. Das hatte er schon früher gewollt, weil sein Gastgeber Tydeman in unerquickliche Pfarrer-Berufungsangelegenheiten verstrickt war und man behauptete, der unkirchliche Spinoza habe ihn beraten. Als auch noch Tydemans Frau starb, folgte Spinoza dem Wink aus dem Haag, lieber etwas näher ins Regierungszentrum zu kommen. Er zog an die Stille Veerkade

zu der Witwe Van der Werven. Der Spinozismus als Lebenslehre stockte, obwohl sich neue Beziehungen knüpften.

Aufrichtiges Interesse für Spinoza zeigte der eingewanderte Franzose Charles de Saint-Denis, Seigneur de Saint-Évremond, ein in Ungnade gefallener Offizier, Lebenskünstler, geistreicher Spötter und Kulturphilosoph der beginnenden Aufklärung, der nach 1666 wiederholt in den Haag lebte. Er fand jedoch in England sein zweites Vaterland als Hortensia Mancini, eine der berühmten reizenden Nichten des Kardinals Mazarin (für eine andere, Maria, war Ludwig XIV. einmal heftig entflammt), in London ihren Salon eröffnete. Saint-Évremond konnte dort wie ein Petronius Epigramme vorlesen, Menschen erforschen, den neuen Ton angeben.[129] «Acht Tage leben sind mehr wert als acht Tage Ruhm nach unserem Tod.» Es scheint, daß Baruch de Spinoza, den er im Haag (oder schon in Voorburg) besuchte, großen Eindruck auf ihn gemacht hat. Seine Gespräche mit ihm haben die Tiefen der Lehre des Philosophen nur in verschleierter Andeutung berührt. Spinoza war vorsichtig geworden; vor allem seinen Gottesbegriff behielt er nach dem Ansturm gegen den *Theologisch-politischen Traktat* lieber für sich. Trotzdem hat Saint-Évremond ihn als «Atheisten» vollständig durchschaut. Saint-Évremond verdanken wir eine Beschreibung Spinozas aus dieser Zeit. Der Franzose spricht voller Sympathie von dem «Mann kleiner Statur und angenehmen Aussehens, dessen Kenntnis, Bescheidenheit und Uneigennützigkeit ihm die Achtung aller geistreichen Personen im Haag verschaffte, die ihn gerne aufsuchten»[130].

Es gibt noch mehr Beschreibungen Spinozas aus den siebziger Jahren, als der Schatten auf der Linse größer wurde und seine Brustkrankheit sich verschlimmerte. Man weist auf seine mittelgroße oder kleine Gestalt hin und das gepflegte Äußere: zu Hause trug er einen alten Schlafrock (er mußte ja auch Linsen schleifen!), aber auf der Straße zeigte er sich in bescheidener Vornehmheit, mit silbernen Schuhschnallen, breitgerändertem Hut, weitem Mantel aus Angorawolle, teuerem Kragen und Manschetten, im Winter mit Pelzmuff zum Erwärmen der Hände. Sein Gesicht mit dem dunklen, südlichen Teint war glattrasiert[131]; ein gewisser Gilles Ménage wollte auf diesem Antlitz «einen Ausdruck der Verdammnis» gesehen haben, der anderen entgangen ist. Nase und Kinn zeigen ausgeprägte Linien, die Züge sind feingebildet, von Melancholie beschattet, und durch die Krankheit ist das Gesicht schmal geworden. Spinoza trug seine eigenen Haare dunkel und gelockt, obgleich die Perückenzeit schon angefangen hatte. Patrizier von Stand, darunter Huygens, Van Beuningen, Tschirnhaus und Leibniz, trugen ebenso wie die Fürsten ihres Jahrhunderts Perücken. Spinozas Lebensgewohnheiten waren einfach. In späteren Jahren bereitete er selbst seine Mahlzeiten. Er trank wenig und rauchte ab und zu eine Pfeife Tabak. Jeder, der über ihn schreibt, vom «Gespensterjäger» Pfarrer Balthasar Bekker bis zu Pierre Bayle, dem Skeptiker, der Spinoza (nach Informationen von Paets?) zuerst als «tugendhaften Atheisten»

Charles de Saint-Évremond im Alter.
Kolorierter Stahlstich

beschrieb[132], rühmt seine Freundlichkeit, Diskretion, Hilfsbereitschaft, die asketischen Sitten, obgleich es einen späteren, apokryphen Bericht des Deutschen Stolle gibt, der das Gerücht aufzeichnete, daß Spinoza in den Haag als Grandseigneur aufgetreten sei, einen Degen an der Seite führte und ab und zu zu den Mädchen («ad virgo!») gegangen sei.[133] Das Bild aus dem Jahre 1671, vielleicht von seinem damaligen Hausherrn, dem Anstreicher und Dilettanten-Porträtmaler Hendrik van der Spijck, verfertigt, ist mehr in Übereinstimmung mit der Charakterbeschreibung, die auf ruhigen Ernst und Zurückgezogenheit hinweist, obgleich die Ähnlichkeit nicht sehr groß ist.[134]

Die Haager Notizen Saint-Évremonds betrafen nicht nur literarisch-philosophische Neuigkeiten und Personen. Er wurde auch – im Gegensatz zu dem Optiker Spinoza – in das Privatzimmer Johan de Witts zugelassen, mit dem er ausführlich über Politik sprach. Das Resultat war eine kritische Meinung über die Haltbarkeit des Loevesteiner Regimes, dessen Gleichgewicht Saint-Évremond höchst labil fand. Die Niederländer, schrieb er später, lieben weniger die Freiheit, als sie die Tyrannei hassen. Die Regenten denken alle im

Spinoza, um 1671. Gemälde, vermutlich von Hendrik van der Spijck

Sinne des Handelsvorteils. Die Oligarchie macht überall, was sie will. Diese Tendenz weist jedoch darauf hin, daß bei Zunahme der französischen Gefahr die meisten Niederländer unter der Oranierflagge auf einen Haufen zusammengetrieben werden. Prophetische Worte![135] Auch Sir William Temple, Lebenskünstler und Skeptiker wie Saint-Évremond, sah die Gefahren der Regentenherrschaft äußerst scharf, wie sich aus seinen französisch geschriebenen «Betrachtungen über den Staat der Vereinten Niederlande» (1674) ergibt. Der einzige, der die Gefahren, auch – und vor allem – die französischen, nicht sehen wollte oder konnte, war der Ratspensionär. Es ist im stolzen und selbstbewußten Charakter de Witts etwas von der Blindheit, mit der die Götter denjenigen schlagen, den sie verderben wollen. Er hatte beim Frieden mit England im Jahre 1668 den Passanten von seiner Schwelle aus zugetrunken, man konnte sehen, wie er herumtanzte, und kurz darauf hatte er mit den Amsterdamer Regenten überschwengliche Feste gefeiert, auf denen er wieder musizierte und zauberte. Auch am Haager Oranierhof wurde ein Friedens-Ballett getanzt – ein ödes, freudloses Bankett, auf dem die Gäste vor Durst und Mangel an frischer Luft ohnmächtig wurden. Die Hauptrolle des Balletts hatte der nun achtzehnjährige Prinz Wilhelm übernommen – diese hagere, asthmatische, düstere und verschlossene Figur, die bis dahin von den Loevesteinern in den Hintergrund gedrängt worden war. Aber der heranwachsende Oraniersproß, ebenso kränklich wie willensstark, hatte sich – mit Hannibal als Ideal – vorgenommen, auf seinem europäischen Fürstennamen, den Prärogativen gegenüber jedem Bürgerregenten zu bestehen und eine große militärische Karriere zu machen, ein den Stuarts würdiger Blutsverwandter. Die de Wittsche Faktion, gewöhnt, ihre Gesandten im Ausland mit fürstlicher Pracht und Hoheit auftreten zu lassen, mußte Schritt für Schritt vor der wachsenden Popularität des jungen Mannes zurückweichen. Zuerst, nach vielen Schikanen, ein Platz im Staatsrat, in dem vor allem auswärtige Angelegenheiten und die Militärverwaltung besprochen wurden, danach die Aussicht, Generalkapitän für einen Feldzug zu werden. Die Niederlagen, die de Witt

BALLET

de la

PAIX,

Danſé par

Le Prince d'Orange.

A la Haye, au Mois de Fevrier 1668.

A LA HAYE,

Chez Hillebrandt van Wouw, Imprimeur Ordinaire de Son Alteſſe Monſeigneur le Prince d'Orange.

l'An 1668.

Titelblatt des «Friedens-Balletts», in dem der Prinz von Oranien am 7. und 8. Februar 1669 nach dem Frieden von Breda die Rolle des Merkur tanzte

Ludwig XIV. Stich von N. Pitau nach C. le Febvre, um 1670

dabei erlitt, riefen immer größeren Widerstand in seiner eigenen Partei hervor. Er schlug alle Ermahnungen in den Wind, auch als Ludwig XIV. – «Dies ist Frankreichs Stunde!» – seinen Eroberungszug in Lothringen begann. De Witt hatte sich immer gut mit dem französischen Gesandten d'Estrades verstanden, der, wie er, für eine Diplomatie des Friedens war. Aber Ludwig, aufgehetzt von seinem bösen Geist, dem Kriegsminister Louvois, sah sein Heil nur noch in großen militärischen Abenteuern. An die Stelle d'Estrades trat der kühle, hochmütige Pomponne, der die Lage schnell verdarb. Pieter de Groot, niederländischer Gesandter in Paris, der eine Art verzweifelten Optimismus aufrechterhielt, konnte bei all seinen Friedensversuchen nicht wissen, daß die zwei westlichen Monarchen, Ludwig XIV. und Karl II., in einem geheimen Vertrag die Niederlande schon untereinander aufgeteilt hatten. Frankreich erstrahlte, aber nur an einer Seite. Im Schatten königlicher Sonnenpracht lagen düstere Abgründe der Armut, Volkserhebungen, Mißstände: die Unruhe, das Unbehagen – auch das hatte Temple schon gesehen – mußten exportiert werden. Dieser Export hieß: Krieg. Auch als dieser Krieg gegen die reichen Niederlande – nichts als Beute und strategischer Vorposten für Frankreich – schon in der Luft lag, tat de Witt noch nichts zur Verteidigung, vertraute immer noch auf Ludwig XIV. Er gab nur Hudde und Christiaan Huygens – letzterer war vorübergehend zu Hause – den Auftrag, die Flüsse – die «holländische Wasserlinie» – zu inspizieren, aber Gelder auswerfen, um Bundesgenossen zu kaufen, was Ludwig so vorzüglich verstand, wollte er nicht. Also kaufte Ludwig zuerst Karl II., danach Schweden und als kleinere Schakale auf der Spur des Löwen die Bischöfe von Münster und Köln, die ihren vermeinten Mangel an Land auf Kosten der Niederlande gutzumachen gedachten.

Die Triple-Allianz lag in Scherben, als de Witt mit der Vermittlung Van Beuningens noch versuchte, sich von Englands gutem Willen und seiner Hilfe zu überzeugen. Anfang 1672 erklärte Karl II. der Republik den Krieg auf Grund eines harmlosen Flaggenzwischenfalls. Kurz darauf begab Ludwig XIV. sich an der Spitze eines perfekten Landheeres von 120 000 Mann unter Leitung der größten Feldherren des Jahrhunderts, Condé und Turenne, nach Norden, um das niederländische, protestantische, allzu reiche, allzu freiheitsliebende «Ungeziefer» auszurotten.

1672 war eines der schlimmsten Krisenjahre der Niederlande und sollte durch Verzweiflungsstimmung und Volkswut das Land in Barbarei stürzen. De Witt, der kaum noch schlief und aß, war überall an der Arbeit, ebenso sein Bruder Cornelis und andere Regierungspersonen. Aber das Loevesteiner Regime war tatsächlich schon geschlagen: man hatte den zweiundzwanzigjährigen Prinzen zum Oberbefehlshaber der Armee ernennen müssen, und der ehrgeizige, hustende Asket mit seiner unglaublichen Selbstdisziplin ergriff die Macht mit eiserner Gründlichkeit – «Ich werde mich behaupten!»[136], wenn er auch zuerst eine Reihe demütigender Niederlagen einkassieren mußte. Er konnte es. Er wußte, daß er der kommende Mann war. Schon im Juni 1672 wurde er in alle Ehren und Würden eingesetzt, die den Oraniern von alters her in der Republik zugefallen waren – der uneingeschränkte Diktator.

Die Franzosen zogen wie ein Unwetter über das Land, besetzten den ganzen Osten, eroberten Utrecht und blieben erst unmittelbar vor Amsterdam stehen. Nur der Norden und der Westen – mit dem Haag, wo auch Spinoza das nationale Unheil mitansehen mußte – blieben frei, vor allem, als man die Bauern zu Inundation und Schanzarbeit gezwungen hatte. Alle «desastros de la guerra» brachen über

Die Seeschlacht bei Solebay am 7. Juni 1662. Das englische Admiralsschiff geht in Flammen auf. Gemälde von Willem van de Velde d. J.

die Niederländer her. Daß de Ruyter die Engländer bei Solebay schlug (die französische Flotte ließ übrigens die Engländer wieder einmal im Stich), flößte der Masse des Volkes kaum etwas Mut ein. Der Haß auf die Loevesteiner nahm hysterische Formen an. In den vielen Flugschriften gegen die Brüder de Witt und ihren beängstigend verringerten Anhang wird auch Baruch de Spinoza nicht verschont. Von seinem *Theologisch-politischen Traktat* heißt es einmal: «... durch den abtrünnigen Juden Spinoza zusammen mit dem Teufel in der Hölle geschmiedet und mit Wissen von Mr. Jan [de Witt] und seinen Mitschuldigen herausgegeben»[137] ... Im Juni 1672 wurde ein Attentat auf de Witt ausgeführt, das jedoch mißglückte. Aber die Wunde, die er davontrug, war symbolisch: sein Regime war verletzt. Er sah es endlich selbst und legte sein Amt nieder. Die Tragödie vollzog sich mit raschen Schritten. Cornelis de Witt hatte man auf Beschuldigung eines Provokateurs gefangengenommen: er habe einen Anschlag auf Wilhelm III. geplant. Der Prinz widerlegte das Gerücht nur schwach. Die fatale Klimax folgt, als Johan de Witt, kaum von seiner Verwundung genesen, seinen Bruder im Haager Gefängnis aufsucht. Es ist der 20. August 1672. Die Franzosen liegen einige Kilometer vor der Stadt. Eine von den üblichen Scharfmachern aufgehetzte Menge umzingelt das Gefängnis, bricht schließlich die Türen auf und schleppt, ohne daß die Wache einen Finger rührt, die Brüder de Witt heraus. Unter den wohlwollenden Augen einer Reihe vornehmer, anti-Wittscher Leute, die zum Teil in ihren Kutschen sitzend zusehen, zerfleischt die Menge die Körper der beiden Loevesteiner Anführer auf dem «Groene Zoodje». Die Mörder zeigten dem Volk voller Triumph das herausgerissene «verräterische Herz» Johan de Witts.

Man sagt, daß der Statthalter nichts von dem Drama wußte. Wilhelm III. war zur Zeit der Mordtat im Feld, bei der Armee. Er hat nur später die Mörder belohnt. Sie hatten ihm den konsequentesten Gegner aus dem Weg geräumt und diesem Kränkung und Herabsetzung seiner Jugend heimgezahlt. Der Herr selbst hatte Rache genommen, so ertönte es auf den niederländischen reformierten Kanzeln: das Oraniervolk hatte endlich seinen lang ersehnten «Richter» bekommen.

Wir besitzen kein Dokument, keinen Brief der Menschen um Spinoza aus diesen Kriegsjahren, nur eine französisch geschriebene Notiz, die unter Leibniz' unveröffentlichten Papieren gefunden wurde. Es ist eine Erinnerung an den Besuch, den Leibniz 1676 Spinoza abgestattet hat: «Ich verbrachte nach dem Essen einige Stunden bei Spinoza. Er sagte, daß er am Tage der Ermordung der Brüder de Witt beabsichtigt hatte, nachts aus dem Haus zu gehen, um nahe der Mordstelle ein Papier anzunageln, auf das er: Ultimi barbarorum! [Schlimmste der Barbaren] geschrieben hatte. Aber sein Hausherr hatte ihn durch Schließung der Tür am Ausgehen verhindert, denn auch Spinoza hätte sich dem Tod durch Zerfleischung ausgesetzt.»[138]

Spinozas Identifizierung mit der Lebenshaltung der de Witt-Anhänger war mehr als eine Sache der Einsicht und des Respekts: das beweist die wütende, ungewöhnliche Erregung dieses Rechtschaffenen, der es, was Selbstbeherrschung angeht, sehr weit gebracht hatte. Seiner Reaktion auf den Mord folgt die Erkenntnis, daß die schmale Brücke der Gedankenfreiheit in den Vereinten Provinzen mit dem Untergang der Loevesteiner eingestürzt war.

Totenmaske des Admirals Michiel Adr. de Ruyter. Tonplastik von Rombout Verhulst, um 1677

KRIEG UND GEWISSENSZWANG

Der gegen die niederländische Republik gerichtete Vernichtungs- und Verteilungskrieg der vier europäischen Feinde, vor allem angezettelt von Ludwig XIV., der dem jugendlichen Oranierfürsten noch einige schlechte Stücke niederländischen Bodens als französisches Lehnsgut abzutreten gedachte – er war schließlich ein Neffe der Stuarts –, verlief nicht plangemäß. Die langwierige Kriegführung bei ungünstigem Wetter und schlechter Beschaffenheit des Geländes machte die Franzosen wütend und unsicher, verschaffte aber dem Oranierprinzen die Möglichkeit, die Armee zu reorganisieren und die Disziplin wiederherzustellen, wobei er nicht vor Hinrichtung pflichtvergessener Offiziere zurückschreckte. Dabei war sein Gesundheitszustand so heikel, daß bei den Bauern das Gerücht im Umlauf war, an seiner Stelle zöge eine Wachspuppe mit dem Heer vorwärts. De Ruyter und Tromp hatte der Prinz miteinander versöhnt. Sie fügten den Engländern auf dem Meer so viel materiellen Schaden zu, daß der Krieg – auch wegen der darauffolgenden Mißernte – den Engländern immer verhaßter wurde. Ludwig XIV. hielt nach erprobter Gewohnheit seine kostbare Flotte davor zurück, Karls Kriegsschiffen zu Hilfe zu kommen. Der fremdartigste Umschwung des Krieges vollzog sich 1673, als der (protestantische) Kurfürst von Brandenburg, nominell Bundesgenosse der Republik, sich von Ludwig XIV. bestechen ließ, während Frankreichs alter Erbfolgefeind, der spanische Monarch, den Niederlanden zu Hilfe kam und den ebenfalls katholischen deutschen Kaiser zu einem Bündnis gegen Ludwig XIV. bewog. So bedrohlich die Lage 1673 für die Niederlande auch war – ein Schimmer der Morgenröte wurde sichtbar. De Ruyter besiegte die englische Flotte vor der holländischen Küste bei Kijkduin. Im nahe gelegenen den Haag dröhnte das Echo der Schiffsgeschütze und der Explosionen der in Brand geschossenen Schlachtschiffe, während in den Kirchen für den Sieg gebetet wurde. Auch Spinoza wird voller Spannung den Tumult dieser gewaltigen Seeschlacht gehört haben; es ging auch um s e i n Vaterland. 1673 feierte Wilhelm III. seine ersten Erfolge, die großen französischen Marschälle dagegen, irritiert von Ludwigs und Louvois' dauernder Einmischung in die Strategie von Paris aus, kämpften schlecht. Nach anderthalb Jahren Krieg war die Republik weder erobert noch aufgeteilt. Nur ein paar französische Garnisonen lagen in den Niederlanden. Einige waren für die Kriegsgreuel verantwortlich, deren Chronik de Witts alter Mitarbeiter Wicquefort niederschrieb, um propagandistische Wirkung auf das übrige Europa auszuüben. Vor allem in Deutschland machte die Anklage großen Eindruck. Es mu-

Marschall Condé. Zeitgenössischer Stich

tet uns heute fremd an, daß ein Mann wie Christiaan Huygens während des französischen Überfalls auf sein Land in Paris in der neuen Académie sein Gelehrtendasein ruhig weiterführte – Neutralität der Wissenschaft!

Zu den französischen Marschällen in den Niederlanden gehörte der berühmte Condé, der außer Feldherr auch ein großer Libertiner war und gerne als Mäzen freidenkender Intellektueller auftrat.[139] Er hatte mit dem ebenfalls freigeistigen Duc de Luxembourg in Utrecht eine Art «Hof» eingerichtet und widmete sich dort intellektuellen Vergnügungen (wobei sein gutes Leben ihm das Podagra eintrug), während die französischen Soldaten das Land schröpften. Zu Condés Kreis gehörte auch der Schweizer Oberst J. B. Stouppe, ehemaliger Pfarrer, Offizier unter Cromwell, danach politischer Agent Ludwigs XIV., an der Spitze eines Kontingents schweizerischer Söldlinge am Überfall auf die Niederlande beteiligt. Stouppe war ein Abenteurer mit vielen Facetten, auch geistigen. Als er erfuhr, daß der außergewöhnliche, von den Juden in Acht und Bann erklärte Philosoph Spinoza im Haag wohnte, machte er Condé darauf aufmerksam, und dieser gab wohlwollend zu verstehen, daß er Spinoza

Das Rathaus in Utrecht. Zeichnung von J. Hoevenaer, um 1660

gerne in Utrecht sehen wollte. Er schickte sogar Geleitbriefe, mit denen Spinoza zwischen den Armeen hindurchkommen konnte. Ein nicht alltägliches Unternehmen! Spinoza hat die Einladung angenommen, und zwar nach Besprechung mit der Haager Faktion de Witts. Seine Beschützer waren der Meinung, daß er den Besuch ruhig dazu benutzen könne, um zu ergründen, ob bei den französischen Befehlshabern noch ehrenvolle Friedenschancen für die Republik bestünden. So zog Baruch de Spinoza mit der Treckschute auf einer südlichen Route durch das Gebiet der großen Flüsse über Gorinchem nach Utrecht und kam unversehrt durch die Frontlinien. Stouppe und Luxembourg empfingen ihn mit vielen Ehrenbezeigungen. Aber seine Mission fiel schon im voraus ins Wasser: Condé war gerade nach Paris entboten worden, und es stellte sich sehr schnell heraus, daß er nicht zurückkehren würde.

Stouppe widmete Spinoza, der übrigens auf alle am französischen «Hof» den größten Eindruck machte, ungewöhnliche Aufmerksamkeit. Stouppe diskutierte mit Spinoza über Religion und Philosophie und bot ihm sogar im Namen Luxembourgs ein Jahresgehalt an, wenn er sich in Frankreich niederlassen und sein nächstes Buch Lud-

wig XIV. widmen wolle. Ein naives Angebot, wenn man bedenkt, wie sehr Spinoza die Monarchie haßte, wie er – im Gegensatz zu Christiaan Huygens – vor allem den französischen Alleinherrscher verabscheute, der die Niederlande überfallen und mißhandelt hatte und dessen tiefste Abneigung gegen jegliche Gedankenfreiheit ihm bekannt war. Er dankte also höflich für diese Ehre.

Spinoza hat ein paar Wochen im französischen Lager gewohnt und in Utrecht außer den Franzosen einige Holländer kennengelernt, die sich für ihn interessierten, wie Lambert van Velthuysen, der ihn früher in einem Brief an Oldenburg des «Atheismus» bezichtigt hatte, und den naturalisierten deutschen Professor der Eloquenz, J. G. Graevius, der Spinozas Hilfe als Kenner des Hebräischen benutzte, ihn aber zu gleicher Zeit bei Leibniz anschwärzte, was Spinoza nicht wußte. Er lieh Graevius sogar einen ihm geliehenen Brief über Descartes' Lebensende.[140] Außerdem traf er den kuriosen jüdischen Publizisten Morales, der sich nach seiner Bekehrung zum Katholizismus Morelli nannte. Von all diesen Menschen hat Spinoza wahrscheinlich Van Velthuysen am meisten als Mann von Überzeugung und Redlichkeit geschätzt. Sie hatten, wie Van Velthuysen später erklärte, lange Dispute, aber ihre Standpunkte blieben weit voneinander entfernt. Spinoza machte noch eine Bekanntschaft: Joachim Nieuwlandt, Stadtsekretär und Anhänger der Loevesteiner Faktion. Mit ihm hat Spinoza natürlich die politische Seite seines Besuchs besprochen. Nieuwlandt wurde übrigens nach der Befreiung Utrechts (1674) entlassen, eines der ersten Opfer der Oranierregierung.

Der Oberst Stouppe hat sich im Laufe des Jahres 1673 Spinoza gegenüber nicht schön betragen, als er dessen Namen in persönlichem Zusammenhang zur Sprache brachte. Als Antwort auf die scharfe Kritik, die von seinem Heimatland an ihm geübt wurde – ein Protestant, der bei dem schmählichen Überfall auf ein protestantisches Land mithalf! –, schrieb Stouppe in Utrecht sein berüchtigtes Pamphlet «La Réligion des Hollandois»[141], in dem er viele Informationen Van Velthuysens verarbeitete. Er weist jegliche Kritik an seiner Handlungsweise zurück. Mitleid mit den niederländischen Protestanten? Sie haben hundert Religionen, darunter die verrücktesten, kennen aber tatsächlich nur einen einzigen Gott – den Geldbeutel, wie die ganze Geschichte der Ostindischen Compagnie beweist. Sie vermieten ihre Schiffe und liefern dem Meistbietenden Kriegsmaterial. Es wimmelt bei ihnen von Ketzern und Freidenkern, darunter bedeutende Männer, zum Beispiel der erlauchte und gelehrte Jude Spinoza, jetzt weder Jude noch Christ. Er ist der Verfasser eines Traktats, in dem er alle Religionen vernichten möchte, um Freidenkerei jeglicher Art einzuführen; wie er sagt, um der Tugend zum Sieg zu verhelfen, die er für das Wesen der Natur hält, allen Geschöpfen angeboren. Er hat viele stille Anhänger, vor allem im Haag; dort gefällt es sogar adligen Damen, ihn aufzusuchen. Das erstaunlichste ist, daß kein einziger Theologe ihn und sein «perniziöses»

Das Heiliggeist-Stift in Den Haag, gegenüber Spinozas Haus

Buch anzugreifen wagt oder das will. So schreibt Stouppe, der anscheinend weder von Spinoza noch von anderer Seite von dem Krieg unterrichtet war, der schon gegen Spinozas Traktat eingesetzt hatte und noch lange nicht zu Ende war.

Spinoza hat bald von dem doppelzüngigen Schweizer Abschied genommen und ist als weiserer Mann in den Haag zurückgekehrt. 1671 war er umgezogen, hatte bei dem bereits genannten Porträtmaler Hendrik van der Spijck ein Zimmer gemietet und wohnte mit dessen immer größer werdender Familie an der Paviljoensgracht gegenüber dem Heiliggeist-Stift. Dieses und das Haus, das Spinozas letzte Wohnstätte werden sollte, stehen heute noch. Van der Spijck, der auch als «solliciteur-militair» auftrat (er gab Offizieren Vorschuß auf ihren Sold), und seine Frau haben anscheinend gut für ihren kranken und nicht alltäglichen Kostgänger gesorgt, der Bücher schrieb und Linsen schliff und ihnen manch beängstigenden Augenblick bereitete, wie nach der Ermordung der Brüder de Witt. Als Spinoza aus dem französischen Lager vor Utrecht zurückgekehrt war, gab es wieder solch einen kritischen Augenblick, wenn wir Colerus glauben dürfen: eine Menschenmenge, die Spinoza wegen sei-

Wilhelm III., Prinz von Oranien, bei seinem Einritt in Amsterdam am 12. August 1672. Radierung von Romeyn de Hooghe

nes Ausflugs als Spion und Verräter beschimpfte, versammelte sich vor dem Haus und äußerte Drohungen. Van der Spijck hatte Angst vor Gewalttaten. Aber Spinoza beruhigte ihn. Er sagte: *Macht Euch darüber keine Sorgen! Ich bin unschuldig, und viele von den höchststehenden Männern wissen wohl, warum ich nach Utrecht gegangen bin. Sobald Ihr einigen Lärm an Eurer Tür hört, werde ich zu den Leuten hinausgehen, auch wenn sie mit mir verfahren sollten, wie mit den guten Herren de Witt. Ich bin ein aufrichtiger Republikaner, und das Beste des Staates ist mein Augenmerk.*[142] Obgleich der Zwischenfall anscheinend ohne Folgen verlaufen ist und Sicherheit und Gedankenfreiheit für Spinoza nach 1672 weit relativere Begriffe geworden waren, betrachtete der Philosoph die Republik als einzig möglichen Lebensraum für sich. Das Angebot einer Professur der Philosophie an der Heidelberger Universität, das schon vor seinem Utrechter Besuch durch ein Schreiben des Hochschullehrers J. L.

Fabritius im Namen des Kurfürsten Karl Ludwig von der Pfalz an ihn ergangen war, lehnte er mit einigen höflichen Worten ab. Als erstes Argument führte er an, daß er, wenn er die Jugend unterwiese, keine Zeit mehr zur Weiterentwicklung seiner eigenen Philosophie habe. Es sei aber auch wichtig, *daß ich nicht weiß, in welche Grenzen die Freiheit zu philosophieren einzuschließen ist, damit ich nicht den Anschein erwecke, als wolle ich die öffentlich anerkannte Religion stören; denn Entzweiungen entstehen weniger aus feurigem Religionseifer als aus der Verschiedenheit menschlicher Affekte ... die alles, auch das richtig Gesagte, zu verkehren und zu verdammen pflegt. Wie ich dies schon in meinem privaten und einsamen Leben erfahren habe, um wieviel hätte ich es zu befürchten, nachdem ich zu dieser Würde emporgestiegen wäre. Sie sehen also, hochansehnlicher Herr, daß ich nicht aus Hoffnung auf ein höheres Glück zögere; aber aus Liebe zu einer Ruhe, die ich mir auf andere Weise nicht bewahren zu können glaube, möchte ich eben von öffentlichen Vorlesungen absehen.*[143]

Spinoza durfte seinem guten Stern (und seiner Einsicht) danken, daß er die Berufung nach Heidelberg nicht angenommen hatte: 1676 marschierten die Truppen Ludwigs XIV. in die Pfalz ein, die Universität wurde geschlossen und der arme Fabritius zu einem Vagabunden in Europa gemacht. Man nimmt an, daß das 1673 von Wallerant Vaillant gemalte Bildnis Spinozas auf Ersuchen Karl Ludwigs von der Pfalz angefertigt wurde. Es befand sich bei dem zweiten französischen Einmarsch in Heidelberg und wurde von einem Mitglied der Familie de Rohan, die sich für Spinoza interessierte, mitgenommen.[144]

Barbarisches politisches Klima, Gewalttätigkeit, Gewissenszwang allerwegen ... Seit der Oranierprinz das Heft in der Hand hielt, eiferten örtliche und provinzielle Synoden noch heftiger für Zensur und Verbot aller Schriften, die ihnen ungelegen waren. Die theologische Aggression richtete sich in steigendem Maß gegen Spinozas Traktat. Daß Spinoza der Verfasser war, stand ganz allgemein fest. Daß er die Einmannregierung, die Oranierdiktatur ablehnte, wußte jeder Kundige. Auch Prinz Wilhelm III. der seinen Calvinismus gerne als geistige Waffe gegen Ludwig XIV. und seine Eroberungssucht benutzte, wußte es. Man sagt, daß er persönlich darauf bestanden habe, daß der *Theologisch-politische Traktat* aus dem Handel gezogen werde. Am 19. Juli 1674 wurde der Traktat zusammen mit anderen «gotteslästerlichen und seelenverderbenden» Büchern vom holländischen Gericht verboten. Zu den Opfern gehörten – Ironie des Schicksals! – Lodewijk Meyers Buch über die Philosophie als Deuterin der Heiligen Schrift und die niederländische Übersetzung des «Leviathan» von Hobbes. Und als ob das noch nicht genug wäre: der Haager Kirchenrat befahl ein Jahr später allen, den unterminierenden Tätigkeiten Spinozas nachzugehen: «Weil der Kirchenrat vernimmt, daß die höchst gottlosen Meinungen von Spinoza je länger desto mehr sowohl hier als anderswo einzudringen beginnen,

Spottbild auf Wilhelm III., den «großen Abgott von Holland». Von Johannes Rothe entworfen, 1674

so wird einem jeden auf das allerernstlichste anbefohlen, in Erfahrung zu bringen, was hieran sei, ob sich auch irgendeine neue Schrift von ihm unter der Presse befinde, und welche Gefahr hierbei ferner drohe, um dann dieser Versammlung davon näheren Bericht zu erstatten und nach Befund der Dinge zu handeln.» Spinozas Haltung gegenüber dem Statthalter-Prinzen muß schon sehr ambivalent gewesen sein. Der Schwärmer und Chiliast Johannes Rothe, der Gott im Haager Wald begegnet war und danach den Untergang alles Bestehenden predigte, sah in Wilhelm III. den Antichristen, den Betrüger der wahrhaft Gläubigen, den «großen holländischen Götzen», der von seinem Postament gestürzt werden mußte. So weit ging Spinoza nicht; es wäre auch gegen seine Natur und Philosophie gewesen. Doch er mußte in dem diktatorischen Prinzen den weltlichen Arm der Rechtgläubigkeit erkennen, der das Schwert führte, dessen Schneide auch er gefühlt hatte. Schon 1672 hatte der Oranierfürst inmitten der Kriegshandlungen mit dem «Umsturz des Gesetzes», Regierungsänderungen in Stadt und Land begonnen. Daß den konsequenten Loevesteinern der Laufpaß gegeben wurde, lag auf der Hand. Vor allem Amsterdam mußte es schwer büßen; es ging nicht ohne Oranierkrawalle. Aber Wilhelm III. war alles andere eher als ein Volksfreund. Er hatte nichts gegen die Regenten, falls sie seine Pläne und Absichten unterstützten. Ein nicht unansehnlicher Teil der

Karl II., König von «Groß-Britannien, Frankreich und Irland». Stich von W. Shermin

Wittianer, darunter der neue Landesadvokat Fagel, lief zur Oranierpartei über. Andererseits ließ der Prinz Männer wie Van Beuningen und Hudde in Ruhe. Das Regentensystem an sich blieb intakt, und die Gesuche des Kleinbürgertums der verschiedenen Städte, in denen der Prinz um mehr Mitbestimmungsrecht ersucht wurde, legte der neue Herrscher stillschweigend ad acta.

Aber dieser neue Herrscher war gleichzeitig für Spinoza und viele tausend andere Holländer der unermüdliche Verteidiger der Unabhängigkeit des Landes gegen den ausländischen Überwältiger. Es kann Spinoza nur wohlgefällig gewesen sein, als im gleichen Jahr, in dem Druck und Vertrieb seines Traktats strafbar erklärt wurden, einige Erleichterung in der Kriegführung der Republik auftrat. England, in dem die antifranzösische Stimmung zum großen Verdruß Karls II. täglich stärker wurde, schloß Frieden, wenn auch um den Preis eines hohen Schadenersatzes. Die kriegerischen Bischöfe von Münster und Köln folgten dem Beispiel. Ludwig XIV. mußte den Krieg, der ja tatsächlich s e i n Krieg war, allein weiterführen. Er tat das, von der Kriegstaktik Wilhelms III. gezwungen, schon mehr in den spanischen Niederlanden, im Elsaß, im Rheinland, der unglückseligen Pfalz und zog immer mehr Truppen aus den besetzten Niederlanden zurück. 1674 waren die sieben Provinzen praktisch befreit.

Was taten Spinozas Freunde in dieser Zeit? Lodewijk Meyer hatte alle Hände voll zu tun mit seiner literarischen Gesellschaft, in der er nicht nur als Übersetzer Corneilles und Racines auftrat, sondern auch für Schauspieler eine Art «Affektenlehre» schrieb, die oft auf Descartes, aber auch zum Teil – zum Beispiel in der Umschreibung von «Liebe» und «Haß» – auf Spinozas Auffassungen zurückgeht. Er wird sich das Verbot seiner Bücher nicht sehr zu Herzen genommen haben; rechts und links mußten die Gegner bekämpft werden. Johannes Bouwmeester stand ihm wie früher bei literarischen und bacchantischen Vergnügungen treu zur Seite. Bouwmeester hatte 1672 (aus dem Lateinischen) einen philosophisch-deistischen Roman Ibn Tufails übersetzt, eine für die frühen Jahre der Aufklärung typische Schrift, die außerdem wachsendes Interesse an der Weisheit des Ostens aufzeigte.[145] Der dritte Freund, Jarig Jelles, hatte nun sein «Bekenntnis des allgemeinen und christlichen Glaubens» zu Papier gebracht und Spinoza zur Beurteilung zugesandt. Jelles, von dem man auch annimmt, daß er die Spinoza von de Vries hinterlassene Jahresrente ergänzte, wenn Not am Mann war, versuchte in seinem «Bekenntnis», ohne die Grundlage des christlichen Glaubens zu verlassen, durch einen «Umdeutungsversuch» (Gebhardt) die Unterweisung seines Meisters in taufgesinnte Terminologie zu «übersetzen». Spinoza hatte anscheinend wenig für oder gegen die kleine Schrift zu sagen, außer daß Jelles erklärt hatte, daß der Mensch von Natur aus zum Bösen neige, aber durch Gottes Gnade und «Christi Geist unempfindlich für Gut und Böse sei», was der Philosoph als einen Widerspruch ansah: «... weil der, so Christi Geist hatte, notwendig allein zum Guten getrieben werden müsse.»[146] Jelles strich die Passage, und die kleine Schrift fand nun Gnade in Spinozas Augen, der für den naiven Charakter des kleinen Buches nicht blind gewesen sein wird.[147]

Aus mancherlei Dingen ergibt sich, daß zwischen den Haag und Amsterdam verschiedene freigeistige Traktate (in Ur- und Abschrift) hin- und hergingen. Als einer der Amsterdamer (war es Jelles?) Spinoza von einem Buch schreibt, das ein Utrechter Hochschullehrer gegen ihn verfaßt hat, antwortet Spinoza, daß er das Werk im Schaufenster eines Buchladens gesehen hat, aber es nicht der Mühe wert fand, darauf einzugehen. Es wurde soviel gegen ihn geschrieben. *Lächelnd mußte ich denken, wie doch gerade die Unwissendsten durchgehends die kühnsten sind und zum Schreiben am ehesten bereit. Und so schien mir, als ob* diese Leute *ihre Waren so wie die Trödler zum Verkauf stellten, die ja auch das Schlechte immer zuerst vorzeigen.*[148]

In einzelnen Anmerkungen aus dieser Periode fällt noch ein Name auf, der Spinoza an seine alte Verbindung mit der Schule Van den Endens erinnern mußte: Dirk Kerckring, jetzt ein angesehener Publizist medizinischer Schriften, der Spinoza seine Bücher zusandte. Kerckring war 1671 katholisch geworden, um die Tochter des «fröhlichen Doktors», Clara Maria, heiraten zu können, und hatte sich in Antwerpen niedergelassen. Der weise Chiron aber, Witwer und wieder verheiratet, war mit der zweiten Frau und der jüngsten Tochter nach Paris verzogen, wo er (leider nur ehrenhalber) Leibarzt Ludwigs XIV. wurde. In der französischen Hauptstadt spielte sich der letzte dramatische Akt des Lebens Van den Endens ab, und Spinoza muß im Laufe des Jahres 1674 die Nachricht vernommen haben. Dr. Franciscus, dem es materiell wieder schlecht ging, hatte sich auf seine alten Tage in eine phantastisch-verblendete Verschwörung des Ritters de Rohan gegen den französischen Monarchen hineinziehen lassen. Er wurde verraten, mit den anderen zusammen gefangengenommen und gehängt. Er soll vor seinem Tode noch erklärt haben, daß er immer gut katholisch gewesen sei...

Wir können uns vorstellen, daß der Philosoph, der bei all diesem bösartigen Getriebe seine Gleichmütigkeit beibehalten mußte und wollte, am Ende seines Lebens schreiben konnte: *Ich habe mich sorgfältig gehütet, die Handlungen der Menschen zu belachen oder zu beklagen und zu verwünschen, sondern strebte nur, sie zu verstehen. Ich habe deshalb die menschlichen Gemütszustände ... nicht als Fehler der menschlichen Natur, sondern als Eigenschaften betrachtet, welche ihr ebenso zukommen wie der Natur der Luft die Hitze, die Kälte, der Sturm, der Donner und ähnliches, was, wenn auch lästig, doch notwendig ist und seine feste Ursache hat.*[149]

Spinoza führte keineswegs, wie er es manchmal erscheinen lassen wollte, ein einsiedlerisches Leben. Das Haus an der Haager Paviljoensgracht wurde immer mehr zum Ziel von Besuchern, die das «exotische Tier», wie Joh. Chr. Sturm aus Altorf ihn nannte, sehen wollten. Zu diesen Besuchern gehörten der spätere schwedische Kanzler Nicolas Griffencranz, der französische Dichter Hénault, der Spinoza gegenüber den Gottesleugner herauskehrte, der berühmte deutsche Kenner des Staatsrechts Samuel Pufendorf, der Spinoza und seine Lehre zutiefst verwarf, und andere, über die Spinoza sicherlich manchmal die Achseln gezuckt hat. Es kamen alte Freunde wie Isaac de Vries, Bouwmeesters früherer Studienfreund Hendrik à Bronckhorst, Jan Rieuwertsz der Jüngere und der 1674 in Utrecht entlassene Loevesteiner Joachim Nieuwlandt. Ein kurioser kurzer Briefwechsel mit einem anderen weggeschickten de Witt-Anhänger, dem Gorcumer Regenten Hugo Boxel, begann. Spinoza hatte auf der Reise nach Utrecht vielleicht bei ihm übernachtet. Ein Jahr später hatte Boxel auf einmal den Einfall, Spinoza zu fragen, was er von Spuk und Geistererscheinungen denke. Spinoza hat ihm höflich und diplomatisch, aber skeptisch geantwortet; er hat es in diesen Jahren in der Kunst der Diskretion weit gebracht. Aber es erklingt auch Spott in seiner Entgegnung auf Boxels ernst gemeinte Äußerung, daß es zwar männliche, aber keine weiblichen Geister gebe: *Wenn das wirklich Ihre Meinung ist, dann scheint sie mir ziemlich mit der Einbildung des Volkes übereinzustimmen, das auch Gott für männli-*

Das Spinoza-Haus im Haag an der Paviljoensgracht.
Zuletzt 1928 renoviert

chen Geschlechts hält. Ich wundere mich, daß die Leute, die nackte Geister gesehen haben, ihren Blick nicht auf die Geschlechtsteile gerichtet haben – vielleicht aus Furcht oder weil sie von diesem Unterschied nichts wußten. Ist es nicht viel besser, *die göttliche Natur nicht mit der menschlichen zu vermengen* und *Gott keine menschlichen Eigenschaften zuzuschreiben . . .*[150]?

Inzwischen waren auch solidere Beziehungen und sogar Freundschaften mit Besuchern und Korrespondenten entstanden. Man glaubt, daß der erste Biograph Spinozas, Jean-Maximilien Lucas, Arzt und sichtlich ein protestantischer Emigrant, dazu gehört hat. Er bleibt eine etwas geheimnisvolle Figur. Man weiß nur, daß er ziemlich libertinistisch gelebt und – mit Segen des Prinzen Wilhelm III. – auch ein Buch gegen Ludwig XIV. geschrieben hat. Sein Lebensbericht Spinozas wurde 1719 veröffentlicht, aber wahrscheinlich viel früher geschrieben; der Biograph verbarg sich also lange im Schatten. Die Biographie ist farbenreich, manchmal phantastisch, oft voller Lücken und verherrlicht Spinoza so sehr, daß die ersten Auflagen sofort beschlagnahmt wurden.[151] Wenig mehr als über Lucas wissen wir von einem anderen französischen Spinoza-Verehrer, Gabriel de Saint-Guilain oder Saint-Glain. Er war ein Hugenottenflüchtling, diente erst im Staatsheer, gab später in Amsterdam französische «Nouvelles» über Philosophie und Literatur heraus und schrieb auch im Auftrag des Oranierstatthalters Schmähschriften gegen Ludwig XIV. Nach seinem Tod (1684 oder 1685) führten seine Frau und sein Sohn den Betrieb weiter. Er hat Spinoza vielleicht durch Vermittlung Morellis oder der Amsterdamer Spinoza-Freunde kennengelernt, was zu einer Umkehr seines Lebens führte: er verwarf jegliche Religion und wurde Spinozist. Wie intensiv sein Verkehr mit Spinoza war, ist nicht mehr festzustellen. Die erste französische Übersetzung des *Theologisch-politischen Traktats* wurde bereits ein Jahr nach Spinozas Tod von de Saint-Glain unter anderem Titel veröffentlicht, ein Verfahren, das der französische Publizist im gleichen Jahr noch zweimal wiederholte.[152]

Die Namen Lucas und de Saint-Glain kommen nicht in Spinozas Briefwechsel vor. Um so häufiger die dreier deutscher Zeitgenossen, von denen zwei – Gottfried Wilhelm Freiherr von Leibniz und Ehrenfried Walter Graf von Tschirnhaus – Weltruf erwarben. Zu ihnen hatte sich als obskurer Dritter im Bunde Georg Hermann Schuller aus dem Klevener Land hinzugesellt. Tschirnhaus, der aus der Lausitz stammte, dem Land der Sorben, wurde 1669 im Alter von siebzehn Jahren Student in Leiden, kämpfte kurze Zeit als Freiwilliger im niederländischen Heer und vollendete danach sein Studium. Er interessierte sich im Laufe der Zeit sowohl für eine geschlossene philosophische Methode als auch für die praktische Anwendung der damaligen Technik in der Glasbläserei und Porzellanmanufaktur. Er hatte in Leiden mit dem obengenannten Schuller studiert, der zwar den Doktortitel erwarb und sich 1674 als Arzt in Amsterdam niederließ, aber keineswegs über große Gaben und nur über wenig Charakter verfügte. Er schrieb ein miserables Latein, ein schlechtes Holländisch und war dunklen Machenschaften nicht abhold: als Mitherausgeber der nachgelassenen Schriften Spinozas hat er in den Briefen herumgepfuscht, um seinen und andere Namen so viel wie möglich verschwinden zu lassen. Tschirnhaus dachte wissenschaftlich-exakt, Schuller träumte von leichtem Erfolg durch Alchimie und hat darüber auch mit Leibniz korrespondiert. Der Eifer, die Freundlichkeit und Zuvorkommenheit, die er Spinoza gegenüber an den Tag legte, haben diesen für ihn eingenommen, so daß Schuller, auch durch seinen Verkehr mit den Amsterdamer Spinoza-Verehrern, bald zum Kreis der Vertrauten gehörte, die die *Ethik* kennenlernen durften.

Die *Ethik* war im Frühjahr 1675 vollendet. Spinoza brachte das abgeschlossene Manuskript nach Amsterdam. Die Kenntnisnahme der hier verkündeten Ideen machte auf die jungen Deutschen, vor allem auf Tschirnhaus, großen Eindruck. Letzterer war aber kritisch eingestellt; es gab allerlei spinozistische Begriffe, die auch die Amsterdamer dem Schlesier nicht erklären konnten. Aus dem Briefwechsel entstand für Tschirnhaus und Schuller persönlicher Verkehr mit dem Haager Philosophen. Nun waren es vor allem methodische Fragen, die Bildung «adäquater Ideen», über die mit Tschirnhaus gesprochen und später noch einmal korrespondiert wurde. Dabei trat Schuller als eine Art Echo auf. Tschirnhaus fuhr im Frühjahr 1674 nach England – der Seeweg war wieder frei –, um die Männer der Royal Society kennenzulernen. Er bekam von den Amsterdamern eine Abschrift der *Ethik*. Einige Gedanken daraus hatte er sich zu eigen gemacht.[153] Aber auch in England, wo Tschirnhaus natürlich mit Boyle und Oldenburg über Spinoza gesprochen hat (er schrieb ihre spätere, mildere Haltung bezüglich des *Theologisch-politischen Traktats* seinem Einfluß zu), erhoben sich Fragen, die auch in der kommenden Zeit seinen Umgang mit Spinoza und die an ihn gerichteten Briefe beherrschen. Jetzt ist es die der Bewegung, die große entscheidende Frage, wie die ewige, unendliche Substanz in die endlichen, vorübergehenden Erscheinungen oder Modi übergeht. Im Amsterdamer Spinoza-Kreis versicherte man Tschirnhaus, daß Spinoza sich mit einer näheren Ausarbeitung dieses Punktes befasse, der in der *Ethik* außer Betracht geblieben war. In der ganzen Debatte, wenn man es so nennen kann, ist die Rede von einer «tragischen Konfrontation» (Gebhardt) zwischen einem jungen, vitalen, begeisterten Sucher und einem kranken, ermüdeten Spinoza. Schon 1674 hatte Spinoza dem wißbegierigen Tschirnhaus versprochen, die Behandlung der Bewegung und der Methode für später aufzuheben. Und im letzten Brief an den deutschen Freund, dem vorletzten des gesamten Briefwechsels, wiederholt der Schwindsüchtige: *Darüber will ich vielleicht ein andermal, wenn ich am Leben bleibe, deutlicher mit Ihnen sprechen. Denn bisher habe ich darüber noch nichts in der gehörigen Ordnung abfassen können.*[154] Spinozas Todesahnung betrog ihn nicht. Er hat das Problem weder für sich noch für andere gelöst. Seine körperliche und geistige Grenze war erreicht.

Ehrenfried Walter Graf von Tschirnhaus. Kupferstich von Martin Bernigeroth

Im Sommer 1675 hat Tschirnhaus Spinoza zum letztenmal besucht. Danach ist er, mit einer Empfehlung Spinozas an Christiaan Huygens in der Tasche, nach Paris gereist. Huygens empfing ihn sehr gut und verschaffte ihm eine Stelle als Hauslehrer bei dem Sohn des Ministers Colbert. Zugleich suchte er ihn auch über Spinozas letzte Freigeistigkeiten auszuhören, wobei Tschirnhaus sehr geschickt auswich.[155] Vor allem brachte Huygens ihn mit seinem berühmten Landsmann Leibniz in Verbindung, der sich gerade in Paris aufhielt, wo er neben seinen wissenschaftlichen Bemühungen dem politisch phantastischen (und mißglückten) Plan nachjagte, die gegen die Niederlande und Deutschland gerichtete Aggression des französischen Sonnenkönigs in einen Kreuzzug gegen die Türken umzuwandeln, die bis nach Wien aufgerückt waren. In Paris haben die beiden Vorkämpfer der Aufklärung zuerst über Spinozas *Ethik* gesprochen, so daß bei Leibniz der heftige Wunsch erwachte, dieses «verborgene Buch» zu besitzen.

Leibniz, geboren 1646, vielseitiger, brillanter Gelehrter, Philosoph und zeitweilig Diplomat, war auf dem Weg zu europäischem Ruhm. Schon 1670 bekam er den anonymen *Theologisch-politischen Traktat* in die Hände, den er ein für den christlichen Menschen (der er ja war) «entsetzliches Buch» voller «ungeheuerlicher Meinungen, eine bis zur Unerträglichkeit freche Schrift» fand. Obgleich Graevius ihm 1671 mitteilte, wer der Verfasser war, hielt ihn das nicht davon ab, Spinoza – wie er es auch schon mit dem «Atheisten» Hobbes gemacht hatte – sein «Blatt» über die Optik zuzusenden mit einem Begleitschreiben, daß er «einen besseren Beurteiler auf diesem Gebiete so leicht nicht finden» könne. Spinoza hat ihm einen Monat später geantwortet und einige Bedenken geäußert. Leibniz hatte auch andere wissenschaftliche Fragen angeschnitten; aus allem geht hervor, daß sich zwischen beiden Männern eine ziemlich belangreiche Korrespondenz entwickelt hat. Es besteht die Vermutung, daß Schuller die Originale nach Spinozas Tod an Leibniz zurückgeschickt hat, der außerdem verbot, seinen Namen in den nachgelassenen Werken des niederländischen Denkers zu nennen ... In Paris war er jedoch noch äußerst neugierig auf Spinozas Lehre. Tschirnhaus hat in seinem Namen Schuller den Auftrag gegeben, eine Abschrift der *Ethik* zu erwerben. Aber der Philosoph war mißtrauisch bezüglich des Pariser Aufenthaltes Leibniz'; er war doch Ratsherr in Frankfurt. *Soweit ich nach seinen Briefen urteilen konnte, erschien er mir als ein Mann von freiem Geiste und in jeder Wissenschaft erfahren. Dennoch halte ich es nicht für geraten, ihm so rasch meine Schriften anzuvertrauen. Ich möchte erst wissen, was er in Frankreich vorhat, und auch erst das Urteil unseres Tschirnhaus hören.*[156]

Leibniz gab sich jedoch nicht damit zufrieden. 1676 kehrte er aus Paris über Holland nach Deutschland zurück, sprach mit Pieter de la Court und dem Mikroskop-Gelehrten Antony van Leeuwenhoek und vor allem in Amsterdam mit Bürgermeister Johan Hudde. Dieser gab ihm eine Einführung, und so stand Leibniz doch von Angesicht zu Angesicht dem Mann gegenüber, dessen Lehre ihn interessierte. Eine merkwürdige Bekanntschaft: Leibniz, ebenso weltlich wie gelehrt, stolz auf seinen Rang und seine Auszeichnungen, 30 Jahre alt und auf Anerkennung erpicht, gegenüber dem dreiundvierzigjährigen einfachen und kranken Denker von der Paviljoensgracht. Obgleich er von Tschirnhaus zweifellos unterrichtet war, betrachtete Leibniz verblüfft die anspruchslose Behausung. Nur die große Bibliothek des Niederländers imponierte ihm.

Es ist bekannt, daß die beiden Philosophen hauptsächlich über Gottesbegriffe und Gottesbeweis diskutiert haben, wobei Spinoza zur Erhärtung seiner Begriffe schließlich die *Ethik* zum Vorschein geholt hat. Es muß Leibniz' christlichen Offenbarungsglauben ganz sicher erschüttert haben, als der hustende, unansehnliche Optiker-Philosoph ihm gegenüber ruhig auseinandersetzte, daß Gott und die Natur, Materie und Geist, Denken und Sein wenn nicht zusammenfallen, so doch zwei Seiten der einen unteilbaren, ungeschaffenen Substanz sind, deren sterbliche Kreaturen nur «Modi» oder Spielarten vorstellen. Von diesen «Paradoxen» muß eine suggestive Kraft auf Leibniz ausgegangen sein, denn Tschirnhaus hat bezeugt, daß Leibniz nach seinem Besuch bei Spinoza lange Zeit von den «gebräuchlichen Vorurteilen der Theologie» frei war. Es war ja das Di-

Gottfried Wilhelm Freiherr von Leibniz. Zeitgenössisches Bildnis

lemma seines eigenen wissenschaftlichen Wachstums; er wollte Gott und Wissenschaft versöhnen.

Leibniz und Tschirnhaus haben ihren Verkehr mit Spinoza später jeder auf seine Art verleugnet. Leibniz behauptete bald, daß er Spinoza nur einmal im Haag am Tisch eines Regenten gesehen habe und hat Spinoza in Briefen an Freunde regelmäßig verleumdet. Der Substanzbegriff Spinozas hat Leibniz jahrelang gestört, und man darf vielleicht sagen, daß seine Monadenlehre auch entstanden ist als ein großangelegter Versuch, um Spinozas konsequentem Materialismus zu entgehen.[157]

Es ist Leibniz, der inzwischen Bibliothekar des Hannoveraner Königs geworden war, nicht gelungen, sich einer Handschrift der *Ethik* zu bemächtigen, obgleich Famulus Schuller – der übrigens ruhig Ideen von Leibniz, Huygens und anderen als eigene Weisheiten vortrug – nach Spinozas Tod versuchte, das Werk von den Freunden und Erben für 150 Gulden zu erwerben. Die Veröffentlichung der nachgelassenen Werke (1677) verschaffte jedoch Leibniz kurz danach den gedruckten Text.

Schuller besaß in den letzten Lebensjahren Spinozas, auch als ab und zu erscheinender Arzt, das volle Vertrauen des Denkers, wie sich aus den erhaltenen Briefen ergibt, in denen auch philosophische

Probleme verdeutlicht werden. Wir verdanken ihnen eine Reihe wertvoller Kommentare Spinozas zu seiner eigenen Lehre. Das gilt auch für den Briefwechsel mit dem alten Freund in England, Henry Oldenburg, der – vielleicht nach Tschirnhaus' Besuch – die Beziehung wieder aufzunehmen wünschte und als erster an Spinoza schrieb. Von den Briefen aus den Jahren 1675 und 1676 sind sechs noch erhalten. Den letzten, den Oldenburg an Spinoza schrieb (Oktober 1676) hatte er Leibniz, der auch eine Reise zur Royal Society unternommen hatte, mitgegeben. Als Leibniz in den Niederlanden angekommen war, vergaß er, den Brief weiterzuschicken, und Spinoza hat ihn nie empfangen.

Oldenburgs neuerliche Annäherung war von dem Versuch begleitet, zweifellos nach Besprechung mit Robert Boyle, Spinoza nach dem Skandal des *Theologisch-politischen Traktats* in der Welt der Gelehrten wieder akzeptabel zu machen. Der Traktat, der Oldenburg (und Boyle) zuerst so schockiert hatte, so suggerierte der Londoner Freund, ist vielleicht zu revidieren, vor allem wenn Spinoza wegläßt, «was dort in doppelsinniger Weise von Gott und der Natur gesagt ist». Spinoza, seinerseits zufrieden mit der wiederaufgenommenen Konfrontation, fragte Oldenburg höflich, welche Passagen *die Übung der religiösen Tugend zu gefährden scheinen.* Und was Gott und die Natur betrifft: *Ich fasse ... Gott als die immanente und nicht als die äußere Ursache aller Dinge. Ich behaupte eben, daß alles in Gott lebt und webt, geradeso wie Paulus und vielleicht auch alle antiken Philosophen, wenn auch in anderer Weise, und ich darf wohl auch sagen, wie alle alten Hebräer ...*[158]

Aus dem Briefwechsel mit Oldenburg ergibt sich, daß der Sekretär der Royal Society keine Ahnung von Spinozas wirklicher Lage hatte, weder von der inneren noch von der äußeren, und daß er wie ein wildes Tier von allen Seiten von kirchlichen Obrigkeiten belauert und gejagt wurde. Oldenburg war ein gläubiger Christ, der später sogar einen Teil seines Vermögens zur Bekämpfung des Atheismus hinterließ. Wie konnte Oldenburg auch eine Philosophie verstehen, für die alles *mit unvermeidlicher Notwendigkeit aus Gottes Natur folgt, wie man allgemein meint, daß es aus der Natur der Gottheit selbst folgt, daß Gott sich selbst begreift.* Und er tut das, *vollkommen frei, wenngleich notwendig.* Der offenbarte Gottesdienst ist eine heikle Sache. *Wunder und Unwissenheit habe ich für gleichbedeutend genommen, weil diejenigen, die die Existenz Gottes und die Religion auf Wunder zu stützen versuchen, eine dunkle Sache durch eine andere noch dunklere, die sie gar nicht kennen, dartun wollen.*[159]

Hat Oldenburg wirklich gedacht, daß Spinoza seine *Ethik* frei veröffentlichen könne, nachdem er die anstößigen Ecken des *Theologisch-politischen Traktats* gemildert habe? Spinoza klärte ihn über den wirklichen Stand der Angelegenheit auf. Im Sommer 1675 war er nach Amsterdam gereist, um zu sehen, ob er das Werk dem Drukker übergeben könne. *Während ich damit beschäftigt war, wurde überall das Gerücht ausgesprengt, es sei ein Buch von mir über Gott unter der Presse, in dem ich zu beweisen suche, daß es keinen Gott gebe, ein Gerücht, das auch bei vielen Leuten Eingang fand. Daraus nahmen einige Theologen (vielleicht die Urheber dieses Gerüchts) Gelegenheit, mich beim Prinzen und bei den Behörden zu verklagen ... Da entschloß ich mich, die vorbereitete Ausgabe einstweilen zu verschieben, bis ich sehen würde, wie die Sache ausginge ...* Diese *scheint aber von Tag zu Tag eine schlimmere Wendung zu nehmen* [160].

Es ist kaum mehr von Wissenschaft die Rede in den letzten zwischen Oldenburg und Spinoza gewechselten Briefen. Sie erhalten, ungewollt, den Charakter einer Debatte. Oldenburg, der die Bibel ins Türkische übersetzen lassen wollte im Hinblick auf die Bekehrung der Mohammedaner, erfaßte genausowenig wie zehn Jahre früher die Quintessenz der Lehre Spinozas. Und Spinoza schrieb an den Londoner, daß die Heilige Schrift *nach Menschenweise und den überkommenen Anschauungen des Volkes* argumentiert, *weil es ihre Absicht nicht ist, Philosophie zu lehren und die Menschen gelehrt, sondern vielmehr, sie gehorsam zu machen* [161]. Die Debatte blieb unvollendet.

DAS LETZTE WORT

Mit einiger Übertreibung kann man sagen, daß Spinoza gerade in den letzten Lebensjahren wiederholt mit Formen des autoritären Christentums zusammenstieß. Nicht nur Oldenburg, nicht nur die Fanatiker der reformierten Kirche, sondern auch neubekehrte Katholiken versuchten, ihm die Hölle heiß zu machen. Zum Beispiel Albert Burgh, der talentierte Sohn des vielleicht ältesten Regentenfreundes Spinozas, des Kollegianten Coenraad Burgh von Amsterdam. Zur Verzweiflung seiner Eltern hatte Albert sich 1675 in Florenz zum Katholizismus bekehren lassen. Burgh hatte schon einen Vorläufer gehabt, den von früher bekannten Dänen Niels Stensen, der in der anatomischen Wissenschaft als Nicolaus Steno berühmt geworden ist. Stensen hatte Spinoza in der Rijnsburger Zeit von Leiden aus oft aufgesucht und sich 1669, als er zum Dozenten der Anatomie ernannt worden war, in die Arme der katholischen Kirche geworfen. Er schrieb sogar 1675 ein Buch gegen Spinoza, das dieser, wie so viele Angriffe, negiert hat.[162] Wie dem auch sei – der junge Burgh, der vielleicht eine Zeitlang Neigung zum Spinozismus erkennen ließ und noch 1673 den Katholizismus verspottete, wurde zwei Jahre danach vom Eifer des Proselyten ergriffen, neue Proselyten zu machen: er schrieb Spinoza aus Italien einen vielseitigen Brief, in dem er den «Heiden» Spinoza mit seiner «eitlen, ja falschen und ruchlosen Lehre» beschwor, seine Seele rechtzeitig zu retten und sich, wie er, bekehren zu lassen.[163]

Spinoza wartete einige Zeit, ehe er den aufgeregten jungen Mann scharf zurechtwies. Weiß Albert Burgh denn nicht mehr, wie seine protestantischen Vorfahren um des Glaubens willen mit unerschüttertem und freiem Gemüt der Verfolgung der spanischen Inquisition widerstanden haben? Hat er selbst nicht einen ganz anderen Gott angebetet als den, der den Hugenotten als Pferdefutter diente? Er soll doch die Kirchengeschichte einmal lesen, dann wird er sehen, *durch welche Künste der römische Priester schließlich 600 Jahre nach Christi Geburt den Prinzipat der Kirche erlangt hat*[164], anstatt von Gott selbst als Stellvertreter eingesetzt zu sein. Und ob ich, Spinoza, wirklich weiß, daß meine Philosophie die beste von allen ist, die gelehrt wurden oder gelehrt werden wird? *Ich erhebe nicht den Anspruch, die beste Philosophie gefunden zu haben, sondern ich weiß, daß ich die wahre erkenne. Wenn Sie aber fragen, wieso ich das weiß, so werde ich antworten: geradeso wie Sie wissen, daß die drei Winkel eines Dreiecks gleich zwei Rechten sind... Denn das Wahre ist der Prüfstein seiner selbst und des Falschen.*[165]

Aber Spinoza wurde nicht nur von Katholiken oder Reformierten gequält. Einer der Vorkämpfer der freisinnigen Remonstranten, der Amsterdamer Theologe Philippus van Limborch, der später Uriel da Costas Autobiographie herausgab, handelte genauso wie Professor Lambert van Velthuysen in Utrecht und wies den Spinozismus weit von sich. Dabei war es Van Limborch, der die Toleranzphilosophie Lockes in den Niederlanden populär machte, Locke 1683 in Amsterdam empfing und lebenslange Freundschaft mit ihm schloß. Spinoza gegenüber bezeigte er nicht die mindeste Nachsicht, was ein kurioser Brief beweist, den er nach Spinozas Tod an einen Freund richtete. Wir haben gesehen, daß Spinoza sich Mitte 1675 in Amsterdam aufhielt und den Plan, die *Ethik* drucken zu lassen, aufgeben mußte. Während seines Aufenthaltes wurde die neue prachtvolle portugiesische Synagoge mit großem Pomp eingeweiht; vielleicht hat er das von weitem beobachtet. Auch wurde er von einigen freidenkenden Theologen zum Essen eingeladen. Van Limborch teilt in dem oben erwähnten Brief als anwesender Zeuge mit, daß Spinoza seinen Mangel an Religiosität während des Tischgebets durch ironische Gesten demonstriert habe. Wenn die Geschichte wahr ist, hätte Spinoza zweifellos das Recht gehabt, Van Limborch zu fragen: «Wieso wissen Sie das, Herr Pfarrer? Haben Sie nicht mit geschlossenen Augen gebetet?»

Die Stunde des Spinozismus als einer neuen, freien, geduldeten Geistesrichtung in den Niederlanden war vorüber. Wenn unter der Oranierreaktion sogar freisinnige, aber durchaus gläubige Gottesgelehrte als Dozenten von den Universitäten weggeschickt wurden, kann man sich vorstellen, unter welcher Wolke Spinozas Dasein zu Ende ging. Bewundernswert ist der stoische Mut, mit dem er die Krankheit und die öffentliche Verhöhnung ertrug. Er bezeugte seine einfache Lebensweise, laut Colerus, der Anekdoten besonders liebt: *Ich mache es wie die Schlange, die ihren Schwanz im Munde hat; ich suche am Ende des Jahres nichts übrig zu haben, als nur so-*

viel zu einem ehrlichen Begräbnis nötig ist. Als – wiederum nach Colerus – ein vornehmer Ratsherr (Van Beuningen?) ihm einen neuen Schlafrock anbietet, weist er das ab: *Werde ich dann ein anderer Mensch sein? Es ist eine schlechte Sache, wenn der Sack besser ist als das Fleisch, das darin steckt.*[166] Er unterhielt sich abends gern mit seinen Hausgenossen, spielte mit den Kindern, beschwichtigte den christlichen Zweifel der Frau Van der Spijck, die wissen wollte, ob sie gut daran tue, noch in die Kirche zu gehen, machte bei gutem Wetter nächtliche Spaziergänge, begann (für Privatschüler?) eine hebräische Grammatik zu schreiben, die Philologen als respektable Facharbeit preisen, amüsierte sich damit – und hier ist er auf einmal ein naives Kind seiner Zeit –, Spinnen und Fliegen unter einem Vergrößerungsglas miteinander kämpfen zu lassen, und befriedig-

Einweihung der neuen «portugiesischen» Synagoge in Amsterdam am 2. August 1675. Radierung von Romeyn de Hooghe

te sein naturwissenschaftliches Denken mit dem Entwurf einer *Abhandlung über den Regenbogen*. Das alles heißt nicht, daß er sich vor den Unruhen der Außenwelt in eine Klause zurückgezogen hat. Im Gegenteil: seine ambivalente Beziehung zu dem Statthalter, dessen lobenswerte militärische Defensivkraft einerseits und die unerträgliche Einengung der einheimischen Freiheit andererseits, waren ausreichende Gründe, um sich zu überlegen, ob die Philosophie der Staatskunst anno 1676 nicht noch einmal untersucht werden müsse. Daß dies nach Gesprächen mit den Freunden (Amsterdamern, Haager Regenten?) geschah, wissen wir aus Spinozas letztem Brief.[167]

So entstand noch der unvollendet gebliebene *Politische Traktat*. Der Titel weist darauf hin, daß Spinoza hier von theologischen Betrachtungen Abstand nahm, sichtlich, um sich nicht selbst den Geiern zum Fraß anzubieten. In der ganzen politischen Diktion steckt mehr Nüchternheit; untersucht soll werden, wie der Einzelne in Frieden und Sicherheit leben kann. Dazu ist eines nötig: *In demselben Sinne wie die Philosophen und Mediziner sagen, die Natur sündige, sagen wir also, der Staat sündige, wenn er etwas gegen das Gebot der Vernunft unternimmt.*[168] Dieser Staat könnte theoretisch eine Monarchie sein, wenn nicht die Praxis der Monarchie sich, gleichwie die der Pöbelherrschaft, als ernste Gefahr für Freiheit und Frieden erwiesen hätte. Und die Aristokraten, welche für Spinoza einmal der Inbegriff des Besten gewesen waren? Zum erstenmal durchschaut Spinoza ihr System der «wahren Freiheit» als bedrohliche Oligarchie. Mögen sie in Republiken wie Florenz, Genua, Venedig und den Niederlanden vieles geleistet haben, sie sind doch wiederholt nur ein Regiment der Wenigen, Willkürlichen. Damit haben sie die stabile Basis der Staatsmacht eingeengt und geschwächt. Und so kommt Spinoza am Ende zu seiner weitestgehenden Definition der Demokratie, der Volksregierung. Zwar wird das Volk von ihm als Männervolk gedacht – für diesen Sohn des 17. Jahrhunderts war politische Gleichheit von Männern und Frauen unvorstellbar. Und zwar wird es weiter gedacht als die zahlenmäßig große, kaufmännische, betriebsame und rechtschaffene Mittelschicht, der Spinoza ja selbst angehörte, die Klasse eines Pieter Balling, Jarig Jelles und Simon Joosten de Vries, der Meister Homan und Van der Spijck. Es sind – nach Spinoza – die einfachen Bürger, die das redliche Recht auf die Führung im Staate erheben können. *Unser Urteil über sie wird allzuoft durch Überlegungen über Macht, Vermögen und Erziehung beeinflußt. Daß die Masse so ungebärdig ist* – ein Seitenhieb auf die calvinistischen Unruhen –, *daß sie wenig Urteilskraft hat* – ein Seitenhieb auf ihre Intoleranz und Oranierverehrung –, *ist eine Folge der Tatsache, daß sie bewußt von den Staatsangelegenheiten ferngehalten wird.* Mit dieser Bemerkung geißelt Spinoza offensichtlich die politische Unmündigkeit, zu der breite Bürgerschichten unter dem Statthalter Wilhelm III. nach wie vor verdammt waren. *Ohne diesen Fehler verdienten sie wahrlich eher zu regieren als regiert zu werden.* Es ist Spinozas letztes politisches Wort.

Der Winter 1676/77 war streng, und Spinozas Krankheit verschlimmerte sich zusehends. Er hat noch einige Zeit an einer Übersetzung des Alten Testaments gearbeitet, die schon lange geplant war, vielleicht, um sein Holländisch zu verbessern. Er verbrannte sie, da er mit dem Resultat unzufrieden war. Besucher kamen seltener. Jarig Jelles und G. H. Schuller scheinen die letzten gewesen zu sein, die ihn von Amsterdam aus aufsuchten, vielleicht auch Lodewijk Meyer. Spinoza wußte genauso wie seine Umgebung, daß seine Krankheit das letzte Stadium erreicht hatte. Mit Schuller, der Anfang 1677 an Leibniz schrieb, daß «Herr Benedictus de Spinoza uns bald zu verlassen droht», ordnete er seine Manuskripte und Briefe, die er in sein Schreibpult einschloß, und gab Schuller die Erlaubnis, jetzt schon eine Reihe besonderer Werke aus seiner Bibliothek in Sicherheit zu bringen. Wir wissen nicht genau, was Schuller damit gemacht hat. Anscheinend konnte Spinoza in den letzten Monaten seines Lebens nicht mehr Linsen schleifen. Bei seinem Tod waren fast keine Außenstände zu finden, aber einige Schulden, darunter das Kostgeld und eine bei Van der Spijck gemachte Anleihe. Der Tod erfolgte am 21. Februar 1677, an einem Sonntagnachmittag, als die Familie Van der Spijck in der Kirche war. Es gab nur einen Zeugen. Manche glauben, daß es Schuller war, andere sagen Lodewijk Meyer, um dessen ärztlichen Beistand Spinoza gebeten hatte und der ihm die Augen schloß.

Hendrik van der Spijck hat getreulich sein Versprechen erfüllt und am gleichen Abend das Inventar aufzeichnen und versiegeln lassen. Die Notariatsurkunde erwähnt unter anderem ein Bett, Kissen, Dekken, zwei Hüte, zwei Paar Schuhe, Wäsche, einen alten Reisesack; einige hölzerne Tische und Stühle, ein kleines Schachspiel, die Schleifmühle mit Zubehör, wobei einige Ferngläser, ein Porträtchen, ein Paar silberne Schnallen und das wohlbekannte silberne Petschaft mit dem Sinnspruch CAUTE. Das Wertvollste im Nachlaß Spinozas war die außerordentliche Sammlung von Büchern, und der Gedanke liegt nahe, daß der Löwenanteil der Gelder, die Spinoza von seinen Freunden empfing, in Bücher umgesetzt worden ist.[169]

Jan Rieuwertsz in Amsterdam hatte sich bei der Nachricht von Spinozas Tod verpflichtet, alle Unkosten der Inventarisierung und des Begräbnisses zu übernehmen. Das Pult mit den wertvollen Dokumenten, von Van der Spijck sofort nach Amsterdam versandt, kam auch in sein Haus, ehe die jüdischen Blutsverwandten sie in die Hände bekommen konnten – denn das war das letzte, was die Männer des Spinoza-Kreises wünschten. Die jüdischen Familienmitglieder waren die Halbschwester Rebecca, mit dem Rabbiner-Kaufmann Samuel de Casseres verheiratet, und de Casseres' Sohn Daniel aus seiner ersten Ehe mit Baruchs Schwester Mirjam. Die Erben hatten sich sofort nach Spinozas Tod gemeldet, sahen jedoch später, als Soll und Haben ungefähr einander gleichblieben, von der Erbschaft ab.

Spinoza wurde am 25. Februar 1677 im Haag in der gerade erbauten Neuen Kirche am Spui begraben. Das durfte eine Gunst ge-

Spinoza. Das Bildnis aus den «Opera Posthuma», 1677

nannt werden, die bestimmt einer Gruppe ehemaliger de Witt-Anhänger zu verdanken war, die in der Kirchenverwaltung einen Sitz hatten. Männer dieser Gruppe folgten mit den Freunden dem Sarg in nicht weniger als sechs Karossen – eine respektable letzte Ehrenbezeigung, die die Loevesteiner dem Denker erwiesen, der in so besonderer Weise mit ihnen verbunden gewesen war.

Die Amsterdamer, die einen Moment geschwankt hatten, ob sie die Manuskripte Spinozas verkaufen sollten, faßten schnell den Entschluß, sie in Form der *Opera Posthuma*, von einer gleichen Ausgabe in holländischer Übersetzung gefolgt, weltbekannt zu machen. Lodewijk Meyer redigierte den lateinischen Text, Jarig Jelles schrieb ein Vorwort (von Lodewijk Meyer ins Lateinische übersetzt), Schuller «ordnete» die Briefe und pfuschte, wie gesagt, dabei. J. H. Glazemaker übersetzte genau und schnell alle lateinischen Texte. Johannes Bouwmeester verfaßte ein sechszeiliges lateinisches Lobgedicht, das auch auf holländisch erschien. Als spätere Zugabe wurde beiden Ausgaben ein Kupferstich hinzugefügt, nach dem «Wolfenbüttler» Porträt angefertigt, das sich damals noch in Händen Lodewijk Meyers befand.[170] Die Freunde arbeiteten mit gehöriger Eile: noch im Jahre 1677 erschienen die *Opera Posthuma*, Anfang 1678 die *Nagelaten Schriften*.[171] Auf beiden Titelblättern standen noch einmal die Initialen B. D. S., halb verschleierte Andeutung desjenigen, der schon zu seinen Lebzeiten gelernt hatte, sich selbst und seine Ideen in Schweigen zu hüllen ...

Daß Jarig Jelles das Vorwort schrieb, glaubt man daraus entnehmen zu dürfen, daß hier der typisch christliche Spinozismus des «Bekenntnisses» erscheint. Spinozas Lehre wird, als neue Lebenskunst, mit dem in Übereinstimmung gebracht, was Christus und die Apostel gelehrt haben, die Appellation an den Verstand mit Bibeltexten belegt. Über die Trennung zwischen Glauben und Philosophie wird mit leichter Moralisierung hinweggegangen. Auch wird Spinoza nicht als jüdischer Abtrünniger oder in seiner wirklichen Gestalt dargestellt – eher als ein etwas abstrakter, zeitgenössischer Evangelist. Diese gutgemeinte, erasmische Form der Darbietung konnte die Ausgabe nicht retten. Der jüdische Abtrünnige, der Mann, der die Autorität der Bibel niedergerissen, heidnische Vorstellungen der Natur verbreitet hatte, erhielt auch nach seinem Tod keinen freien Weg in die Öffentlichkeit: Theologen und Obrigkeit schlossen sich zusammen, um die *Opera Posthuma* zu Fall zu bringen. Das offizielle Staatsverbot des Werkes als «profan, atheistisch und blasphem» erfolgte am 25. Juni 1678.[172] Der Spinozismus war bei der ersten Erhebung seiner Stimme mundtot gemacht.

DAS GEHEIMNIS DER «ETHIK»

Das Kernstück der nachgelassenen Werke Spinozas, die *Ethik*, ist durch seinen frühzeitigen Tod sein Hauptwerk geworden. Es ist ein Werk, von dem viele Begriffe tatsächlich schon durch vorangegangene Veröffentlichungen oder Entwürfe, von der *Kurzen Abhandlung* bis zum *Theologisch-politischen Traktat* bekannt oder verbreitet waren. Die Abrundung des Buches zu einer strengen Darlegung in geometrischem Stil erweckt den Eindruck eines selbständigen, geschlossenen Systems. Aber die Einheit mit den vorhergegangenen Schriften, deren gegenseitigen Beziehungen und denen zur Ethik sind unverkennbar und lassen uns das große Werk seiner Entstehung nach eher als ein «Tagebuch der Entwicklung» (H. M. Wolff) erkennen.[173]

Die *Ethik* ist jedoch nur mit der Erkenntnis zu verstehen, daß sie als Auffassung und Zusammenfassung mit der pragmatischen Wissenschaft des Jahrhunderts Spinozas zusammenhängt. Während jedoch diese neue Wissenschaft, bei einer konventionellen Religiosität der Gelehrten und Erfinder, allzu oft im direkten Dienst des Handels, der Seefahrt und der Industrie verwirklicht wurde, zieht Spinoza durch seine im vorigen beschriebene Stellung «zwischen den Klassen» eine andere Konsequenz: er löst die Philosophie aus jeglicher Gotteskonvention heraus, indem er sie zu einer Lebenslehre erhebt, die Ratio und Lebenskunst unter der Ägis der damaligen Naturwissenschaft zu einer großen Synthese verschmilzt. In den Augen des heutigen Menschen ist es eine materialistische Synthese, die Terminologie noch laut gangbarer Konvention in die der theologischen Offenbarung gehüllt, was Spinoza selbst anders ausdrückte, nämlich als Notwendigkeit, die Sprache der Masse zu benutzen, weil man dadurch *die Menschen geneigt macht, der Wahrheit ein williges Ohr zu leihen* [174]. Obgleich das als ein Kompromiß erscheint, erkennen wir doch in Spinozas System das revolutionäre Prinzip, das den Gedankensprung aus der Umklammerung der früheren Scholastik und Dogmatik in die Freiheit ermöglicht. Daß Spinoza seine Philosophie für Wissenschaft hielt, wird dadurch bewiesen, daß er in seiner Darlegung die geometrische Methode anwandte. Das war kein Stil- oder Kunstprinzip, geschweige denn ein spielerischer Einfall: es war die mit dem neuen Denkinhalt organisch verbundene Ausdrucksweise. Er hat sie auch in seiner Erläuterung zu Descartes' «Principia» und schon 1661, kurz nach der Entstehung der *Kurzen Abhandlung*, zugunsten Oldenburgs benutzt, und zwar als definierten Gottesbeweis – obgleich Oldenburg der Beweisführung nicht folgen konnte.[175] Letzteres ist etwas erstaunlich für den Sekretär der Royal Society, da die geometrische Methode auch in diesem Institut nicht unbekannt war und sich im 17. Jahrhundert durch die ganze Kulturgestaltung hinzieht: in der Architektur des Klassizismus, den Gärten Le Nôtres, den poetisch-logischen Literaturgesetzen Boileau-Despréaux' (von der Lodewijk Meyer und andere soviel gelernt hatten) und als Krönung im 18. Jahrhundert der Aufbau und die Umkehrung des Themas in Bachs «Musikalischem Opfer». Auch Spinoza empfand die Methode als lebendiges Prinzip, und seine «Liebe zur Geometrie» war verwandt mit der Galileis, Pascals, Hobbes' oder Huygens'. Er meinte, daß sie die Wissenschaftler befähigen könne, nichts im Rahmen des Universums und seiner Wirkungen dem Zufall zu überlassen: jedes Ding sollte, befreit von Widerspruch oder Eigennutz, seinen realen Platz im Ganzen erhalten. Der Aufbau der *Ethik* war für Spinoza nicht der Reflex eines strengen, schicksalhaften Weltbildes, keine «Wanderung durch eine ägyptische Totenstadt» (wie sie A. van der Linde anmutete), sondern sie erstrahlte in immanenter Lebenskraft. Spinoza betrachtete die geometrischen Wahrheiten ipso facto als Realitäten in der Ordnung und dem Zusammenhang der Dinge: *Die Wahrheit* wäre *dem menschlichen Geschlecht in Ewigkeit verborgen geblieben, wenn nicht die Mathematik, in der es sich nicht um Zwecke, sondern nur um die Wesenheit und die Eigenschaften von Figuren handelt, den Menschen eine andere Wahrheitsnorm gezeigt hätte.*[176]

In der Konzeption Gottes, des Menschen und der Welt geht es deshalb um klare und deutliche, das heißt unwiderlegbare Ideen. Die unabweisbare Logik gilt genauso für Gott wie für das niedrigste Element in der großen Einheit. Die *Ethik* fängt an mit dem Beweis der Existenz Gottes als einziger, wahrhafter, unbegrenzter und notwendiger Substanz, ein ungeschaffenes Existieren *aus Ursache seiner selbst*, das nicht weggedacht werden kann, da dies den Denker und den Gedanken selbst zu einer Unmöglichkeit machen würde. Sie ist unendlich und deshalb alles; sie ist einzig, denn eine zweite, von ihr verschiedene Substanz würde absurd erscheinen. Diese Tatsache fegt sofort jede Gottesvorstellung hinweg, die auf der übermenschlichen Projektion menschlicher Eigenschaften in einen Schöpfer oder Richter aufgebaut ist. *Ich glaube, wenn ein Dreieck nur reden könnte, würde es geradeso sprechen, Gott sei eminent dreieckig, und ein Kreis, die göttliche Natur sei in eminentem Sinne kreisförmig, und auf diese Weise würde jeder seine Attribute Gott zuschreiben und Gott sich ähnlich machen.*[177]

Wenn der extramundane Gott der theologischen Offenbarung aus dem Weltbild entfernt wird, dann endet auch jeder fundierte Versuch, in «Gottes Willen» die Erklärung zu finden für das, was wir nicht verstehen. Und Spinoza führt das berühmte Bild des Steines an, der vom Dach herunterfällt und jemanden tötet: *Wenn er nicht nach dem Willen Gottes zu diesem Zweck gefallen ist, wie kam es, daß zufällig gerade so viel Umstände ... zusammentrafen? Man wird etwa antworten ... weil der Wind wehte, und weil den Menschen sein Weg dort vorbeigeführt hat ... Warum wehte der Wind gerade zu jener Zeit? Warum führte den Menschen sein Weg zu ganz derselben Zeit vorbei? ... Weil das Meer am vorangegangenen Tage, als das Wetter noch ruhig war, in Bewegung geriet, und weil der Mensch von seinem Freunde eingeladen war ... Und so werden sie nicht ablassen, weiter nach den Ursachen der Ursachen zu fragen, bis man seine Zuflucht zum Willen Gottes genommen hat, das heißt zur Freistatt der Unwissenheit.*[178]

Der Gedanke, daß ein Gott sich bemüht hat, alle Dinge und Erscheinungen zu unserem Nutzen einzurichten, ist unsinnig: *Der Grund ... warum Gott oder die Natur handelt und warum sie existiert, ist ein und derselbe. Wie sie also keines Zweckes halber existiert, so handelt sie auch keines Zwecks halber ... Was man aber Zwecksursache nennt, ist nichts weiter als der menschliche Trieb selbst ...*[179]

Es gibt noch eine Spinoza-Legende, die besagt, daß in der ersten Fassung der *Ethik* das Wort Gott überhaupt nicht vorgekommen sei, nur das Wort *Natur*. Lodewijk Meyer soll Spinoza geraten haben, das Wort «Gott» beizubehalten, wenn auch als «vorgetäuschten» Terminus. Wir wissen, daß dies Spinozas eigener Auffassung der theologischen Wortwahl zuwiderlief (s. Anm. 174). Wir finden deshalb bei Spinoza nicht nur den Ausdruck Gott oder die Natur in mancherlei Varianten; Spinoza unterscheidet eine *natura naturans*, das heißt die von ihren göttlichen Attributen bestimmte unendliche Unveränderlichkeit und ihre veränderliche *Emanation*, die *natura naturata*, welche die endlichen Erscheinungen, die *modi* umfaßt, deren Dasein von der unendlichen Natur abhängig ist, zum Beispiel der Mensch. Man hat darauf hingewiesen, daß die jüdische, sogar kabbalistische Auffassung der zwischen Gott und seiner Schöpfung vermittelnden Entitäten, die *Sefirot*, bei Spinozas Konzeption der Modi eine Rolle gespielt hat. Sie sind tatsächlich, wie Spinoza in seinem berühmten Rijnsburger Brief (*Über das Unendliche*) an Lodewijk Meyer schrieb, nicht wegzudenken von der Substanz, aus der sie von Ewigkeit herkommen. Denn: *Die ganze Natur* ist *ein Individuum, dessen Teile, das heißt alle Körper insgesamt, unendlichfach wechseln ohne irgendeine Veränderung des Individuums als Ganzem.*[180] Es gibt nur e i n e Notwendigkeit, e i n e Gesetzmäßigkeit, die das Verhältnis des Ganzen und der Teile bestimmt. Daraus folgt, *daß jeder Körper ... als ein Teil des gesamten Universums betrachtet werden muß, daß er mit seinem Ganzen in Übereinstimmung und mit den übrigen Teilen in Zusammenhang steht. Und da ja die Natur des Universums ... schlechthin unendlich ist, so werden infolge dieser Natur der unendlichen Möglichkeit die Teile des Universums in unendliche Modi modifiziert und müssen unendliche Veränderungen erleiden.*[181] Das schreibt Spinoza aus Voorburg an den philosophisch so begriffsstutzigen Oldenburg.

Mit diesen Begriffsbestimmungen hatte Spinoza einen zweiten revolutionären Schritt gemacht, und zwar zu einer dialektischen Denkweise, die alle von außen auftretende «Bewegungskraft Gottes», die bei Descartes noch eine Rolle spielt, verwirft, um Energie, permanente «Schöpfungskraft» und Bewegung in das Existieren Gottes zu integrieren. *Es existiert nichts, aus dessen Natur nicht irgendeine Wirkung folgte,* und diese Wirkung *drückt die Macht Gottes, die aller Dinge Ursache ist, auf gewisse und bestimmte Weise aus*[182]. Unendlich ist die Verschiedenheit von Existenz und Wirkung: unendlich deshalb die Attribute Gottes. Aber es ist uns, endlichen Modi, nur gegeben, diesen Gott in zweien seiner Attribute zu erfassen – im «Denken» oder dem wirkenden Intellekt und in der «Ausdehnung» oder der Stofflichkeit alles dessen, was ist. In zwei lapidaren Thesen legt Spinoza diese zweiseitige Ansicht der Existenz Gottes fest: *Das Denken ist ein Attribut Gottes, oder Gott ist ein denkendes Ding. – Die Ausdehnung ist ein Attribut Gottes, oder Gott ist ein ausgedehntes Ding.*[183] Wir kennen nur diese zwei Attribute der einen Substanz, heißt es schon im frühesten Briefwechsel, weil es die einzigen sind, die unsere eigene Existenz als Körper und Seele bestimmen. Über diese Dialektik, über Ruhe und Bewegung und andere «physikalische» Beziehungen im Verhältnis von Ding und Gedanken spricht Spinoza ausführlich in These 13 des zweiten Teils der *Ethik,* einem (laut H. M. Wolff) aus einem früheren Entwurf übernommenen kleinen Stück Naturwissenschaft, weil Spinoza hier unter anderem von einer allgemeinen Beseeltheit aller lebenden Wesen spricht. Körperliche Veränderungen verlaufen immer parallel mit geistigen. Anders gesagt: Bewußtseinszustände ohne «Körperzustände» sind undenkbar. Wir haben hier sogar mit einer frühen Form von Bewußtseinsphilosophie zu tun. Das Bewußtsein wird zu einem Instrument der Ratio erhoben, wenn nicht mit dem schöpferischen Verstand identifiziert.

Von dieser Erkenntnis aus schreitet Spinoza vom Gottesbegriff weiter zum Menschenbild, zu seinen berühmten drei Arten der Einsicht und des Erkenntnisvermögens. Die verwirrende Reaktion des Körpers auf erste Eindrücke verschafft uns nur eine Meinung oder Vorstellung, das heißt einen unwesentlichen, trügerischen Begriff, mit dem wir im täglichen Leben etwas anfangen können, der aber bei jeder Bestrebung nach tieferer Erkenntnis versagt.[184] Diese kann nur von unserem arbeitenden Verstand abgeleitet werden. Sie ist eine Wahrheit im tieferen Sinne des Wortes, wie die mathematische. Ein Gedanke ist wahr, wenn er mit seinem Objekt in Übereinstimmung ist, wird jedoch adäquat genannt, wenn der Denker des Gedankens auch die Natur der Idee an sich, die ursprüngliche Wahrheit der Idee ergründet.[185] Diese zweite adäquate Art der Erkenntnis, die der wahrhaft lebende Mensch erstreben soll, wächst zur Voraussetzung der höchsten Erkenntnisform, dem *anschauenden Wissen.* Diese dritte Form der Erkenntnis, die wir auch Intuition nennen können, erhebt sich aus dem wachsenden rationalen Erkenntnisvermögen der zwei vorhergehenden Phasen der Begriffsbildung, über jede Zufälligkeit, Zeitlichkeit und auch die Gebundenheit der Erfahrung zum unmittelbaren Erleben des Wesentlichen der Dinge; eine Betrachtungsweise, die für Spinoza *unter einer gewissen Art von Ewigkeit* (sub specie aeternitatis) geschieht.[186] Diese Intuition dringt in das Wesen der Substanz ein, und in diesem Erkennen und Erfassen liegt des Menschen höchste verstandesmäßige Fähigkeit – die Grundlage seines «Glücks».

Auf den Spuren seiner *Kurzen Abhandlung* schreitet Spinoza jetzt vom erworbenen Gottesbegriff, der eine wesentliche Erkenntnis der ewigen Macht und Beschaffenheit der Substanz ist, zur richtigen Erkenntnis und Einordnung des Menschen. Der Mensch ist, im ganzen gesehen, ein Schlachtfeld der eigenen Leidenschaften und Empfindungen. Der ganze dritte Teil der *Ethik* ist der Untersuchung nach Herkunft und Art dieser Leidenschaften gewidmet, ein glänzendes Gegenstück zu Descartes' Traktat über die menschlichen Leidenschaften (1649). Im Gegensatz zu seinem Vorgänger, der die Überwindung der Leidenschaften und Affekte in der Willensfreiheit des Individuums sah, ist bei Spinoza nur die verstandesmäßige Einsicht in den natürlichen und notwendigen Zusammenhang der Dinge die Triebkraft, durch die man sich vom Joch der Leidenschaften befreien kann: *Ich werde die menschlichen Handlungen und Triebe ebenso betrachten, als wenn die Untersuchung es mit Linien, Flächen und Körpern zu tun hätte.*[187] Jede Verirrung, jede undeutliche Vorstellung oder Leidenschaft ist somit die Folge unvollständiger Erkenntnis. Jede Erkenntnis ist ein tieferes Erfassen unserer Stellung in der Realität und unseres Wachstums zur Vollkommenheit. Höchste Realität und Vollkommenheit fallen zusammen. Wenn auch stark determiniert – der Mensch ist doch zu einem «Lebensplan» fähig, einem Training seiner Kräfte. Das ist das Neue in Spinozas Abhandlung über die Leidenschaften, und er weiß es. Was der *hochberühmte Descartes und andere auch Gutes darüber geschrieben haben mögen, die Natur und die Kräfte der Affekte und andererseits, was zu deren Bemeisterung die Seele vermag, das hat, soviel ich weiß, noch niemand bestimmt*[188]. Bei Spinoza keine Willensentscheidung, sondern eher eine Form unermüdlichen Strebens. Der Mensch mit dem stärksten Drang zur Selbstbehauptung (der berühmte «conatus in suo esse perseverandi», den Spinoza bei den italienischen Naturphilosphen gefunden hatte) besitzt auch die stärkste und glücklichste Individualität. Denn dieser «Conatus» beruht auf der wachsenden Einsicht in die Erkenntnis dessen, was Körper und Seele in der Ausübung ihrer natürlichen Fähigkeit h e m m t oder auch f ö r d e r t. Mit dieser Einsicht entfallen alle theologischen Unterscheidungen von «gut» und «schlecht». Der revolutionäre Moralist Spinoza stellt ihr Wesen objektiv fest: *Unter gut werde ich das verstehen, wovon wir gewiß wissen, daß es uns nützlich ist. – Unter schlecht dagegen das, wovon wir gewiß wissen, daß es uns hindert, in den Besitz eines Gutes zu gelangen.*[189] Daraus entspringt logisch Spinozas Tugendbegriff: *Je mehr einer danach strebt und je mehr er dazu imstande ist, seinen Nutzen zu suchen, das heißt sein Sein zu erhalten, desto mehr ist er mit Tugend begabt.*[190] Spinozas Tugend kann jedoch nur im Zusammenhang mit seinen Definitionen von Freude und Leiden verstanden werden, anders gesagt: aktiven und passiven Affekten. Die ersteren regen den «Nutzen» des Körpers und der Seele an und fördern die Einsicht in die Vollkommenheit. Dagegen tut passive Leidenschaft, zusammen mit unadäquaten Ideen und Vorstellungen, jeder Vervollkommnung Abbruch.

Spinozas Affektenlehre zeichnet ihn als einen Mann, der bei all seinen strengen Begriffsbestimmungen in der konkreten Menschenwelt gelebt hat – als psychologischer Beobachter, der in Rijnsburg, Voorburg und den Haag den einfachen Mann und die großen Herren aus nächster Nähe kennenlernen konnte. Es ist ihm auch genau bewußt, daß allerlei Spielarten des Genus «Mensch» möglich sind. Aber für jede von Spinoza erkannte Individualität gilt, daß sie sich über die sie bedrohenden Affekte der Unlust und der Traurigkeit zur Aktivierung der Seele emporarbeiten und ihr *Vermögen* bis zum Äußersten entwickeln muß. Dieses Vermögen nennt Spinoza *Seelenstärke* und unterscheidet dabei *Willenskraft und Edelmut. – Unter Willenskraft verstehe ich ... die Begierde, mit der jeder strebt, sein Sein allein nach dem Gebote der Vernunft zu erhalten. Unter Edel-*

mut aber verstehe ich die Begierde, mit der jeder strebt, allein nach dem Gebote der Vernunft seine Mitmenschen zu unterstützen und sich in Freundschaft zu verbinden.[191] Ist in dieser «moralischen» Umschreibung Spinozas nicht fast ein Selbstbildnis enthalten? Auf jeden Fall haben wir hier in kürzester Fassung einen Fingerzeig für den Einzelnen, sowohl in seiner persönlichen Entfaltung als auch für sein Betragen in der idealen sozialen Gemeinschaft. Daß Spinoza bei dieser Gemeinschaftsidee kein abstraktes Bild vor Augen stand, sondern das der Republik, in der er lebte und die noch an so vielen Gegensätzlichkeiten kränkelte, ergibt sich in der *Ethik* stets wieder durch allerlei Anmerkungen über die Verteidiger des offiziellen Protestantismus, in denen das unwissende Volk *die Dolmetscher der Natur* erblickt (anstatt in den objektiven Gelehrten), sie, die die Hoffnung anfachen, in einem Jenseits für all ihre Torheit *von Gott mit den größten Belohnungen ausgezeichnet zu werden,* während sie den Glauben, um nicht zu sagen den Aberglauben aufrechterhalten durch *die Furcht, nach dem Tode mit schrecklichen Martern bestraft zu werden.* Hier sind deutlich Berührungspunkte mit dem *Theologisch-politischen Traktat.* Denn auch in seiner Sittenlehre spricht Spinoza von der *staatlichen Gemeinschaft der Menschen,* die in gleichem Maße von der Beherrschung der Leidenschaften und der Vernunft geleitet werden muß. Die Parteiwirren der Republik und die von blinden Volksvorurteilen profitierende Oranierdynastie müssen Spinoza dabei immer vor Augen gestanden haben. Und wieder erklingt der Appell an die Zeitgenossen, eine wahrhaft soziale Staatsordnung zu schaffen: *Mögen also die Satiriker die menschlichen Dinge verlachen ... mögen die Theologen sie verwünschen, und mögen die Trübsinnigen das unkultivierte und ländliche Leben ... loben, mögen sie die Menschen geringschätzen und die unvernünftigen Tiere bewundern, sie werden doch die Erfahrung machen, daß die Menschen durch wechselseitige Hilfeleistung ihren Bedarf sich viel leichter verschaffen und nur mit vereinten Kräften die Gefahren, die von überall her ihnen drohen, vermeiden können.*[192] Für den Einzelnen und die Staatsgemeinschaft dreht sich dabei alles um eine einzige Sache: Aufheben der Sklaverei der Affekte, um sich zum richtigen Begriff der Freiheit zu erheben. Nicht umsonst handelt der vierte Teil der *Ethik* von *der menschlichen Knechtschaft* und ihrem Heilmittel. Wenn wir die destruktive Wirkung unserer schlechten Affekte – Haß, Selbstüberschätzung, Hohn und Neid, aber auch unangebrachtes Schuldgefühl und Gewissensbisse – durchschauen und abschütteln, nimmt unsere physische und psychische Gesundheit zu. Tugend, Lebenswille, soziales Bewußtsein fallen im Begriff «Freiheit» zusammen, Hoffnung und Angst spielen nicht mehr ihre schlechte Rolle, vor allem auch nicht mehr die Angst vor dem Tod: *Der freie Mensch denkt an nichts weniger als an den Tod; und seine Weisheit ist ... ein Nachsinnen über das Leben.*[193] Um dieses Lebens willen ist ein kurzes und deutliches Kennwort für unsere Haltung festzustellen, das berühmte *bene agere et laetari* [gut handeln und sich freuen][194], eine im Anschluß an Prediger Salomonis 3, 12 aufs neue gegen jeden freudlosen Puritanismus gerichtete Ermahnung.

Mit diesem Sinnspruch ist der Anfang der Freiheit erreicht. Spinozas Freiheitsbegriff gehört zu den stärksten, fruchtbarsten Äußerungen seines dialektischen Denkens. Freiheit ist für ihn unverbrüchlich mit der Erkenntnis der Notwendigkeit des denkenden menschlichen Wesens verbunden: *Das Ding soll frei heißen, das nur kraft der Notwendigkeit seiner Natur existiert.*[195] Man muß dieser Notwendigkeit – der Unerschütterlichkeit der Gesetze, die Körper und Seele bestimmen – nicht blind, sondern sehend zu gehorchen lernen: *Ich setze die Freiheit nicht in den freien Willen, sondern in die freie Notwendigkeit*[196], wie Spinoza einmal an Schuller schrieb. Dieses Bewußtsein enthebt den Menschen, insofern er schon bewußter gemäß der Natur und des Verstandes lebt, der trüben Wirkung seiner Affekte, so daß er fortan *kaum in seinem Gemüt bewegt* wird, was, in stoischem Sinne aufgefaßt, alles andere als Unbewegtheit ist. Denn von der eingenommenen Gedankenstellung aus geht Spinoza im letzten Teil der *Ethik* über zu der Frage, wie die unumstößliche Sicherheit, *das anschauende Wissen*, erreicht werden kann, das ermöglicht, ein lebendiges Band zwischen Endlichkeit und Unendlichkeit, Mensch und Gott zu knüpfen. Es ist die Kraft des Verstandes, die den Weg zu dieser Glückseligkeit aufzeigt. Spinoza verwirft völlig Descartes' Theorie, daß die Zirbeldrüse das Organ der Begegnung des Körpers und der Seele sei. Er weist unseren Verstand als den mächtigsten Affekt an, der imstande ist, die von außen stammenden verwirrenden Wirkungen zu ordnen und zu klären. Wer Macht über seine Seele hat, so drückt Spinoza sich aus, wird lernen, sie immer mehr auf die *Idee Gottes* zu richten: diese Form des Bewußtseins und des Denkvermögens umschreibt er als *Liebe zu Gott*. Die *Ethik* begann mit dem Gottesbeweis und endet mit Spinozas Gottesverherrlichung.

Zweifellos haben bei Spinozas Terminologie allerlei jüdisch-platonische Reminiszensen mitgewirkt, zum Beispiel die aus den «Dialogen der Liebe» von Leone Ebreo; und zweifellos wurde diese Form seines Gedankengangs wegen der Formulierung von manchen Spinoza-Kommentatoren zu einer neuen Form des Glaubens mystifiziert. Der Gott Spinozas aus dem fünften Teil der *Ethik* ist jedoch kein anderer als der aus dem ersten – die e i n e Substanz, in der Wesen, Intellekt und Notwendigkeit zusammenfallen. Die Liebe zu Gott ist die intuitiv höchste Erkenntnis der Solidarität, die alles innerhalb dieser Substanz zusammenhält. Schon früher hatte Spinoza den vielsagenden Ausspruch gemacht, daß *für den Menschen nichts nützlicher* ist *als der Mensch; nichts Wertvolleres, sage ich, können sich die Menschen zur Erhaltung ihres Seins wünschen, als daß alle in allem dergestalt übereinstimmen, daß die Seelen und Körper aller zusammen gleichsam eine einzige Seele und einen einzigen Körper bilden*[197]. Die Liebe zu Gott wird damit als ein Einheitsbewußtsein erklärt, das um so größer wird, je mehr Menschen es erwerben. Unter diesem Aspekt kommt Spinoza zu der These, daß wir durch unser *Auge der Seele* (die intuitive Einsicht) eine Ewigkeitserkenntnis erlangen, obgleich wir *der Seele eine Dauer nur beilegen, so lange der Körper dauert*[198]. Das Ewige kann nur im Ewigen verstanden werden.

Damit sind wir zur höchsten uns erreichbaren Stufe emporgestiegen: die Selbst- und Seinserkenntnis «sub specie aeternitatis», von Spinoza als *geistige Liebe zu Gott* (*amor Dei intellectualis*) umschrieben; in ihr hat der Mensch das Stadium der Vollkommenheit und damit der Glückseligkeit und Freiheit erreicht. Gott, die ewige Ordnung der Natur, die freie Ursache all dessen, was lebt und sich bewegt, ist über menschliche Eigenschaften erhaben und schenkt uns keine Gegenliebe. Aber das Bewußtsein unserer Vervollkommnung in seiner unverbrüchlichen Ordnung entlockt Spinoza immer neue, platonisch gefärbte, fast dichterische Äußerungen der Begeisterung: *Die geistige Liebe zu Gott ist Gottes Liebe selbst, womit Gott sich selbst liebt.*[199] Zwischen der Liebe des Menschen zu Gott und der Gottes für die Menschen, in der Bibel als «Ruhm» umschrieben, besteht kein Unterschied. Diese Form von Glückseligkeit ist jedoch keine Belohnung unserer Tugend – es ist die Tugend selbst, die dem Menschen die Kraft verleiht, alle schlechten Leidenschaften zu zügeln. Der Tor bleibt so stark an diese Leidenschaften gebunden, daß er, wenn er aufhört, darunter zu leiden, sogar aufhört zu sein. *Der Weise dagegen ... seiner selbst und Gottes und der Dinge nach einer gewissen ewigen Notwendigkeit bewußt, hört niemals auf zu sein, sondern ist immer im Besitz der wahren Zufriedenheit des Gemüts.*[200]

Das Erreichen dieser Form der Tugend, der höchsten intuitiven Intelligenz, ist immer noch nur wenigen gegeben. Aber sie ist ebensowenig wie die Idee eines freien Staates für Spinoza eine Utopie. Als er über die *Weisen* sprach, wird er schon nicht mehr an liberale niederländische Regenten gedacht haben, die er einmal als *die Besten* angesehen hatte. Über ihre Häupter hinweg richtet er sich, wie in seinem *Politischen Traktat*, *an eine zukünftige Generation.* Die *Ethik* blieb hinter Schloß und Riegel und sollte für viele noch jahrelang ein Buch mit sieben Siegeln bleiben. Spinoza wußte das und sprach es aus: der Weg zum höchsten Begriffsvermögen ist schwierig, wenn auch nicht unfindbar. *Und freilich schwierig muß sein, was so selten gefunden wird. Denn wie wäre es möglich, wenn das Heil leicht zugänglich wäre und ohne große Mühe gefunden werden könnte, daß fast alle es unbeachtet lassen? Aber alles Erhabene ist ebenso schwer wie selten.*[201]

So enthüllt sich das Geheimnis der *Ethik* vor unseren Augen als der ruhige, konsequente Mut, mit dem der uneigennützigste und stoischste Denker des 17. Jahrhunderts den Gott, der zufolge der Kirchen und der Synagoge außerhalb der Welt und über der Menschheit gesucht (und gefürchtet) werden muß, in Welt und Menschheit aufgehen ließ: Ausdruck des einzigartigen, tausendförmigen, ungeschaffenen Seins, der eine Körper mit der einen Seele. Mit dieser Tat hat Spinoza nicht nur das Mittelalter weit zurückgestoßen; er wurde vor allem unser Anfang. Seine Lebenskunst schließt mit einem Akkord von schlichtem Optimismus, der gleichzeitig den festen Glauben an die Vernunft als letzte, höchste Kraft verkündet, die den Einzelnen und die Gesellschaft zur wahren Bestimmung führen kann – dem Akkord des aus eigener Kraft erlösbaren Menschen.

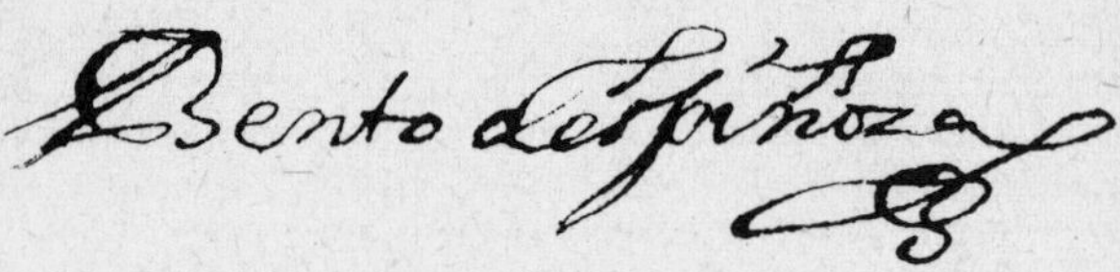

ANMERKUNGEN

1 J. Presser: «Ashes in the wind». London 1968.
2 Valeriu Marcu: «Die Vertreibung der Juden aus Spanien». Amsterdam 1934.
3 Marranos [Schweine]: Name der zwangsgetauften Juden in Spanien. Sie selbst nannten sich Anussim (die Gezwungenen).
4 H. Brugmans und A. Frank: «Geschiedenis der Joden in Nederland». Amsterdam 1940 (Bd. I, 2. Buch, Kap. 1–2).
5 A. M. Vaz Dias und W. G. van der Tak: «Spinoza mercator & autodidactus». Den Haag 1932, S. 4, 40.
6 Der Name ist abgeleitet von Sefarad (Spanien). Die Sephardim mit ihrem reinen Ritual und reiner Aussprache des Hebräischen sollen, jüdischer Beurteilung nach, auch anthropologisch den schönsten südländischen Typus bewahrt haben («Philo-Lexikon». Berlin 1935, S. 660–661).
7 Aschkenas, in der mittelalterl. rabbinischen Literatur Bezeichnung für Deutscher.
8 Den Memoiren des Preußenkönigs Friedrichs II. nach sollte Suasso dem Prinzen für seine Expedition nach England (1688) zwei Millionen vorgestreckt haben mit der Bemerkung: «Wenn Sie Glück haben, weiß ich, daß Sie mir das Geld zurückerstatten; wenn nicht, hab ich es halt verloren.»
9 Nachdem die Niederländer dem spanischen Monarchen Philipp III. abgeschworen hatten (1581), wurde der Landtag ihrer provinziellen Abgeordneten («Staaten») höchste Regierungsinstanz. Der Name Generalstaaten für das niederländische Parlament blieb bis heute in Kraft.
10 Grabschriften der Familie in Vaz Dias und Van der Tak, a. a. O., S. 3, 4.
11 Vaz Dias und Van der Tak, a. a. O., S. 33–34, 66–67, sowie: «De Firma Bento y Gabriel de Spinoza». Leiden 1934 (Mededelingen v. h. Spinozahuis).
12 Über Uriel da Costa siehe J. Freudenthal: «Spinoza. Sein Leben und seine Lehre». Stuttgart 1904, Bd. I, S. 58–59, sowie A. M. Vaz Dias: «Uriel da Costa». Leiden 1935 (Mededelingen v. h. Spinozahuis).
13 H. Graetz: «Volkstümliche Geschichte der Juden». München, Bd. III. Kap. 23.
14 Über die Juden in den niederländischen Kolonien siehe J. G. van Dillen in Brugmans–Frank, I, S. 602–613.
15 Deutsche Übersetzung Mose ben Maimon: «Führer der Irrenden». Hg. von A. Weiss. 3 Bde. Leipzig 1923–24.
16 Leon Roth: «Spinoza, Descartes and Maimonides». London 1924. – Schon früher versuchte der jüdische Religionsphilosoph M. Joël in seinem Buch «Spinozas Theologisch-politischer Traktat» (1870) diese Abhängigkeit nachzuweisen.
17 So der Amsterdamer Rabbiner J. d'Ancona, wie so viele seiner Glaubensgenossen in Polen umgekommen. Er war der bestimmten Ansicht, daß Spinozas *Kurze Abhandlung* auf Delmedigos «Sefer Elim» zurückzuführen war, s. J. d'Ancona: «Delmedigo, Menasseh ben Israël en Spinoza» (In «Bijdragen en mededelingen van het Genootschap voor de Joodse wetenschap in Nederland ...» Amsterdam 1940. Bd. VI). D'Ancona vertrat dieselben Ansichten in Brugmans–Frank, a. a. O., S. 228–239, 279–283.
18 Johannes Colerus: «Lebensbeschreibung Spinozas» (1705), niederländisch und deutsch bei J. Freudenthal: «Die Lebensgeschichte Spinozas in Quellenschriften, Urkunden und nicht-amtlichen Nachrichten ...».

Leipzig 1899. S. 35–105. – Faksimile-Ausg. der «Korte, dog waaragtige Levens-beschryving, Van Benedictus de Spinosa . . .». Im Haag 1880.

19 Freudenthal, «Spinoza», a. a. O., Bd. I, S. 48–63.

20 Es ist diese Richtung, die Ernst Bloch die «aristotelische Linke» nennt und wegen ihrer Auffassung der Materie (Naturalismus) unmittelbar in Beziehung setzt zur Universität Padua, und von dorther zu Giordano Bruno («Avicenna und die aristotelische Linke». Frankfurt a. M. 1963). Die Bedeutung Paduas für die Verbreitung des Averroismus wurde schon 1852 von Ernest Renan dargelegt in seinem historisch wichtigen Werk «Averroës et l'averroisme», obwohl Renan seine Doppelnatur in bezug auf Religion und Philosophie, den Materialismus dieser Richtung in schön gewundenen Sätzen zu verschlüsseln suchte. Siehe auch Hermann Ley: «Studie zur Geschichte des Materialismus im Mittelalter». Berlin 1957.

21 Vaz Dias und Van der Tak, a. a. O., S. 22.

22 Ebd., S. 29–30, 64–65.

23 In Spinozas Bibliothek befanden sich zwei Drucke (1637, 1649) von D. Mostart: «De Nederduytsche Secretaris».

24 D. J. Struik: «A concise history of mathematics». London 1956, S. 109–132.

25 Über den Prinzipienkampf der taufgesinnten Strömungen im 17. Jahrhundert in den Niederlanden und ihrem Verhältnis zu Erasmus und Coornhert s. H. W. Meihuizen: «Galenus Abrahamsz 1622–1706 . . .». Haarlem 1954.

26 Über Spinozas Freundeskreis immer noch kaum überholte Studien in K. O. Meinsma: «Spinoza und sein Kreis». Berlin 1909. – In neuerer Zeit hat Madeleine Francès diese Untersuchungen vertieft in ihrem Buch «Spinoza dans les pays néerlandais de la seconde moitié du XVIIe siècle» (Diss. Paris 1937).

27 S. L. Feuer: «Spinoza and the rise of liberalism». Boston 1958, S. 25–27, 264–265.

28 Längerer deutscher Text bei Freudenthal, Quellenschriften, a. a. O., S. 48–54

29 Der Text in M. Kayserling: «Biblioteca Española-Portugueza-Judaica». Straßburg 1890 (Neudruck: Nieuwkoop 1965), muß als apokryph angesehen werden.

30 Über die heikle Stellung der Judenschaft dem Amsterdamer reformierten Kirchenrat gegenüber bezüglich des Bannfluchs Spinozas. F. J. Dubiez: «Baruch de Spinoza 1632–1677» in: «Ons Amsterdam» 1 (1969).

31 Jean-Maximilien Lucas: «La vie et l'esprit de Mr. Benoît de Spinosa». Amsterdam 1719. – Bei Freudenthal, Quellenschriften, a. a. O., S. 1–25.

32 Über das Attentat und die Glaubwürdigkeit des Vorfalls s. Dubiez, a. a. O.

33 S. L. Feuer fand diesen Brief und teilt ihn mit (a. a. O., S. 49, 271).

34 Meinsma, a. a. O., 1. Kap. – Fritz Mauthner: «Der Atheismus und seine Geschichte im Abendlande». Stuttgart 1922, Bd. II, S. 308–371.

35 43. Brief. «Spinoza: Briefwechsel». Übertr. u. hg. . . . von Carl Gebhardt. Leipzig 1914, S. 193–194.

36 J. M. Robertson: «A short history of freethought». London 1906, Bd. 2, S. 198.

37 Cornelia Serrurier: «Descartes. L'Homme et le penseur». Amsterdam 1950. – C. Louise Thijssen-Schoute: «Le cartésianisme aux Pays-Bas» in: «Descartes et le cartésianisme hollandais». Amsterdam 1950, sowie «Nederlands Cartesianisme». Amsterdam 1954.

38 D. J. Struik: «Het land van Stevin en Huygens». Amsterdam 1966, S. 85–95.
39 Ebd. S. 81–82.
40 V. Zoubov: «Pierre Gassendi» in: «Recherches soviétiques». Paris 1956. Cahier 4: «Histoire des idées», S. 33–47.
41 «Die Natur der Dinge» (dt. von Hermann Diels). Berlin 1957.
42 Hélène Védrine: «La conception de la nature chez Giordano Bruno». Diss. Paris 1967.
43 J. Lindsay: «Giordano Bruno. Cause, principle and unity». London 1962, S. 32.
44 C. A. Crommelin: «Spinoza en de natuurwetenschappen». Leiden 1939 (Mededelingen v. h. Spinozahuis).
45 Colerus: «Lebensbeschreibung Spinozas», s. Freudenthal, Quellenschriften, a. a. O., S. 55–56.
46 S. L. Feuer glaubt, daß Spinoza die Schriften Machiavellis schon während seiner autodidaktischen Lebensphase gekannt hat (a. a. O., S. 3, 259).
47 Hobbes' «Elementa philosophica de cive» erschien 1647 in Amsterdam in einer erweiterten Ausgabe. Es befand sich in der Bibliothek Spinozas. Die Schriften Hobbes' wurden im Bücherladen des Jan Rieuwertsz vertrieben. 1667 erschien die niederländische Übersetzung des «Leviathan», die sehr bald verboten wurde.
48 H. Brugmans: «Geschiedenis van Amsterdam». Amsterdam 1930, Bd. IV, S. 695–742.
49 Spinoza las offenbar nicht aus ästhetischen Motiven. Er kannte die klassischen Poeten, aber nicht die zeitgenössischen niederländischen. Doch soll er sich besonders amüsiert haben an den Komödien des Terenz, was dann wohl den Theaterexperimenten des Franciscus van den Enden zu verdanken ist. Der niederländische Lyriker und Klassiker Jan Hendrik Leopold (1865–1925) bezeugt in seinem «Ad Spinozae Opera Posthuma» (Im Haag 1902) in spinozistisch anmutenden Ausdrücken, warum Spinoza den Terenz geliebt hat: «... Milde und Mäßigung ... ruhige Gelassenheit ... ohne Groll oder Vorzug ... Philosoph, der gewohnt war, menschliche Dinge als natürlich zu betrachten».
50 *Ethik*, IV, 45. Lehrsatz.
51 *Abhandlung über die Verbesserung des Verstandes* ... in J. Bluwstein: «Spinozas Briefwechsel und andere Dokumente ...». Leipzig 1916, S. 270–271. – Neue, vollst. deutsche Ausg. hg. von H. Kelm. 2. Aufl. Leipzig 1959.
52 Besonders im III. Teil der *Ethik* findet man Spinozas Psychologie von Liebe, Haß, Begierde (Lehrsätze 22, 25, 33–35; Zusatz 6 und 48).
53 Das Hauptwerk des D. V. Coornhert, erschienen 1586, nennt sich «Zedekunst, dat is Wellevenskunste» (neueste Ausg. hg. von B. Becker. Leiden 1942).
54 Analyse dieses Verschiebungsprozesses bei D. J. Struik, «Het land ...», a. a. O., S. 75.
55 Francès, a. a. O., S. 48.
56 Vollständiger Titel: «Nederlantsche woordenschat dat is verduytschinge van uytheemsche woorden, die somtijdts onder het Nederlandtsch gevonden worden» (1. Aufl. 1650). Die 5. Auflage (1669) trägt zuerst den Namen des Bearbeiters und heißt «L. Meyers woordenschat».
57 Über Lodewijk Meyer s. Anm. 26. – Dazu noch C. Louise Thijssen-Schoute: «Lodewijk Meyer en diens verhouding tot Descartes en Spinoza». Leiden 1954 (Mededelingen v. h. Spinozahuis). Neugedruckt in C. Louise Thijssen-Schoute: «Uit de republiek der letteren». Im Haag 1967, S. 173–195.

58 C. Louise Thijssen-Schoute: «Jan Hendrik Glazemaker, de 17-Eeuwse Aartsvertaler» in: «Uit de republiek der letteren», a. a. O., S. 206–263.
59 Struik, «Het land . . .», a. a. O., S. 106.
60 *Kurze Abhandlung von Gott, dem Menschen und seinem Glück*. Hg. von Carl Gebhardt. Hamburg 1959.
61 7. Brief, a. a. O., S. 31.
62 17. Brief, a. a. O., S. 70–71.
63 Ebd., S. 73.
64 Ebd., S. 72–73. – S. L. Feuer (a. a. O., S. 252) glaubt in diesem Albtraum Spinozas die Offenbarung seines verdrängten Schuld- und Haßgefühls der rächenden Autorität der Gesellschaft (der Synagoge, der Väter?) gegenüber zu verspüren.
65 Madeleine Francès weist auf die starken Verbindungen zwischen niederländischen und englischen Dissidenten hin (a. a. O., S. 50–52).
66 6. und 13. Brief, a. a. O. – Spinoza hat den bekannten 6. Brief, dessen Original im Besitz der Londoner Royal Society ist, selbst für den etwaigen Druck redigiert.
67 6. Brief, a. a. O., S. 24.
68 9. Brief, a. a. O., S. 37.
69 Casearius ist der Mitverfasser des Standardwerkes «Hortus Malabaricus» (1678–1703), 13 Bde. Das fließende Latein seiner Beschreibungen soll er, nach Meinsma, dem Unterricht des Dr. Van den Enden verdanken. Casearius starb übrigens jung, im selben Jahre wie Spinoza (1677). Den deutschen Leser weisen wir hin auf das alte, nie veraltete Werk des Cd. Busken Huet: «Rembrandt's Heimath». Leipzig 1887, Bd. II, XV. Kap.
70 14. Brief, a. a. O., S. 63.
71 Neue deutsche Ausgabe in K. Vorländer: «Philosophie der Neuzeit». Bd. V. Reinbek 1966 (= rowohlts deutsche enzyklopädie. 261/262), S. 151–183.
72 37. Brief, a. a. O., S. 165 – Für das Problem der Methode aus heutiger Sicht s. H. G. Hubbeling: «Spinoza's methodology» (Diss. Groningen 1964) sowie C. de Deugd: «The significance of Spinoza's first kind of knowledge» (Diss. Utrecht 1966, S. 50–130).
73 37. Brief, a. a. O., S. 165.
74 *Abhandlung über die Verbesserung des Verstandes* . . . a. a. O., S. 14–15.
75 13. Brief, a. a. O., S. 54.
76 15. Brief, a. a. O., S. 66–67.
77 C. Louise Thijssen-Schoute in ihrem Essay über L. Meyer. Sie fand obendrein das Vorwort Meyers «nicht sympathisch» («Nederlands Cartesianisme», a. a. O., S. 389).
78 13. Brief, a. a. O., S. 54.
79 Pascal: «Pensées», Nr. 77.
80 *Kurze Abhandlung*, a. a. O., S. 22–23.
81 6. Brief, a. a. O., S. 30.
82 *Kurze Abhandlung*, a. a. O., S. 130 (Folgesatz).
83 13. Brief, a. a. O., S. 55.
84 N. Japikse: «Johan de Witt. Hüter des freien Meeres». Leipzig 1917.
85 «Pensionär» war schon während der Burgunderherrschaft Titel des Stadtschreibers und -juristen. Unter Kaiser Karl V. wurde auch ein Landesschreiber (Landesadvokat) instituiert, mit dem alten Namen «Ratspensionär».
86 É. Laspeyres: «Geschichte der volkswirthschaftlichen Anschauungen der Niederländer . . .» Leipzig 1863 (Neudruck Nieuwkoop 1961), S. 17–21.
87 Erste deutsche Übersetzung von Caspar Waechtler, Frankfurt a. M. 1671.

88 W. P. C. Knuttel: «Verboden boeken in de Republiek der Vereenigde Nederlanden. Catalogus ...». Im Haag 1914, S. 1–2. Das Buch des Pieter de la Court galt längere Zeit für ein Werk des Ratspensionärs und wurde noch 1709 in Frankreich als «Mémoires de Jean de Witt» veröffentlicht.

89 A. Thalheimer (und A.) Deborin: «Spinozas Stellung in der Vorgeschichte des dialektischen Materialismus ...». Wien–Berlin 1928, S. 35–36.

90 Ballings Büchlein war faktisch eine Antwort auf die Streitschrift des britischen Quäkers William Ames gegen den mennonitischen Pfarrer Galenus Abrahamsz, Ballings Freund. Ames wurde, seinem oft hysterischen Bekehrungseifer zum Trotz, lange Jahre in Amsterdam toleriert. «Das Licht auf dem Leuchter» wurde 1683 aus Versehen den «Opera Posthuma» des freigeistigen Spiritualisten Adam Boreel beigefügt, erschien aber 1684 bei Jan Rieuwertsz erneut in einem Band mit dem «Glaubensbekenntnis» des Jarig Jelles.

91 8. Brief, a. a. O., S. 36.

92 28. Brief, a. a. O., S. 137.

93 «Een Bloemhof van allerlei lieflijkheyd sonder verdriet geplant door Vreederijk Waarmond / ondersoeker der waarheyd ... Door Mr. Adr. Koerbagh / rechtsgel. en geneesmr». Amsterdam 1668, S. 183.

94 21. Brief, a. a. O., S. 106.

95 Ebd., S. 110.

96 20. Brief, a. a. O., S. 84.

97 Die Geschichte des Bildes, das 1705 vom Herzog Anton Ulrich von Braunschweig-Wolfenbüttel erworben wurde, nachdem es in Spinozas Freundeskreis gewesen war, bei E. Altkirch: «Spinoza im Porträt». Jena 1913, S. 57–60.

98 Abraham Joh. Cuffeler: «Specimen artis ratiocinandi naturalis & artificialis ad pantosophiae principia manudecens ...». 3 Bde. Hamburgi [= Amsterdam] 1884.

99 Die niederländischen Bürgerregenten verschafften sich im 17. Jahrhundert durch den Kauf von Rittergütern fast alle einen Titel mit feudalem Klang. Hudde wurde «Ritter» durch eine Erbschaft seiner Frau.

100 26. Brief, a. a. O., S. 133–134.

101 32. Brief, a. a. O., S. 149.

102 «Aus Briefen Chr. Huygens an seinen Bruder Constantijn» («Œuvres compl. de Chr. Huygens», Bd. VI). Auszüge aus den Jahren 1667 und 1668 bei Freudenthal, Quellenschriften, a. a. O., S. 191–192.

103 36. Brief, a. a. O., S. 163–164.

104 38. Brief, a. a. O., S. 166–168.

105 34., 35. und 36. Brief, a. a. O., S. 154–164. – Früher wurde angenommen, daß diese Briefe an Huygens geschrieben worden seien. Daß sie für Hudde bestimmt waren, wissen wir durch eine später gefundene Erklärung Jan Rieuwertsz jun. und eine Notiz Leibniz' in seinem Exemplar der *Opera Posthuma* Spinozas.

106 Francès, a. a. O., S. 73–78.

107 30. Brief, a. a. O., S. 141.

108 Wenige Jahre nach dem Erscheinen des Buches von Lodewijk Meyer hat Spinoza sich in einem Schreiben an den Rotterdamer Kollegianten Jacob Ostens ziemlich schroff von der These Meyers distanziert (43. Brief, a. a. O., S. 197). Hieraus ist wohl konkludiert worden, daß die Beziehungen zwischen Spinoza und Meyer um 1670 herum ziemlich kühl geworden waren.

109 Thijssen-Schoute, «Nederlands Cartesianisme», a. a. O., S. 380–410.
110 40. Brief, a. a. O., S. 170.
111 72. Brief, a. a. O., S. 275.
112 30. Brief, a. a. O., S. 141–142.
113 Meine Darlegung folgt meinem Essay: «Spinoza als politischer Denker» («Deutsche Zeitschrift für Philosophie» 11 [1964], S. 1312–1327).
114 A. van der Linde: «Benedictus Spinoza. Bibliografie». Im Haag 1871 (Neudruck Nieuwkoop 1965), Nr. 5–8.
115 Feuer, a. a. O., S. 123, 284–285. – Eine Vergleichung der ökonomischen Ideen Spinozas mit denen des Pieter de la Court in Laspeyres, a. a. O., S. 21–24.
116 *Theologisch-politischer Traktat.* Übertr. und hg. von Carl Gebhardt. 4. Aufl. Leipzig 1922, S. 353.
117 Ebd., S. 360
118 Feuer, a. a. O., S. 196 f.
119 Ebd. 4. und 5. Kapitel.
120 *Theologisch-politischer Traktat,* a. a. O., S. 112, 123.
121 Ebd., Einleitung S. XXXIV–XXXV, in der Gebhardt eine ganze Reihe von Gegenschriften aufzählt.
122 42. und 43. Brief, a. a. O., S. 177–198.
123 44. Brief, a. a. O., S. 198–199. (Man weiß nicht genau, wer dieser ungenannte Professor gewesen ist.)
124 Man schließt das aus den letzten Zeilen des 63. Briefes (an G. H. Schuller), a. a. O., S. 248.
125 *Theologisch-politischer Traktat,* a. a. O., S. 358.
126 «Demagoge» sagt C. Louise Thijssen-Schoute in: «Nederlands Cartesianisme», a. a. O., S. 365; «Kämpfer für das freie Denken» heißt er bei P. H. van Moerkerken in: «Adriaan Koerbagh, 1633–1669. Een strijder voor het vrije denken» («De Vrije Bladen» [Amsterdam] 2 [1948]).
127 Van Moerkerken, a. a. O., S. 60.
128 Der Schöffe Hans Bontemantel, geistesverwandt mit Hudde, machte, wie von manchen anderen damaligen Ereignissen, Notizen während der Verhöre Koerbaghs, die mit den Protokollen des reformierten Kirchenvorstandes unsere Quellen des Prozesses darstellen. Meinsma hat sie zum erstenmal in seinem Spinoza-Buch verarbeitet (10. Kapitel).
129 Saint-Évremond, der unter anderem den «Volpone» des Ben Jonson übersetzte und eine Komödie im englischen Stil verfaßte, ist in der «Poets Corner» der Westminster Abbey begraben (1703).
130 Zum erstenmal in Saint-Évremond: «Œuvres» (hg. von Des Maizeaux). Paris 1728. – Bei Freudenthal, Quellenschriften, a. a. O., S. 237–238.
131 Als Spinoza 1677 starb, schuldete er dem Barbier Abraham Kervel noch 1 Gulden 18 Stüber (= 90 Cents) für ein Vierteljahr Rasieren. Man hat daraus den Schluß ziehen wollen, daß Spinoza in der letzten Periode seines Lebens mittellos gewesen sei.
132 Pierre Bayle: «Pensées diverses sur la comète». Cologne (= Rotterdam?) 1682 (181. Kapitel).
133 Gottlieb Stolle: «Beiträge zur Kenntnis des 17. und 18. Jahrhunderts aus den handschriftlichen Aufzeichnungen ...». Hg. von G. E. Guhrauer («Allgemeine Zeitschrift für Geschichte» Bd. VII. Berlin 1847).
134 Altkirch, a. a. O., S. 64–65.
135 Saint-Évremond, a. a. O., Bd. I, LVI.
136 «Je maintiendrai!» = Sinnspruch der Oranier.
137 Freudenthal, Quellenschriften, a. a. O., S. 194–195.
138 Ebd., S. 201.

139 Die Condé entstammten einer Seitenlinie der Bourbonen und waren besonders im 16. Jahrhundert bekannte Hugenottenführer. Der im Leben Spinozas auftretende Condé, Louis II. le Grand (geb. 1621) hatte an der Adelsfronde gegen Mazarin teilgenommen, dann unter spanischer Fahne gedient, später Frieden mit Ludwig XIV. gemacht, wonach er zum Marschall Frankreichs aufstieg. Als Mäzen förderte er Männer wie Corneille, La Bruyère, Molière, La Fontaine.

140 Der Brief war geschrieben vom niederländischen Leibarzt der Königin Christine, Johan à Wullen, und Eigentum eines Haager Regenten, der ihn wieder Spinoza geliehen hatte (s. 49. Brief, a. a. O., S. 208–209).

141 J.-B. Stouppe: «La réligion des Hollandois». Paris 1673. Fragmente bei Freudenthal, Quellenschriften, a. a. O., S. 195–196. Die zweideutige Haltung Stouppes Spinoza gegenüber wurde dann wieder gerügt vom wallonischen Pastor Jean Brun zu Nimwegen (s. Freudenthal, Quellenschriften, a. a. O., S. 199–200).

142 Colerus: «Lebensbeschreibung Spinozas» s. Freudenthal, Quellenschriften, a. a. O., S. 64–65.

143 48. Brief, a. a. O., S. 206–207, in Antwort auf das Schreiben des Fabritius: 47. Brief, a. a. O., S. 204–205. – Interessant ist in diesem Zusammenhang, was Goethe 150 Jahre später in bezug auf die Ernennung Schellings in Jena über Spinoza äußerte (zit. bei Ursula Wertheim: «Von Tasso zu Hafis. Probleme . . . des ‹West-östlichen Divans›». Berlin 1965, S. 140).

144 Über die Beziehungen des Wallerant Vaillant, Meister der Schabkunst, zu der geistig regen und begabten kurfürstlichen Familie von der Pfalz (Karl Ludwig, Ruprecht und Elisabeth) s. Altkirch, a. a. O., S. 66–69. Nicht weniger interessant sind die Beziehungen der Familie de Rohan zu Spinoza. Sie wurden wahrscheinlich vermittelt von Franciscus van den Enden, der 1670 nach Paris übersiedelte (s. das betreffende Kapitel).

145 «Das Leben des Hai Ebn Jokdan», in dem gezeigt wurde, wie ein Knabe auch ohne menschlichen Verkehr zur Idee Gottes und der seelischen Unsterblichkeit gelangte. Der Neudruck (1701) wurde vom Utrechter Orientalisten A. Reland mit dem Original verglichen. Um die Beziehung des Buches zu Spinoza anzudeuten, nannte man als Übersetzer S. D. B., welche Initialen nach Umkehrung die des Baruch de Spinoza liefern.

146 Spinozas Brief ist nur bekannt als Auszug, den Jan Rieuwertsz dem deutschen Reisenden Stolle mitteilte (s. Anm. 133): Brief 48a, a. a. O., S. 207–208.

147 Die Schrift wurde während des Lebens Jarig Jelles' nicht veröffentlicht (s. Anm. 90). Für ihre Beurteilung vergleiche man C. B. Hylkema: «Reformateurs». Haarlem 1902, Bd. II, S. 214–242.

148 50. Brief, a. a. O., S. 210.

149 Bluwstein, a. a. O., S. 313.

150 54. Brief, a. a. O., S. 218, 219.

151 A. Wolf: «The oldest biography of Spinoza». London 1927 (s. a. Anm. 31).

152 Van der Linde, a. a. O., Nr. 10–12.

153 Diese kommen vor allem zum Ausdruck in seiner späteren Doppelstudie «Medicina corporis et Medicina mentis» (1687), in der er Spinoza aber nicht erwähnt.

154 83. Brief, a. a. O., S. 300.

155 70. Brief, a. a. O., S. 270; 72. Brief, a. a. O., S. 274.

156 72. Brief, a. a. O., S. 275.

157 L. Stein: «Leibniz und Spinoza. Ein Beitrag zur Entwicklungsgeschichte

der Leibnizschen Philosophie». Berlin 1890. – G. Friedmann: «Leibniz et Spinoza». Paris 1946.
158 73. Brief, a. a. O., S. 276.
159 75. Bricf, a. a. O., S. 280, 281.
160 68. Brief, a. a. O., S. 267.
161 79. Brief, a. a. O., S. 292.
162 In Spinozas Bibliothek befand sich Stenos «Prodromus de solido» (1669).
163 67. Brief, a. a. O., S. 253–266.
164 76. Brief, a. a. O., S. 289.
165 Ebd., S. 286.
166 Colerus: «Lebensbeschreibung», zit. bei Altkirch, a. a. O., S. 35–37.
167 84. Brief, a. a. O., S. 301.
168 Bluwstein, a. a. O., S. 315.
169 Urkunden über den Nachlaß bei Freudenthal, Quellenschriften, a. a. O., S. 157–168.
170 Altkirch, a. a. O., S. 61–63.
171 Van der Linde, a. a. O., Nr. 22–23.
172 Knuttel, a. a. O., S. 110–111; Text des Verbots bei Freudenthal, Quellenschriften, a. a. O., S. 179–181.
173 H. M. Wolff: «Spinozas Ethik. Eine kritische Einführung». München 1958, S. 93 f.
174 *Abhandlung über die Verbesserung des Verstandes* ..., a. a. O., S. 8.
175 2. Brief, a. a. O., S. 6; 3. Brief, a. a. O., S. 8.
176 *Ethik.* Nach geometrischer Methode dargestellt. Übers. und hg. von Otto Baensch. 4. Aufl. Hamburg 1955, S. 42.
177 56. Brief, a. a. O., S. 229.
178 *Ethik*, I, Anhang, S. 44.
179 *Ethik*, IV, Vorrede, S. 188.
180 *Ethik*, II, Lehrsatz 13, Lehrsatz 7, S. 68.
181 32. Brief, a. a. O., S. 148.
182 *Ethik*, I, Lehrsatz 36, S. 39.
183 *Ethik*, II, Lehrsatz 1 und 2, S. 51, 52.
184 Siehe aber auch, besonders für den Begriff der «Vorstellung» (Imagination), C. de Deugd, a. a. O., S. 191–251.
185 *Ethik*, II, Definition 4, S. 50.
186 *Ethik*, II, Lehrsatz 44, Folgesatz 2, S. 94, 95; *Ethik* V, Lehrsatz 22, S. 281.
187 *Ethik*, III, Vorrede, S. 109.
188 *Ethik*, III, Vorrede, S. 108.
189 *Ethik*, IV, Definition 1 und 2, S. 190.
190 *Ethik*, IV, Lehrsatz 20, S. 206–207.
191 *Ethik*, III, Lehrsatz 59, S. 165.
192 *Ethik*, IV, Lehrsatz 35, Anmerkung, S. 217–218; *Ethik* IV, Lehrsatz 35–36, S. 219–223; *Ethik*, IV, Lehrsatz 73, S. 251–252.
193 *Ethik*, IV, Lehrsatz 67, S. 247.
194 *Ethik*, IV, Lehrsatz 73, Anmerkung, S. 253.
195 *Ethik*, I, Definition 7, S. 4.
196 58. Brief, a. a. O., S. 236.
197 *Ethik*, IV, Lehrsatz 18, Anmerkung, S. 205–206.
198 *Ethik*, V, Lehrsatz 23, S. 282.
199 *Ethik*, V, Lehrsatz 36, S. 289.
200 *Ethik*, V, Lehrsatz 42, Anmerkung, S. 296.
201 Ebd.

ZEITTAFEL

1632	24. November: Spinoza im Amsterdamer Judenviertel geboren. Die Niederlande in raschem europäischem Aufstieg begriffen
1639–1646	Spinoza besucht die Schule «Ets Haim»
1640	Freitod des Uriel da Costa
1646–1649	Spinoza besucht die «Jeschiwa» des Rabbi Morteira
1648	Westfälischer Friede. Die Republik der Vereinigten Niederlande mit mächtigem Kolonialbesitz wird souverän
1649	Durch den Tod des Halbbruders Isaac muß Spinoza in das väterliche Geschäft eintreten
1650	Selbststudium: Sprachen, Naturphilosophie, Mathematik. Nach 1650 an der Börse Beziehungen zu freigeistigen Kaufleuten (Taufgesinnten, Kollegianten), die seine Emanzipation beschleunigen
1652–1654	Erster Seekrieg mit England
1653	Johan de Witt wird «Ratspensionär»
1654	Spinozas Vater stirbt. Die Firma Bento y Gabriel de Spinoza etabliert sich. Bekanntschaft mit Dr. Franciscus van den Enden (?)
1656	Spinoza aus der Synagoge verbannt. Aufnahme in die Lateinschule des Van den Enden, der ihm klassische Literatur und Philosophie, Cartesianismus und Staatskunst doziert. Erlernt das Schleifen von Linsen
1657–1660	Entwickelt sein eigenes Gedankensystem. Die *Kurze Abhandlung* entsteht. Es bildet sich ein Spinoza-Kreis (P. Balling, S. J. de Vries, Jarig Jelles, Jan Rieuwertsz, später die Brüder Koerbagh, Dr. Lodewijk Meyer, Dr. Joh. Bouwmeester)
1660	Spinoza auf Betreiben der Rabbiner aus Amsterdam verbannt. Übersiedelt nach Rijnsburg bei Leiden. Brieflicher Verkehr mit den Amsterdamer Anhängern (bis zum Ende)
1661	Korrespondenz (bis 1665) mit Heinrich Oldenburg, Sekretär der Londoner Royal Society. Beziehungen zu Robert Boyle. Das Gedankensystem «nach geometrischer Art» revidiert: Anfänge der *Ethik*
1663	Diktiert dem Casearius seine Auslegung von Descartes' «Principia», die im selben Jahr verlegt wird. Siedelt nach Voorburg beim Haag über. Lernt viele liberalen Regenten (Van Beuningen, Paets, Cuffeler) und Gelehrte (Vossius, Kleefmann) kennen. Ob persönliche Bekanntschaft mit Johan de Witt existiert, ist fraglich
1664–1667	Zweiter Seekrieg mit England. Verlust der amerikanischen Kolonien
1665	Spinoza stellt, vermutlich auf Bitte der wittianischen Regenten, die Arbeit an der *Ethik* ein, um sich mit politischen Fragen zu befassen. Bekanntschaft mit Huygens und Hudde. Lungenkrankheit
1668	Prozeß gegen Adriaan Koerbagh, den heftigsten der Spinozisten, der im Gefängnis stirbt
1669	Spinoza zieht um nach Den Haag, wo er bis zu seinem Tode bleibt
1670	Der *Theologisch-politische Traktat* erscheint anonym, gefolgt von einem Sturm von Angriffen
1672	Krisenjahr der niederländischen Republik: Krieg mit Frankreich, England, Köln und Münster. Johan de Witt vom Pöbel ermordet. Diktatorischer Aufstieg des Oranierprinzen Wilhelm III. Politische Reaktion. Dennoch wird Spinoza von vielen besucht

1673	Spinoza lehnt eine Berufung als Professor nach Heidelberg ab. Besucht das französische Lager in Utrecht. Er lehnt es ab, Ludwig XIV. ein Buch zu widmen und so ein französisches Jahrgeld zu erhalten
1674	Der *Theologisch-politische Traktat* (wahrscheinlich auf Anweisung Wilhelms III.) verboten
1675	Die *Ethik* vollendet. Die Möglichkeit einer Veröffentlichung ausgeschlossen. Frieden mit England bringt erneute Korrespondenz mit Oldenburg. Neue Schüler: J.-M. Lucas, G. de Saint-Glain, E. W. von Tschirnhaus, G. H. Schuller
1676	Leibniz besucht Spinoza im Haag: «Substanzdebatte». Spinoza arbeitet am (unvollendeten) *Politischen Traktat*, an einer hebräischen Grammatik und einer *Abhandlung über den Regenbogen*. Seine Krankheit verschlimmert sich
1677	21. Februar: Tod Spinozas. Seine *Opera Posthuma* erscheinen, von den Amsterdamer Freunden redigiert. Viele Briefe unterschlagen oder vernichtet
1678	Die *Nagelaten Schriften* erscheinen in niederländischer Sprache. Die *Opera Posthuma* werden verboten

ZEUGNISSE

Voltaire

Was Spinoza betrifft, jeder spricht von ihm, aber keiner liest ihn. Wenn erlauchte Gegner irgendwie dienen können den Ruhm eines Schriftstellers zu vermehren, sieht man, daß nie ein Mann von ehrenfesteren Feinden geehrt wurde.

Gotthold Ephraim Lessing

Wenn ich mich nach jemand nennen soll, so weiß ich keinen anderen ... Es gibt keine andere Philosophie als die des Spinoza.

Jean-Jacques Rousseau

Die Erfindung der Buchdruckkunst muß als ein Unglück angesehen werden, denn sie verewigt die gefährlichen Phantastereien eines Hobbes und Spinoza.

John Toland

Ein großer Mann, ein guter Mensch.

Johann Wolfgang von Goethe

Der Geist, der so entschieden auf mich wirkte, war Spinoza. Nachdem ich mich nämlich in aller Welt um ein Bildungsmittel meines wunderlichen Wesens vergebens umgesehen hatte, geriet ich endlich an die *Ethik* dieses Mannes. Was ich mich aus dem Werke mag herausgelesen, was ich in dasselbe mag hineingelesen haben, davon wüßte ich keine Rechenschaft zu geben; genug, ich fand hier eine Beruhigung meiner Leidenschaften, es schien sich mir eine große und freie Aussicht über die sinnliche und sittliche Welt aufzutun. Was mich aber besonders an ihn fesselte, war die grenzenlose Uneigennützigkeit, die aus jedem Satz hervorleuchtete.

Georg Wilhelm Friedrich Hegel

Wenn man anfängt zu philosophieren, muß die Seele sich baden in Spinozas Äther der einen Substanz, in der Alles, was man für wahr gehalten hat, untergegangen ist. Überhaupt ist Spinoza ein solcher Hauptpunkt der modernen Philosophie, daß man in der Tat sagen kann: Du hast entweder den Spinozismus oder gar keine Philosophie.

Friedrich Wilhelm Joseph von Schelling

Es kann wohl keiner hoffen, zum Wahren und Vollendeten in der Philosophie fortzugehen, der nicht einmal wenigstens in seinem Leben sich in den Abgrund des Spinozismus versenkt hat.

Ludwig Feuerbach

Die Welt des Spinoza ist ein achromatisches Glas der Gottheit, ein Medium, durch das wir nichts erblicken als das ungefärbte Himmelslicht der Einen Substanz.

Heinrich Heine

Bei der Lektüre des Spinoza ergreift uns ein Gefühl wie beim Anblick der großen Natur in ihrer lebendigsten Ruhe. Ein Wald voll himmelhohen Gedanken, deren blühende Wipfel in wogender Bewegung sind, während die unerschütterlichen Baumstämme in der ewigen Erde wurzeln. Es ist ein gewisser Hauch in den Schriften des Spinoza, der unerklärlich. Man wird angeweht wie von den Lüften der Zukunft.

Friedrich Engels

Es gereicht der Philosophie [der 1. Hälfte des 18. Jahrhunderts] zur höchsten Ehre, daß sie sich durch den beschränkten Stand der gleichzeitigen Naturkenntnisse nicht beirren ließ, daß sie – von Spinoza bis zu den großen französischen Materialisten – darauf beharrte, die Welt aus sich selbst zu erklären.

Friedrich Nietzsche

Ich bin ganz erstaunt, ganz entzückt! Ich habe einen Vorgänger und was für einen! Ich kannte Spinoza fast nicht: daß mich jetzt nach ihm verlangte, war eine *Instinkthandlung*. Nicht nur, daß seine Gesamttendenz gleich der meinen ist – die Erkenntnis zum mächtigsten Affekt zu machen – in fünf Hauptpunkten seiner Lehre finde ich mich wieder, dieser abnormste und einsamste Denker ist mir gerade in diesen Dingen am nächsten: er leugnet die Willensfreiheit –; die Zwecke –; die sittliche Weltordnung –; das Unegoistische –; das Böse... In summa: meine Einsamkeit, die mir, wie auf ganz hohen Bergen, oft, oft Atemnot machte und das Blut hervorströmen ließ, ist wenigstens jetzt eine Zweisamkeit.

Alexander Herzen

Der Dynamismus und der Atomismus traten beim Eingang in unsere Ära triumphierend und gewaltig auf in Gestalt der alles verschlingenden Substanz Spinozas und der Monadologie Leibniz'. Das sind zwei erhabene Marksteine, zwei Herkulessäulen des wieder entstehenden Denkens, die nicht dazu aufgerichtet wurden, um ein Weitergehen zu verhindern, sondern um eine Umkehr nach rückwärts unmöglich zu machen.

Conrad Busken Huet

Wenn wir gelernt haben, uns zu ergeben im Gedanken, daß die Erde nicht länger Mittelpunkt der Welt sein kann, so fangen wir nachgerade an diese Entdeckung auch auf dem Sittlichen anzuwenden. Diese Idee ist von Spinoza bis in den letzten Konsequenzen entwikkelt, und in dieser Hinsicht ist er für Europa der Kopernikus des sittlichen Lebens geworden.

Gustave Flaubert

Ich kannte die *Ethik* Spinozas, aber gar nicht den *Tractatus Theologico-Politicus*, der mich verblüfft, verblendet und mitreißt vor Bewunderung. Bei Gott! was für ein Mann! was für ein Gehirn! was für Kenntnisse und welcher Geist!

Anatole France

Spinoza ist einer der großen Helden der Menschheit. Er hat den Menschen die leere Furcht und die leere Hoffnung abgenommen, daß sie unsterblich seien, indem er sie fühlen und erleben ließ, daß sie ewig sind.

Arnold Zweig

Spinoza ist mehr als jeder andere das Symbol des freien Geistes und des tapferen dazu geworden. Sein Denken, und was davon für uns Heutige noch gilt, steht auf einem besonderen Blatte. Daß seine Haupt- und Mittelachse zur Wahrhaftigkeit und zum Guten führt, zur Freiheit und Sittlichkeit, zum herrlich uneingeschränkten Vernunftgebrauch und zur Reinigung der menschlichen Personen und Sitten – das ist bewiesen. Das kühl darlegende Wort und die freiwillige Armut des Daseins belegen beide: hier regiert intellektuelles Gewissen als höchste Instanz.

Albert Einstein

Spinoza ist der erste gewesen, der den Gedanken der deterministischen Gebundenheit allen Geschehens wirklich konsequent auf das menschliche Denken, Fühlen und Handeln angewendet hat. Nach meiner Ansicht hat sich sein Standpunkt unter den um Klarheit und Folgerichtigkeit Kämpfenden nur darum nicht allgemein durchsetzen können, weil hierzu nicht nur Konsequenz des Denkens, sondern auch eine ungewöhnliche Lauterkeit, Seelengröße und – Bescheidenheit gehört.

David Ben-Gurion

Spinoza predigte nicht nur seine Lehre – er lebte sie auch. Sein Leben war ebenso lauter und leuchtend wie seine Lehre klar und tief.

BIBLIOGRAPHIE

1. *Bibliographien*

OKO, ADOLPH S.: The Spinoza bibliography. Boston 1964 [Fast 7000 Titel]

BRIE, G. A. DE: Bibliografica philosophica 1934–1945. Bibliographica historiae philosophiae. 2 Bde. Utrecht [usw.] 1950–1954

Catalogus van de Bibliotheek der Vereniging Het Spinozahuis. Leiden 1965 [Niederl. und franz. Einleitung]

KAYSERLING, M.: Biblioteca Española–Portugueza–Judaica. Straßburg 1890– Neudruck: Nieuwkoop 1965

LINDE, A. VAN DER: Benedictus Spinoza. Bibliographie. 's Gravenhage 1871 – Neudruck: Nieuwkoop 1961

MEYER, J.: Encyclopaedia Sefardica Neerlandica. Amsterdam 1951

POORTMAN, J.: Repertorium der nederlandse wijsbegeerte. Amsterdam [usw.] 1948

SERVAAS VAN ROOYEN, A. J.: Inventaires des livres formants la bibliothèque de B. Spinoza. La Haye [usw.] 1888

Spinoza-Literatur-Verzeichnis. Zum 250. Todesjahr Spinozas (21. 2. 1927). Wien 1927 [Bibliothek der israelitischen Kultusgemeinde, Wien]

WETLESEN, JON: A Spinoza bibliography. Particularly on the period 1940–1967. Oslo 1968

2. *Werke. Übersetzungen*

[SPINOZA, B. DE] B. D. S.: Opera posthuma, quorum series post praefationem exhibitur. 1677 [Ohne Ort und Verleger, jedoch: Amsterdam, Jan Rieuwertsz]

De Nagelaten Schriften van B. D. S. als Zedekunst, Staatkunde, Verbetering van 't Verstant, Brieven en Antwoorden. Uit verscheide Talen in het Nederlandsche gebragt [durch J. H. Glazemaker]. 1678 [Ort und Verleger wie das obige Werk]

Opera quotquot reperta sunt. [Lateinisch und Niederländisch.] Ed. J. VAN VLOTEN et J. P. N. LAND. 4 Bde. Hagae Comitum

Opera. Im Auftrag der Heidelberger Akademie der Wissenschaften hg. von CARL GEBHARDT. 4 Bde. Heidelberg 1924

Sämtliche Werke. Deutsch von O. BAENSCH, A. BUCHENAU und CARL GEBHARDT. 3 Bde. Hamburg 1914–1922

Renati des Cartes principiorum philosophiae Pars I et II, More Geometrico demonstratae per Benedictum de Spinoza Amstelodamensem ... Amsterdam, Jan Rieuwertsz. 1663

Stelkonstige reeckening van den Regenboog, dienende tot naedere samenknoping der Natuurkunde met de Wiskonsten. 's Gravenhage 1687 – Neudruck: Nieuwkoop 1963

Tractatus theologico-politicus. Hamburgi, Henricus Künrath [= Amsterdam, Jan Rieuwertsz], 1670

Briefwechsel. Übers. von Carl Gebhardt. Leipzig 1914

Descartes' Prinzipien der Philosophie auf geometrische Weise begründet. Übers. von A. BUCHENAU. Leipzig 1907

Das Endliche und das Unendliche ... Auswahl. Hg. von J. H. VON KIRCHMANN. Wiesbaden 1949

Die Ethik. Hg. von O. BAENSCH, neu (bearb.) von R. SCHOTTLAENDER. Hamburg 1955

Hebrew grammar (Compendium grammatices linguae hebraeae). Edit. and transl. by M. J. BLOOM. New York 1962

[Dasselbe Werk neuerdings französisch: Abrégé de grammaire hébraïque. Intr., trad. et notes par JOËL ASKÉNAZI et JOCELYNE ASKÉNAZI-GERSON. Paris 1968]

Kurze Abhandlung von Gott, dem Menschen und seinem Glück. Hg. von CARL GEBHARDT. [Unveränderter Nachdruck.] Hamburg 1959

Réflections curieuses d'un esprit des-Interessé sur les matières les plus importantes au salut, tant public que particulier. Cologne, Claude Emanuel, 1678 [Erste franz. Übersetzung von Spinozas «Tractatus theologico-politicus» durch Gabriel de Saint-Glain. Ort und Verleger sind fiktiv. Die Ausgabe, welche im selben Jahre noch unter zwei anderen Titeln neugedruckt wurde, enthält Anmerkungen, die Spinoza selber kurz vor seinem Tode am Rande eines Exemplars des «Tractatus» geschrieben hatte.]

Theologisch-politischer Traktat. Übertr. m. Einleit. (u.) Anm. von CARL GEBHARDT. 4. Aufl. Leipzig 1922

Über die Verbesserung des Verstandes. Hg. von E. KESSLER. In: K. VORLÄNDER, Philosophie der Neuzeit. Bd. V. Reinbek 1966 (= rowohlts deutsche enzyklopädie. 261/262)

Von den festen und ewigen Dingen. Hg. von CARL GEBHARDT. Heidelberg 1925

3. Die Niederlande im 17. Jahrhundert

BALET, LEO: Rembrandt and Spinoza. New York 1962

BAASCH, ERNST: Holländische Wirtschaftsgeschichte. Jena 1927

BEINS, ERNST: Die Wirtschaftsethik der Calvinistischen Kirche der Niederlande 1565–1650. 's Gravenhage 1931

BIENTJES, JULIA: Holland und der Holländer im Urteil deutscher Reisender (1400–1800). Groningen 1967 [Diss.]

BLOK, P. J.: Geschichte der Niederlande. Bd. IV. Gotha 1911

BUSKEN HUET, CONRAD: Rembrandt's Heimath. Studien zur Geschichte der nordniederländischen Kultur im XVII. Jahrhundert. 2 Bde. Leipzig 1886–1887

HUIZINGA, J.: Holländische Kultur des XVII. Jahrhunderts; ihre sozialen Grundlagen und nationale Eigenart. Jena 1933

Die Mittlerstellung der Niederlande zwischen West- und Mitteleuropa. Leipzig 1933 (Vorträge der Carnegie-Stiftung)

HYLKEMA, C. B.: Reformateurs. Studiën over de godsdienstige bewegingen uit de nadagen onzer Gouden Feuw. 2 Bde. Haarlem 1900–1902

JAPIKSE, N.: Johan de Witt, Hüter des freien Meeres. Leipzig 1917

Die Oranier. Statthälter und Könige in den Niederlanden. Leipzig 1939

KNUTTEL, W. P. C.: Verboden boeken in de Republiek der Vereenigde Nederlanden . . . Catalogus. 's Gravenhage 1914

LAND, J. P. N.: De wijsbegeerte in de Nederlanden. 's Gravenhage 1890

LASPEYRES, ÉTIENNE: Geschichte der volkswirthschaftlichen Anschauungen der Niederländer . . . zur Zeit der Republik. Leipzig 1863 – Neudruck: Nieuwkoop 1961

LINDEBOOM, J.: Stiefkinderen van het Christendom. 's Gravenhage 1929 [Die Kapitel 8, 13 und 14 beziehen sich auf die Niederlande.]

ROMEIN, JAN, und ANNIE ROMEIN-VERSCHOOR: Ahnherren der holländischen Kultur. Bern 1946

Sassen, F.: Geschiedenis van de wijsbegeerte in Nederland tot het einde der 19e eeuw. Amsterdam–Brüssel 1959
Slee, J. C. van: De Rijnsburger Collegianten. Haarlem 1895
Stouppe, J.-B.: La réligion des Hollandois, &tc. Paris 1673
Struik, D. J.: Het land van Stevin en Huygens. Amsterdam 1966
Temple, Sir William: Observations on the United Provinces. New ed. by G. N. Clark. Cambridge 1932
Valentiner, R. W.: Rembrandt and Spinoza. A study of the spiritual conflicts in the 17th century Holland. London 1957
Weber, Max: Die protestantische Ethik und der Geist des Kapitalismus. 2. Aufl. Tübingen 1922
Zumthor, Paul: La vie quotidienne en Hollande au temps de Rembrandt. Paris 1959

4. Spinoza und das Judentum

Aron, M.: Histoire de l'excommunication juive. Nîmes 1882
Bloom, H. I.: The economic activities of the Jews in Amsterdam in the 17th and 18th centuries. Williamsport 1937
Capitalism in Amsterdam in the 17th century. Baltimore 1950
Brugmans, H., und A. Frank: Geschiedenis der Joden in Nederland. I. Amsterdam 1940 – Illustr. Nachdruck: 1945 [Bd. II wurde 1941 von der Gestapo beschlagnahmt und vernichtet.]
Friedberg, B.: History of the Hebrew typography of Amsterdam. New York 1937
Gebhardt, Carl: Die Schriften des Uriel da Costa. Heidelberg 1922 (Bibliotheca Spinozana)
Graetz, H.: Geschichte der Juden von den ältesten Zeiten bis auf die Gegenwart. 11 Bde. München 1853–1875
Volkstümliche Geschichte der Juden. 3 Bde. München [Gekürzte Ausgabe des vorigen Werkes. Viele Auflagen]
Henriques de Castro, D.: Keur van grafsteenen op de Nederlandsche Portugeesch-Israelitische begraafplaats te Ouderkerk a. d. Amstel. Amsterdam 1883
Kayserling, M.: Sephardim. Leipzig 1859
Keller, Werner: Und wurden zerstreut unter alle Völker. München 1967
Leone Ebreo (= Juda L. Abravanel): Los dialogos de amor, &tc. Venetia 1568
Maimonides (= Mose Ben Maimon): Führer der Unschlüssigen. Leipzig 1923
Marcu, Valeriu: Die Vertreibung der Juden aus Spanien. Amsterdam 1934
Pearson, Carl: Maimonides and Spinoza. In: The ethic of free thought. 2nd ed. London 1901
Praag, J. A. van: Los sefarditas de Amsterdam y sus actividades. Madrid 1967
Presser, J.: Ashes in the wind. London 1968
Roth, Cecil: A history of the Marranos. Philadelphia 1932
A life of Menasseh Ben Israel, rabbi, printer and diplomat. London 1934
Schliosberg, G. B.: Mest Spinoza za «cherem». Paris 1933
Seeligmann, S.: Bibliographie en historie. Bijdrage tot de geschiedenis der eerste Sephardim in Amsterdam. Amsterdam 1927
Silva Rosa, J. S. da: Geschiedenis der Portugeesche Joden te Amsterdam. Amsterdam 1925

Vaz Dias, A. M.: Uriel da Costa. Leiden 1936 (Mededelingen Spinozahuis)
Zimmels, J. H.: Die Marranen in der rabbinischen Literatur. Berlin 1932

5. Lebens- und Arbeitsgeschichte

Alain (= Émile Chartier): Spinoza. Paris 1965 (Coll. Idées)
Altkirch, E.: Spinoza im Porträt. Jena 1913
Bluwstein, J.: Spinozas Briefwechsel und andere Dokumente. Leipzig 1916
Bolin, W.: Spinoza; ein Kultur- und Lebensbild. 2. Aufl. bearb. von Carl Gebhardt. Darmstadt [usw.] 1927
Chronicum spinozanum. 5 Bde. Hagae Comitis 1921–1927 [Jahrbuch mit wichtigen Beiträgen von international bekannten Spinozisten]
Colerus, Johannes: Das Leben des Bened. von Spinoza ... Aus dem Französischen ins Hochteutsche übers. ... Franckfurt [usw.] 1733
Couchoud, P.-L.: Benoît de Spinoza. 2ieme éd. Paris 1924
Cresson, A.: Spinoza, sa vie et son œuvre. Paris 1959 (Coll. Philosophies)
Dujovne, Leon: Spinoza. 2 Bde. Buenos Aires 1941
Dunin-Borkowski, Stanislas von: Der junge Spinoza. Münster i. W. 1910
Spinoza nach 300 Jahren. Berlin [usw.] 1932
Spinoza. 4 Bde. Münster i. W. 1933–1936
Fischer, Kuno: Spinoza's Leben, Werke und Lehre. 6. Aufl. Heidelberg 1946 (Gesch. der neueren Philosophie. Bd. II)
Francès, Madeleine: Spinoza dans les Pays Néerlandais de la seconde moitié du XVIIe siècle. Paris 1927 [Diss.]
Freudenthal, J.: Die Lebensgeschichte Spinoza's in Quellenschriften, Urkunden usw. Leipzig 1899
Spinoza; sein Leben und seine Lehre. 2 Bde. Stuttgart 1904
Freudenthal, J., und Carl Gebhardt: Spinoza. Leben und Lehre. 2 Bde. Heidelberg [usw.] 1927
Friedmann, G.: Leibniz et Spinoza. Paris 1946
Gebhardt, Carl: Spinoza. Lebensbeschreibungen und Gespräche. Leipzig 1914
Hubbeling, H. G.: Spinoza. Baarn 1966
Lucas, Jean-Maximilien: La vie et l'esprit de Mr. Benoît de Spinosa. Amsterdam 1719
Meinsma, K. O.: Spinoza und sein Kreis. Berlin 1909
Millner, Simon L.: The face of Benedictus Spinoza. New York 1946
Milner, J. A.: Benedikt Spinoza. Moskau 1940
Misrahi, R.: Spinoza. Paris 1964
Paperna, G. A.: Spinoza; jewo shisn i filosowskaja dejatelnost. St. Petersburg 1895
Pollock, Sir Frederick: Spinoza. His life and philosophy. London 1912
Renan, E.: Spinoza. Discours ... La Haye 1877
Schestow, Leo: Kinder und Stiefkinder der Zeit. Das historische Los Spinoza's. In: Die Kreatur. Bd. II. Berlin 1928
Septimana Spinoza; acta conventus oecumenici in memoriam Benedicti de Spinoza dei natalis 300-issimi ... Im Haag 1933
Spinoza Book. In commemoration of the tercentenary of Baruch de Spinoza. 1632–1932. Ed. by J. Shatzky. New York 1932
Spinoza. Dreihundert Jahre Ewigkeit. Festschr. hg. von S. Hessing. 2. Aufl. Im Haag 1962 [Die 1. Auflage wurde 1933 in Deutschland beschlagnahmt und vernichtet.]

STARKE, C. N.: Benedictus de Spinoza. København 1921
TAK, W. G. VAN DER: Bento de Spinoza; zijn leven en gedachten over de wereld, den mensch en den staat. 's Gravenhage 1928 – Neu bearb. von J. J. BOASSON. Den Haag 1960
VAZ DIAS, A. M., und W. G. VAN DER TAK: Spinoza, mercator & autodidacticus. 's Gravenhage 1932 [Urkundenbuch]
De firma Bento y Gabriel de Spinoza. Leiden 1934 (Mededelingen Spinozahuis)
VLOEMANS, A.: Spinoza. De mensch, het leven en het werk. 's Gravenhage 1931
VLOTEN, J. VAN: Baruch d'Espinoza, zijn leven en schriften in verband met zijnen en onzen tijd. 2. Aufl. Amsterdam 1871
WOLF, A.: The oldest biography of Spinoza. (La vie de feu Mr. de Spinosa par Jean-Maximilien Lucas, 1719.) London 1927
ZWEIG, ARNOLD: Baruch Spinoza. Porträt eines freien Geistes. Leipzig 1961

6. Studien über das System

BIDNEY, D.: The psychology and ethics of Spinoza; a study in the history and logic of ideas. New Haven [usw.] 1940
DARBON, ANDRÉ: Études spinozistes. Paris 1946
DELBOS, VICTOR: Le Spinozisme. 4ième éd. Paris 1964
DEREGIBUS, ARTURO: La filosofia etica politica die Spinoza. Torino 1963
DEUGD, C. DE: The significance of Spinoza's first kind of knowledge. Assen 1966 [Diss. Utrecht]
ELBOGEN, ISMAR: Der Tractatus de intellectus emendatione und seine Stellung in der Philosophie Spinozas ... Breslau 1898
FLØISTAD, GUTTORM: The problem of understanding in Spinoza's Ethics. London 1967 [Diss.]
GEBHARDT, CARL: Spinozas Abhandlung über die Verbesserung des Verstandes. Eine entwicklungsgeschichtliche Untersuchung. Heidelberg 1905
GLUCHOW, I. K.: Mirovozsrenije B. Spinosi. Moskau 1947 [Diss.]
GUZZO, A.: Il pensiero di Spinoza. Firenze 1924
HALLET, F. H.: Aeternitas; a Spinozistic study. Oxford 1930
Benedict de Spinoza. London 1957
Creation, emanation, and salvation. A Spinozistic study. The Hague 1962
HAMPSHIRE, STUART: Spinoza. Melbourne [usw.] 1953
HÖFFDING, HARALD: Spinozas Ethica. Analyse und Charakteristik. Heidelberg [usw.] 1924
HUBBELING, G. H.: Spinoza's methodology. Groningen 1964 [Diss.]
JASPERS, KARL: Die großen Philosophen. Bd. I. München 1957
JOACHIM, H. A.: Spinoza's Tractatus de intellectus emendatione. A commentary. (New ed.) Oxford 1958
A study of the Ethics of Spinoza. (New ed.) New York 1964
KELLERMANN, B.: Die Ethik Spinozas. Leipzig 1922
KETSCHEKIAN, S. F.: Etitscheskoje mirovosertsanije Spinozi. Moskau 1914
LEOPOLD, J. H.: Ad Spinozae Opera Posthuma. Im Haag 1902
LUPPOL, I. K.: Istoriko-filosowskije etjudi. Moskau 1935
MCKEON, RICHARD: The philosophy of Spinoza: The unity of his thought. New York [usw.] 1928
PARKINSON, G. H. R.: Spinoza's theory of knowledge. Oxford 1954
RATNER, JOSEPH: The philosophy of Spinoza; selected from his chief works. New York 1956

Robinson, L.: Kommentar zu Spinozas Ethik. Leipzig 1928
Rousset, Bernard: La perspective finale de «l'Éthique» et le problème de la cohérence du spinozisme. L'autonomie comme salut. Paris 1968
Saw, Ruth Lydia: The vindication of metaphysics; a study in the philosophy of Spinoza. London 1951
Semerari, Giuseppe: I problemi dello Spinozismo. Trani 1952
Spinoza in Soviet philosophy. A series of essays (ed.) by George L. Kline. London 1952
Stumpf, C.: Spinozastudien. Berlin 1919
Wandek, W., [und] W. Timosko: Otscherk filosofi B. Spinozi. Moskau 1932
Wenzel, A.: Die Weltanschauung Spinozas. Berlin 1907
Wolff, H. M.: Spinozas Ethik. Eine kritische Einführung. München 1958
Wolfson, H. A.: The philosophy of Spinoza. (New ed.) 2 Bde. New York 1960
Wolfson, S. J.: Etitscheskoje mirovosertsanije Spinozi. Minsk 1927

7. *Besondere Themen*

Adelphe, L.: De la notion de la souveraineté de Spinoza. Nancy 1910
Boasson, J. J.: De rechtsidee en de vrijheidsidee bij Spinoza. Leiden 1949 (Mededelingen Spinozahuis)
Ratio en beatitudo. Leiden 1963 (Mededelingen Spinozahuis)
Bohrmann, Georg: Spinozas Stellung zur Religion. Gießen 1914
Brockdorff, C. von: Spinozas Verhältnis zur Philosophie des Ibn Tophail. Kiel 1932
Brunt, N. A.: De wiskundige denkwijze in Spinoza's filosofie en in de moderne natuurkunde. Leiden 1955 (Mededelingen Spinozahuis)
Bychowski, A.: Byl li Spinoza materialistom?. Minsk 1928
Coert, H. J.: Spinoza's betrekking tot de geneeskunde en haar beoefenaren. Leiden 1938 (Mededelingen Spinozahuis)
Cohen, M. H.: Spinoza en de geneeskunde. Amsterdam 1920 [Diss.]
Crommelin, C. A.: Spinoza's natuurwetenschappelijk denken. Leiden 1939 (Mededelingen Spinozahuis)
Deleuze, Gilles: Spinoza et le problème de l'expression. Paris 1968
Droetto, Antonio: Trattato politico de Baruch Spinoza. Torino 1957
Feuer, Samuel Lewis: Spinoza and the rise of liberalism. Boston 1958
Gnesdilow, M.: Ateism Benedikta Spinosi. Poltawa 1931
Hampshire, Stuart: Spinoza and the idea of freedom (Proceedings of the British Academy. XLVI, 1960)
Huan, G.: Le Dieu de Spinoza. Paris 1913
Jaffé, H. L. C.: Spinoza en het beeldend denken. Leiden 1965 (Mededelingen Spinozahuis)
Jong, K. H. E. de: Spinoza en de Stoa. Leiden 1939 (Mededelingen Spinozahuis)
Jung, Gertrud: Die Affektenlehre Spinozas. Kant-Studien. XXXII, 1927
Kazemier, B. H.: De staat bij Spinoza en Hobbes. Leiden 1951 (Mededelingen Spinozahuis)
Levêque, R.: Le problème de la vérité dans la philosophie de Spinoza. Strasbourg 1923
Lewantowski, I. L.: Spinoza w marksistkom myssleni. Moskau 1947
Limiti, Giuliana: La vedute pedagogiche nella filosofia di Benedetto Spinoza. Roma 1956 [Diss.]
MacShea, Robert J.: The political philosophy of Spinoza. New York 1968

MALET, ANDRÉ: La Traité théologico-politique de Spinoza et la pensée biblique. Paris 1966
MEIER, F. O. TH.: Die Lehre vom Wahren und Falschen bei Descartes und bei Spinoza. Leipzig 1897
MÖNNICH, C. W.: De verhouding van theologie en wijsbegeerte in het Tractatus Theologico-Politicus. Leiden 1958 (Mededelingen Spinozahuis)
NECKNIG, HUBERT: Das Verhältnis von Macht und Recht bei Spinoza. München 1967 [Diss.]
OS, CH. H. VAN: Tijd, maat en getal; n. a. v. Spinoza's Brief over het Oneindige. Leiden 1946 (Mededelingen Spinozahuis)
PERES-EPEJO, SERGIO: Formallogische und dialektische Identität bei Spinoza. Frankfurt a. M. 1964
POWELL, E. E.: Spinoza and religion. Boston 1941
ROELOFSZ, C.: De betekenis van Christus voor Spinoza. Zeist 1938
RUVO, VINCENZO DE: Il problemo della verità de Spinoza e Hume. Padova 1950
SCHLERATH, FRANZ: Spinoza und die Kunst. Hellerau 1920
SEVERIJN, J.: Spinoza en de gereformeerde theologie zijner dagen. Utrecht 1919 [Diss.]
STRAUSS, L.: Die Religionskritik Spinozas. Leipzig 1930
TEX, J. DEN: Locke en Spinoza over de tolerantie. Amsterdam 1926 [Diss.]
Spinoza over de tolerantie. Leiden 1967 (Mededelingen Spinozahuis)
TSCHELPANOW, G. I.: Spinosism i materialism. Moskau 1927
VOSS, R. VON: Über den Begriff der Erkenntnis, insbesondere der intuitiven bei Spinoza. Leipzig 1901
VRIES, THEUN DE: Spinoza als staatkundig denker. Leiden 1963 (Mededelingen Spinozahuis)
ZAC, SYLVAIN: L'idée de la vie dans la philosophie de Spinoza. Paris 1963
Significations et valeur de l'interprétation de l'Écriture chez Spinoza. Paris 1965 [Diss.]

8. Spinozismus. Beziehungen. Nachwirkung

a) Ältere Schriftsteller

AALSTIUS, JOANNES: Inleiding tot de zedeleer, waarin de schepping, onsterffelijkheid en de gronden ván godsdienst verklaart en tegen Spinoza ernstig beweerd worden. Dordrecht 1705
ANDALA, R.: Cartesius verus Spinozismi eversor, et physicae experimentalis architectus ... Franeker 1719
ARNOLD, GOTTFRIED: Unparteyische Kirchen- und Ketzer-Historie von Anfang des Neuen Testaments biss auf das Jahr 1688. Frankfurt a. M. 1699 [Buch II und XVII sind Spinoza gewidmet.]
AUBERT DE VERSÉ, N.: L'Impie convaincu ou Dissertation contre Spinoza ... Amsterdam 1684
BATALERIUS, JACOBUS: Vindiciae Miraculorum. Amsterdam 1674
BAYLE, PIERRE: Spinoza. In: Dictionnaire historique et critique. Bd. III. Rotterdam 1696
BOERHAAVE, HERMANNUS: Disputatio philosophica de distinctione mentis a corpore. Leiden 1690 [Diss.] [Der weltberühmte Mediziner promovierte zuerst als Dr. phil.; seine These war ein Angriff auf die Ideen von Epicurus, Hobbes und Spinoza.]
BOULAINVILLIERS, H. DE: Réfutations des erreurs de Spinoza. Paris 1731

Bredenburg, J.: Enervatio Tractatus theologico-politici. Rotterdam 1675
Buddeus, Johannes: Theses theologicae de Atheismo et Superstitione. Jena 1739
Cuffeler, Abraham J.: Specimen artis ratiociandi naturalis et artificialis ad pantosophiae principa manuducens. 3 Bde. Hamburg [= Amsterdam] 1684
Cuperus, Franciscus: Arcana Atheismi Revelata Philosophice et Paradoxe Refutata. Rotterdam 1676
Helvetius, J. F.: Philosophia theologica, contra Cartesii et Spinosae Theologiam philosophicam; ofte De ontmenschte Mensch. Amsterdam 1680
Jariges, Ph. J. P. de: Sur le système de Spinoza et sur les remarques de Mr. Bayle. (Mémoires de l'académie des sciences de Berlin. 1745) 2 Bde.
Jenichen, G. F.: Historia spinozismi Leenhofiani. Leipzig 1706
Jens, Petrus: Examen philosophicum sexta definitionis part. I. Ethicae Benedicti de Spinoza. Dordrecht 1697
Kettner, F. E.: De Duobus Impostoribus. Leipzig 1694 [Gegen Balthasar Bekker und Spinoza]
Koerbagh, Adriaen: Een bloemhof van lieflijkheyd sonder verdriet, geplant door Vreederijk Waarmond, ondersoeker der waarheyd... t'Amsterdam 1668
Een Ligt Schijnende in Duystere Plaatsen, Om te verligten de voornaamste saaken der Gods geleertheyd en Gods dienst, Ontsteeken door Vreederijk Waarmond, ondersoeker der Waarheyd. Anders Mr. Adr. Koerbagh, Regtsgel. en Genees-Mr. t'Amsterdam 1668
Leclerc, Jean: Bibliothèque choisie. Amsterdam, Jg. 1705, 1710, 1713
Mansvelt, Regnerus à: Adversus anonymum Theologo-politicum Liber singularis ... Amstelodami 1674
Meyer, Lodewijk: Philosophia S. Scripturae interpres. Eleutheropoli [= Freistadt = Amsterdam] 1666
De philosophie d'uytleghster der H. Schrifture. Een wonderspreuckigh tractaet. Vrijstadt [= Amsterdam] 1667
Miracles No Violations of the Laws of Nature. London 1683 [Anon. Abhandlung über Spinoza's Auffassungen über Wunder im Theol. Pol. Traktat.]
Nieuwentijt, B.: Gronden van zekerheid of de regte betoogwijze der wiskundigen so in het denkbeeldige, als in het zakelijke: Ter wederlegging van Spinozaas denkbeeldig samenstel ... Amsterdam 1720
Regius, J.: Cartesius verus Spinozismi architectus. Leeuwarden 1718
Saint-Évremond, Ch. de: Œuvres complètes; publ. par R. de Planhol. 3 Bde. Paris 1927
Velthuysen, Lambertus van: Tractatus moralis de naturali pudore et dignitate hominis. Utrecht 1676
Wittich, Chr.: Anti-Spinoza sive examen ethices Benedicti de Spinoza. Amstelodami 1690
Ondersoek van de zedekunst van Benedictus de Spinoza ... in het Latijn beschreeven. Amsterdam 1695
Yvon, Pierre: L'impiété convaincue ... Réfutation du livre impie de Spinoza nommé «Traité théologique-politique» ... Amsterdam 1682

b) Neuere Schriftsteller

Bäck, L.: Spinozas erste Einwirkungen auf Deutschland. Berlin 1895 [Diss.]
Baumgardt, D.: Spinoza und der deutsche Spinozismus. Kant-Studien. XXXII, 1927
Beckkoetter, Oskar: Hobbes und Spinoza. Münster i. W. 1920

BELJAJEW, W. A.: Leibnits i Spinoza. St. Petersburg 1914
BOAS, B.: Über die Bedeutung der inneren Wahrnehmung für die Erkenntnis der Seele bei Descartes, Malebranche und Spinoza. München 1924
BROCKDORFF, C. VON: Descartes. Berlin 1923
BRUNSCHVICQ, LÉON: Écrits philosophiques, I ... Descartes, Spinoza, Kant. Paris 1951
COERT, J.: Spinoza en Grotius. Leiden 1936 (Mededelingen Spinozahuis)
COHEN, GUSTAVE: Le séjour de Saint-Évremond en Hollande et l'entrée de Spinoza dans le champ de la pensée française. Paris 1926
DANZEL, TH. W.: Goethes Spinozismus. Hamburg 1843
DEUGD, C. DE: Wordsworth en Spinoza. Leiden 1969 (Mededelingen Spinozahuis)
DIJKSTERHUIS, C. J. (Hg.): Descartes et le cartésianisme hollandais. Amsterdam 1950
FOUCHER DE CAREIL, A.: Leibniz, Descartes et Spinoza. Paris 1863
GOOSSENS, J.: Bayle en Spinoza. Leiden 1960 (Mededelingen Spinozahuis)
GRÜNWALD, M.: Spinoza in Deutschland. Berlin 1897
HAZARD, P.: La crise de la conscience européenne 1680–1715. Paris 1961
HERDER, JOHANN GOTTFRIED: Einige Gespräche über Spinoza's System. 2. verm. Aufl. Gotha 1800
HERING, R.: Spinoza im jungen Goethe. Leipzig 1897
HOFFART, F.: Herders «Gott». Halle 1918
JACOBI, F. H.: Über die Lehre des Spinoza in Briefen an den Herrn Moses Mendelssohn. Breslau 1785
Spinozabüchlein. Hg. von F. MAUTHNER. München 1912
JANET, P.: Les maîtres de la pensée moderne ... Le spinozisme en France. Paris 1888
KRAKAUER, M.: Zur Geschichte des Spinozismus in Deutschland während der ersten Hälfte des 18. Jahrhunderts. Breslau 1881 [Diss.]
KÜHNEMANN, E.: Goethe und Spinoza. Jahrbuch der Goethe-Gesellschaft. 1929
LINDE, A. VAN DER: Spinoza. Seine Lehre und deren erste Nachwirkungen in Holland. Göttingen 1862
LINDNER, HERBERT: Das Problem des Spinozismus im Schaffen Goethes und Herders. Weimar 1961
MOERKERKEN, P. H. VAN: Adriaan Koerbagh. Een strijder voor het vrije denken (Vrije Bladen. XIX, 2.) Amsterdam 1948
NIFTRIK, G. C. VAN: Spinoza en de sectariërs van zijn tijd. Leiden 1962 (Mededelingen Spinozahuis)
PRESSER, J.: Das Buch De tribus impostoribus. Amsterdam 1926 [Diss.] [Die drei «Betrüger» sind Herbert of Cherbury, Hobbes und Spinoza.]
RAVÀ, ADOLFO: Descartes, Spinoza et la pensée italienne. (Bulletin de la Soc. française de pilosophie, A XXVII, 2–3.) Paris 1927
ROTH, L.: Spinoza, Descartes and Maimonides. Oxford 1924
SCHAARSCHMIDT, C.: Descartes und Spinoza. Bonn 1850
SCHMIDT, A. M.: Saint-Évremond ou l'humaniste impur. Paris 1932
SCHMOLDT, H.: Der Spinozastreit. Würzburg o. J.
SCHOLZ, A.: Hauptschriften zum Pantheismusstreit zwischen Jacobi und Mendelssohn. Berlin 1916
SERRURIER, CORNELIA: Descartes. L'homme et le penseur. Amsterdam 1950
Spinoza Redivivus. Eine Fibel für Anfänger und Verächter der Philosophie. Halle 1919
STAIGER, EMIL: Goethe 1749–17886. Zürich [usw.] 1952
STEIN, L.: Leibniz und Spinoza. Ein Beitrag zur Entwicklungsgeschichte der Leibnizschen Philosophie. Berlin 1890

STOCKUM, TH. C. VAN: Goethe en Spinoza. Leiden 1956 (Mededelingen Spinozahuis)
Spinoza–Jacobi–Lessing. Ein Beitrag zur Geschichte der deutschen Literatur und Philosophie im 18. Jahrhundert. Groningen 1916 [Diss.]
SUPHAN, B.: Goethe und Spinoza. Festschrift ... des Fr. Werderschen Gymnasiums zu Berlin. 1881
THIJSSEN-SCHOUTE, C. LOUISE, Nederlands cartesianisme. Amsterdam 1954
Lodewijk Meyer en diens verhouding tot Descartes en Spinoza. Leiden 1954 (Mededelingen Spinozahuis)
TAK, W. G. VAN DER: Spinozistische gedachten in Goethes Faust. Leiden 1950 (Mededelingen Spinozahuis)
THALHEIMER, A., [und] A. DEBORIN: Spinozas Stellung in der Vorgeschichte des dialektischen Materialismus. Reden und Aufsätze ... mit einem Vorwort von Hermann Duncker. Wien [usw.] 1928
VERNIÈRE, P.: Spinoza et la pensée française avant la Révolution. 2 Bde. Paris 1954
VERWEYEN, JOHANNES: Ehrenfried Walter von Tschirnhaus als Philosoph. Bonn 1905 [Diss.]
WADE, IRA: The clandestine organization and diffusion of philosophic ideas in France. Princeton 1938
WARNECKE, F.: Goethe, Spinoza und Jacobi. Weimar 1908
WINTER, E. (Hg.): E. W. von Tschirnhaus und die Frühaufklärung in Mittel- und Osteuropa. Berlin 1960

NAMENREGISTER

Die kursiv gesetzten Zahlen bezeichnen die Abbildungen

QUELLENNACHWEIS DER ABBILDUNGEN

Universitätsbibliothek, Amsterdam: 10, 12, 13, 14, 14/15, 16/17, 31, 35, 53, 57, 58, 71, 82, 85, 90, 91, 95, 97, 105, 118, 118/119, 121, 123, 124, 126, 129, 130/131, 133, 134, 136, 137, 149 / Bibliotheca Rosenthaliana, Amsterdam: 22, 24 oben rechts und links, 102 / Verlag Martinus Nijhoff im Haag: 24 unten, 32, 39 / Foto G. L. W. Oppenheim: 40 / Ny-Carlstad-Museum, Kopenhagen: 48 / Foto Louis von Paridon, Amsterdam: 49, 67, 69, 70, 140 / Rijksmuseum, Amsterdam: 54, 65, 75 / Kensington Palace, London: 73 / Koninklijke Bibliothek, Den Haag: 87, 128 / Spirozeum, Haifa: 109 / Royal Society, London: 110 / Dresdner Kupferstichkabinett: 143 / Uffizien, Florenz: 145

Alle übrigen Abbildungen stammen aus der Sammlung des Autors.